구속사의 관점에서 본

구약성경 파노라마

열왕기상·하

개정판

구속사의 관점에서 본
열왕기 상하 파노라마(개정판)

초　　판　2003년 3월 24일
개정2쇄　2022년 4월 25일

지은이　유도순
펴낸이　유효성
펴낸곳　머릿돌

등록번호　제17-240호
등록일자　1997년 5월 20일
주　　소　경기도 성남시 분당구 성남대로 30, 501호
Mobile 010-9472-8327
http://cafe.daum.net/gusoksa
E-mail　yoodosun@hanmail.net/ yoohs516@hanmail.net,

총　　판　기독교출판유통
주　　소　경기도 파주시 월동면 통일로 620번길128
(031-906-9191)

디 자 인　참디자인(02-3216-1085)

ISBN 978-89-87600-88-8

구속사의 관점에서 본

구약성경 파노라마

유도순 지음

10

열왕기상·하

개정판

머릿돌

머리말

우리는 지금 이스라엘의 역사를 공부하려는 것이 아니다. 우리가 구원받아 하나님의 백성이 되기까지 하나님께서 구원계획을 어떻게 이루어 오셨는가 하는 구속의 역사를 배우고자 하는 것이다. 이 역사에는 뚜렷한 두 줄기가 흐르고 있는데, "죄의 줄기와 은혜의 줄기"가 그것이다. 그 원천(源泉)은 창세기 3:15이다. 인류의 시조 아담의 범죄에서 "죄의 줄기"는 시작되었고, "여자의 후손은 네 머리를 상하게 하리라"는 선언에서 "은혜의 줄기"는 시작되었다. 그렇다면 이 역사서를 기록한 목적이 무엇일까? 열왕기서 파노라마를 집필하게 된 동기는 세 가지다.

첫째로, 죄를 깨닫기 위해서이다. 열왕기서에 등장하는 왕들은 대부분이 악함을 보게 된다. 선한 왕이라 하더라도 종말에 가서는 연약함을 드러내는 것을 보게 된다. 그러므로 열왕기서에 등장하는 인물들을 통해서, "봐라 이것이 네 모습이다"하는 인간의 연약함과 죄성(罪性)을 보여주기 위해서이다. 성경은 말씀한다. "율법으로는 죄를 깨달음이니라"(롬 3:20).

둘째로, 그리스도를 만나게 하기 위해서이다. 율법을 통하여 죄를 깨달은 자는 인류의 소망은 오직 은혜의 줄기로 오시기 될 그리스도에게 있다는 점을 절감하게 될 것이다. 여자의 후손을 아브라함과 다윗의 자손으로 보내주셨다는 것이 구약성경의 중심주제다. 그러니까 그리스도는 저 멀리 창세기에서부터 갈보리 십자가를 향해서 걸어오고 계셨던 것이다. 그러므로 역사서에서도 그리스도를 만나야 하는 것이다. 주님은 말씀하신다. "이 성경이 곧 내게 대하여 증언하는 것이로다"(요5:39).

셋째로, 하나님의 주권을 드러내기 위해서이다. 인간의 배은망덕에도 불구하고 구원계획을 묵묵히 이루어 오신 하나님의 주권적인 은혜가 아니었다면 구속사역은 벌써 오래 전에 실패로 끝났을 것이다. 성경은 말씀한다. "만군의 여호와의 열심이 이를 이루시리라" (사 9:7).

그러므로 " 열왕기 파노라마" 를 통하여,

(1) 인간이란 이렇게까지 거짓될 수가 있을까 하는 자신의 모습을 보게 될 것이다.
(2) 그리스도를 만나게 되고 구원의 확신과 감격을 맛보게 될 것이다.
(3) 하나님의 주권 앞에 무릎을 꿇고 하나님 경외하기를 배우게 될 것이다.

우리교회
원로목사 유 도 순

목차

열왕기상

열왕기하

구속사의 관점에서 본

구약성경 파노라마

열 왕 기 상

OLD TESTAMENT PANORAMA

열왕기상 파노라마

주제 : 내 종 다윗과 내가 택한 예루살렘을 위하여
한 지파를 남겨 주리라(11:13).

열왕기 상하는 본래 한 권의 책으로 통일(統一)왕국으로 출발하여 분열(分裂) 왕국이 되었다가, 종래는 패망(敗亡)하기까지의 역사를 기록하고 있습니다. 열왕기는 이름 그대로 왕들의 행적인데, 많은 왕들이 보좌에 앉았다가 이슬방울처럼 스러져가곤 했습니다. 이 점에서 망각해서는 안 될 점은 우리는 지금 이스라엘의 역사를 연구하고 있는 것이 아니라, 하나님의 구원계획을 어떻게 이루어 오셨는가를 탐구하고 있다는 점입니다. 그러므로 영원히 변치 아니하는 하늘 보좌(寶座)에 좌정하신 왕을 바라보아야 하는 것입니다.

이사야 선지자는 "웃시야 왕의 죽던 해에…주께서 높이 들린 보좌"(사 6:1)에 앉아 계시는 것을 보았습니다. 지상의 보좌는 자주 바뀌어도 높이 들린 보좌는 영원합니다. 지상의 보좌가 하늘 보좌에 의해 통치함을 받은 시대는 흥왕하고 태평하였으나, 반역한 시대는

쇠퇴하고 혼란하였음을 보여주는 것이 열왕기(列王記)의 역사입니다. 이점을 시편 기자는 노래하기를,

> 주께서 옛적에 땅의 기초를 놓으셨사오며
> 하늘도 주의 손으로 지으신 바니이다
> 천지는 없어지려니와 주는 영존(永存)하시겠고
> 그것들은 다 옷같이 낡으리니
> 의복같이 바꾸시면 바뀌려니와
> 주는 한결같으시고
> 주의 연대는 무궁(無窮)하리이다 (시 102:25-27)고 찬양합니다.

① 열왕기상은 다윗의 임종으로 시작하여, 솔로몬이 왕위에 올라 성전을 건축하지만 타락으로 인하여 아들 르호보암 대에 이르러 분열 왕국이 되어 남쪽 유다는 르호보암–아비얌–아사–여호사밧 왕까지 4대가 이어지는 역사이고, 북쪽 이스라엘은 여로보암 1세로 시작하여 8대인 아하시야 왕까지의 역사입니다.

열왕기상은 크게 두 부분으로 나누어집니다.

㉠ 1-11장까지는 통일 왕국인데, 중심점은 솔로몬이 왕위에 올라 성전을 건축하는 내용이고,

㉡ 12-22장까지는 솔로몬의 범죄로 인한 분열 왕국에 대한 기사인데 주로 북 왕국을 위하여 세움을 받은 엘리야 선지자의 활동으로 되어 있습니다.

역사서에서 놓쳐서는 안 될 두 가지 점이 있는데, 첫째는 인류의 시조가 타락한 현장에서 “여자의 후손은 네 머리를 상하게 하리라” (창 3:15)고 선언하신, “여자의 후손과 뱀의 후손”이라는 두 줄기가

어떻게 이어져 내려왔는가 하는 점을 살피는 일이고, 둘째는 " 원수가 되게 하리니" 하신 두 줄기 간의 적대(敵對)감, 즉 갈등을 볼 수 있어야 합니다.

창세기 3장에서 비롯된 이 두 줄기와 적대감이 계시록까지 이어지고 있는데, 이 점에서 명심해야 할 점은 인간행위로는 벌써 중단되거나 패배로 끝이 났을 것이나, 하나님께서 "그러나 죄가 더한 곳에 은혜가 더욱 넘쳤나니"(롬 5:20) 한 "은혜"로 끈질기게 대적하는 사탄의 공격을 막아주신 것이 구속사라는 점입니다.

② 솔로몬은 출발은 좋았으나 그의 만년은 극도로 타락하여 이방의 신들(아스다롯·밀곰·그모스 등)을 섬기는 데까지 타락합니다. 그 원인으로는 이방 여러 나라의 여인들을 처첩으로 삼아 "왕은 후궁이 칠백명이요 첩이 삼백명이라 그의 여인들이 왕의 마음을 돌아서게 하였더라"(11:3)고 말씀합니다. 이는 "뱀이 그 간계로 이와를 미혹"(고후 11:3)한 것과 같은 맥락인 것입니다.

㉠ 이 점에서 한마디 언급해야 할 점은 다윗은 한 가지 사명, 즉 왕위를 계승할 솔로몬에게 현숙한 아내를 짝지어주는 일을 하지 못했다는 점입니다. 아브라함은 늙어 죽기 전에 충복(忠僕)에게, "너는 내가 거주하는 이 지방 가나안 족속의 딸 중에서 내 아들을 위하여 아내를 취하지 말고 내 고향 내 족속에게로 가서 내 아들 이삭을 위하여 아내를 택하라"(창 24:3-4)고 분부합니다.

㉡ 다윗은 이 일을 하지 못했습니다. 그리하여 솔로몬은 바로의 딸을 아내로 맞이했고, 솔로몬의 왕위를 계승한 르호보암도 "그의 어머니의 이름은 나아마요 암몬 사람이더라"(14:21,31)고 이방 여인의 핏줄임을 밝히고 있습니다.

③ 이 점에서 솔로몬이 우상을 숭배했다는 것을 십계명을 범한 것인양 교훈적으로 보아서는 안 됩니다. 이는 하나님께서 다윗에게 세워주신 메시아언약(言約)을 우상으로 바꿔치게 했다는 신학적인 배신이었던 것입니다.

㉠ 이점이 북 왕국이 분열되는 과정에서도 나타나는데, 그들은 말하기를 "우리가 다윗과 무슨 관계가 있느냐 이새의 아들에게서 받을 유산이 없도다 이스라엘아 너희의 장막으로 돌아가라 다윗이여 이제 너는 네 집이나 돌아보라"(12:16)고, "이새의 아들 다윗"과의 결별을 선언했던 것입니다. 이는 르호보암을 배신한 것이 아니라 메시아언약에 대한 명백한 배신(背信)이었던 것입니다.

그리하여 여로보암은 메시아언약이 있어야 할 자리에 금송아지 둘을 만들어 단과 벧엘에 세우고, "이는 너희를 애굽 땅에서 인도하여 올린 너희 신이라"(12:28)고 "금송아지"를 자신들의 신으로 섬겼던 것입니다.

㉡ 솔로몬의 타락은 이미 예고된 바입니다. 이점이 "여호와께서 일찍이 두 번(6:12, 9:2)이나 그에게 나타나시고 이 일에 대하여 명령하사 다른 신을 따르지 말라 하였으나"(11:9-10) 한 말씀에 나타납니다. 하나님은 성전을 건축하는 도중에, 그리고 건축한 후에 솔로몬에게 나타나셔서 "내 이름을 위하여 내가 거룩하게 구별한 이 성전이라도 내 앞에서 던져버리리니"(9:7) 라고 경고하셨습니다.

그럼에도 불구하고 솔로몬은 타락하고 말았습니다. 이 점에서 솔로몬의 죄만을 보아서는 안 됩니다. 이 거울에 비친 "전적타락, 전적부패"한 자신의 모습을 보기를 원하는 것이 성경이 이 기사를 기록한 목적인 것입니다.

④ 이에 대한 하나님의 선고는 "내가 반드시 이 나라를 네게서 빼앗아 네 신하에게 주리라"(11:11) 하십니다.

㉠ 그러나 언약에 신실하신 하나님은 여기서 끝이신 것이 아니라 "오직 내가 이 나라를 다 빼앗지 아니하고 내 종 다윗과 내가 택한 예루살렘을 위하여 한 지파를 네 아들에게 주리라"(11:13)고, 한 지파를 남겨주시겠다 말씀하십니다. 여기에 솔로몬이 범한 "죄"라는 문제에 대한 해답(解答)이 있는 것입니다. 그러므로 남겨주신 한 지파를 "내 종 다윗이 항상 내 앞에 등불을 가지고 있게 하리라"(11:36)고 "한 등불"이라고 말씀하십니다.

㉡ 그러면 "한 지파, 한 등불"이 어느 지파입니까? 바로 "유다 지파"입니다. 일찍이 창세기에서 유다 지파를 통해 왕위가 계승될 것과 그 지파에서 "실로" 즉 메시아가 오실 것(창 49:10)이 예언되었던 것입니다. 메시아는 죄로 말미암아 어두워진 이 땅의 등불이요 소망입니다.

㉢ "흑암에 행하던 백성이 큰 빛을 보고 사망의 그늘진 땅에 거주하던 자에게 빛이 비취도다"(사 9:2)라고 말씀합니다. 이 등불이 신약성경에 이르러서는, "참 빛 곧 세상에 와서 각 사람에게 비취는 빛이 있었나니"(요 1:9)하고 성취됩니다.

⑤ 그러므로 열왕기상의 핵심 장은 솔로몬이 그토록 타락하였음에도 불구하고 그 나라를 다 빼앗지 않고 한 지파를 남겨주시고, 한 등불을 끄지 않으시겠다는 11장이라 할 수 있습니다. 11장에는 "한 지파"를 주시겠다는 말씀이 3번(13,32,36) 강조되어 있습니다. 이것은 하나님의 주권적인 은혜가 아닐 수 없습니다.

㉠ 이사야 선지자는 "상한 갈대를 꺾지 아니하며 꺼져가는 등불을 끄지 아니 하신다"(사 42:3) 말씀하고 있는데, 구속의 역사는 참으로 "상한 갈대, 꺼져가는 등불"과 같은 역사였던 것입니다. 그러나 하나님께서는 상한 갈대도 꺾지 아니하시고 꺼져가는 등불도 끄지 아니하셨습니다. 그것은 언약을 지키시고 하나님의 구원계획을 성취하시기 위해

서였던 것입니다.

㉡ 그러므로 창세기 3장, 노아홍수, 열왕기상 11장 등을 인간 행위중심으로 보면 절망할 수밖에 없지만, 주권적인 하나님중심으로 보게 되면 놀랍게도 "은혜 장"이 되고 소망이 있는 것입니다. 이처럼 솔로몬의 타락을 통해서도 여자의 후손의 줄기를 대적하는 사탄의 궤계를 보게 되고, "그러나 죄가 더한 곳에 은혜가 더욱 넘쳤나니"(롬 5:20) 하는 "은혜의 넘침"을 보게 됩니다.

⑥ 이런 맥락에서 열왕기상에서 대두되는 중요한 두 주제(主題)는, "다윗 언약과 다윗의 왕위"가 어떻게 계승(繼承)되고 보존(保存)되어 내려왔는가 하는 점입니다. 그리고 이점은 하나님께서 다윗에게 "네 집과 네 나라가 네 앞에서 영원(永遠)히 보존(保存)되고 네 위(位)가 영원히 견고(堅固)하리라"(삼하 7:16)고 세워주신 메시아언약과 결부되는 것입니다.

㉠ 그러므로 모세오경의 중심인물이 제사장(祭司長)이라면, 역사서의 핵심 주제는 "왕"(王)입니다. 왜냐하면 이 왕위는 그리스도에게로 이어져야 할 "왕위"이기 때문입니다. 다윗은 죽기 전에 솔로몬에게 "여호와께서 내 일에 대하여 말씀하시기를 만일 네 자손들이 그들의 길을 삼가 마음을 다하고 성품을 다하여 진실히 내 앞에서 행하면 이스라엘 왕위에 오를 사람이 네게서 끊어지지 아니하리라 하신 말씀을 확실히 이루게 하시리라"(2:4)고 유언합니다.

㉡ 솔로몬은 성전을 봉헌할 때 이 말씀을 붙잡고 기도하기를 "이스라엘의 하나님 여호와여 주께서 주의 종 내 아버지 다윗에게 말씀하시기를 네 자손이 자기 길을 삼가서 네가 내 앞에서 행한 것 같이 내 앞에서 행하기만 하면 네게서 나서 이스라엘의 왕위에 앉을 사람이 내 앞에서 끊어지지 아니하리라 하셨사오니 이제 다윗을 위하여 그 하신 말씀을 지키시옵소서"(8:25)라고 기도합니다.

㉢ 하나님은 "내가 네 아버지 다윗에게 말하기를 이스라엘 위에 오를 사

람이 네게서 끊어지지 아니하리라 한 대로 네 이스라엘의 왕위(王位)를 영원히 견고하게 하려니와"(9:5)하고 응답하십니다. 이상에서 살펴본 대로 하나님께서 "언약하신 대로 주권적으로 왕위를 계승시켜 나오셨다"는 것이 열왕기서의 중심주제입니다.

㉣ "언약과 왕위"라는 두 주제가 얼마나 중요하냐 하면 솔로몬이 건축한 성전은 경고하신 대로 던져버리셨으나, 다윗에게 세워주신 "언약과 왕위"는 폐하심이 없이 이어지게 하여, "주 하나님께서 그 조상 다윗의 왕위를 그에게 주시리니 영원히 야곱의 집을 왕으로 다스리실 것이며 그 나라가 무궁하리라"(눅 1:32-33)고 기어코 예수 그리스도에게서 성취하게 하셨다는 데서 알 수 있습니다.

⑦ 열왕기에는 왕을 평가하는 "두 길, 두 기준"(基準)이 있는데,

㉠ 하나는 "왕의 마음이 그 부친 다윗의 마음과 같지 아니하여"(11:4,6, 33,38, 15:11, 왕하 14:3, 16:2, 18:3) 한 다윗의 길과 기준이고

㉡ 다른 한 기준은 "바아사가 여호와 보시기에 악을 행하되 여로보암의 길로 행하며"(15:34, 16:2,7,19,26,31 22:51)한 "여로보암의 길"입니다. 모든 왕들은 이 두 기준에 의하여 평가되고 있음을 보게 됩니다. "다윗의 길"로 행했다는 것은 메시아언약을 보수(保守)한 것이 되고, "여로보암의 길"로 행했다는 것은 배신했다는 것이 됩니다.

㉢ 대부분의 왕은 여호와 보시기에 악을 행했습니다. 그런데 참으로 이상한 것은 선한 왕이라 하더라도 종말에 가서는 약점을 드러낸다는 점입니다. 이는 홍수심판 직후에 하나님께서 "내가 다시는 사람으로 말미암아 땅을 저주하지 아니하리니 이는 사람의 마음의 계획하는 바가 어려서부터 악함이라"(창 8:21)하신 점과 다윗이 "내가 죄악 중에 출생하였음이여 모친이 죄 중에 나를 잉태하였나이다"(시 51:5)고 고백한 전적 타락하고 부패하여서 자력(自力)으로는 구원의 여망이 없음을 보여줍니다.

㉣ 그러므로 우리는 구약의 역사서들을 통해서 역사(歷史)라는 거울에 비춰진 열왕들의 죄가 아닌 자신의 죄성을 볼 수 있어야 하고, 죄악

세상을 비춰주는 한 등불인 메시아를 만나야 하는 것입니다. 또한 온고이지신(溫故而知新)이라 함과 같이 구약교회를 통해서 현대교회의 모습을 진단할 수 있어야 하는 것입니다. 이것이 역사서를 주신 목적이기도 합니다.

⑧ 열왕기상의 역사는 남쪽 유다는 "여호사밧"까지이고, 북쪽 이스라엘은 아합과 그의 아들 아하시야까지 입니다. 이 점에서 한마디 언급해야 할 점은 "여호사밧" 왕은 참으로 선한 왕이었습니다. 그런데 영적 분별력이 부족했던 것으로 여겨집니다. 왜냐하면 북 왕국의 아합 집과 동맹(同盟)을 맺고(22:4), 통상(通商)을 하고(22:48), 아합의 딸을 자부로 맞이하는 통혼(通婚)까지(대하 18:1)하여 두 줄기가 하나로 합쳐지게 한 잘못을 범했기 때문입니다.

㉠ 뒤에 가서 보게 될 것입니다만 이로 말미암아 바알 우상이 유다에 침투하게 되어 아들과 손자 왕 대에 우상을 숭배하게 되고 급기야는 왕의 씨가 진멸을 당하는 데까지 이르게 됩니다. 그리하여 선견자 예후를 통해서, "왕이 악한 자를 돕고 여호와를 미워하는 자를 사랑하는 것이 가하니이까 그러므로 여호와의 진노하심이 왕에게 임하리이다"(대하 19:2)라는 책망을 받기까지 합니다. 이점 또한 현대교회에 경종이 된다 하겠습니다.

⑨ 열왕(列王)의 시대는 또한 선지자(先知者)들의 시대이기도 합니다. 엘리야 선지자는 아합에게 "내 말이 없으면 수년 동안 비도 이슬도 있지 아니하리라"(17:1)고 선언합니다. 하나님은 엘리야에게 "그릿 시냇가에 숨으라"(17:3) 하십니다. 엘리야는 하나님의 말씀의 대언자입니다. 그러므로 엘리야가 숨었다는 것은 "말씀"이 숨은 것이 됩니다. 말씀이 숨은 시대가 암흑시대입니다. 그리고 "우로"(雨露), 즉 은혜는 말씀과 함께 임하는 것입니다.

“사무엘이 엘리 앞에서 여호와를 섬길 때에는 여호와의 말씀이 희귀하여 이상이 흔히 보이지 않았더라”(삼상 3:1)고 말씀하는데 이는 사사 말기의 암흑시대를 상징적으로 표현하고 있는 것입니다.

⑩ 엘리야 선지자 하면 “3년 가뭄, 갈멜산의 대결과 불의 응답” 등을 연상하지만, 그러나 이런 것들에 초점을 맞춰서는 안 됩니다. 갈멜산의 대결에서 엘리야는 “아브라함과 이삭과 이스라엘의 하나님 여호와여 주께서 이스라엘 중에서 하나님이 되심과… 백성에게 주 여호와는 하나님이신 것과 주는 그들의 마음으로 되돌이키심을 알게 하옵소서”(18:36-37)라고 기도합니다.

㉠ 엘리야의 기도에는 두 가지 요점이 나타나는데, 첫째는 “아브라함과 이삭과 야곱”에게 세워주신 메시아언약입니다. 엘리야는 절체절명의 상황에서 아브라함과 이삭과 야곱에게 세워주신 메시아언약을 붙잡고 기도를 드리고 있는 것입니다.

㉡ 둘째는 선지자 엘리야의 사명이 무엇인가? “그들의 마음으로 돌아오게 하시는 것”이라 말씀합니다. 다윗 언약을 배신하고 떨어져 나가 바알과 아세라 목상을 섬기고 있는 반역한 북 왕국 이스라엘의 마음을 돌이키기 위하여(말 4:5-6) 파송한 사신이라는 점입니다.

㉢ “이에 여호와의 불이 내려서 번제물과 나무와 돌과 흙을 태우고 또 도랑의 물을 핥은지라”(18:38) 합니다. 무엇에 대한 응답인가? 아브라함, 이삭, 야곱에게 세워주신 “언약의 하나님”이시라는 것과 언약 안으로 “돌아오기를 기다리시는 하나님”이시라는 응답입니다. 그러나 그들은 끝내 돌아오지 않았다가 멸망 당하였던 것입니다. 이점이 열왕기상이 현대교회에 하시는 경고라 하겠습니다.

1장

다윗의 마지막 사명

1장의 개요는 다윗이 늙어 죽을 때가 가까워지자 이를 틈타서 아도니야가 왕이 되려고 모의하는 것을 분쇄하고, 왕위를 솔로몬에게 계승시키는 내용입니다. 다윗은 노쇠한 정신을 가다듬어 왕권을 수호하여 솔로몬에게 계승시킵니다. 왜냐하면 이것이 하나님의 뜻이기 때문입니다. 왕위를 하나님의 뜻대로 계승시킨 이것이 다윗의 마지막 사명이었던 것입니다.

이는 창세기에서 아브라함이 "주께서 내게 씨를 주지 아니하셨으니 내 집에서 길린 자가 내 상속자가 될 것이니이다"고 말하자, 여호와께서 아니다 "그 사람이 네 상속자가 아니라 네 몸에서 날 자가 네 상속자가 되리라"(창 15:3-4) 하신, 누가 메시아언약의 "상속자"가 될 것인가 하는 동일한 맥락이기 때문입니다.

아브라함이 나이 많아 늙었을 때 늙은 충복에게 "내가 너에게 하늘의 하나님, 땅의 하나님이신 여호와를 가리켜 맹세하게 하노니 너는 내가 거주하는 이 지방 가나안 족속의 딸 중에서 내 아들을 위하여 아내를 택하지 말고 내 고향 내 족속에게로 가서 내 아들 이삭을 위하여 아내를 택하라"(24:3-4)고 명합니다. 왜냐하면 "이삭"은 메시아언약을 계승할 자요, 이것이 아브라함의 마지막 사명이었기 때문입니다. 다윗은 하나님의 뜻을 거역하려는 모의를 분쇄하고 마지막 사명을 잘 감당했던 것입니다. 이를 네 단원으로 나누어 상고하겠습니다.

첫째 단원(1-4) 다윗 왕의 노쇠
둘째 단원(5-10) 아도니야의 음모
셋째 단원(11-27) 선지자 나단의 역할
넷째 단원(28-53) 솔로몬 왕 만세를 부르니라

첫째 단원(1-4) 다윗 왕의 노쇠

1장은 "다윗 왕이 나이가 많아 늙으니 이불을 덮어도 따뜻하지 아니한지라"(1)고 시작됩니다. "다윗이 나이가 삼십 세에 왕위에 올라 사십 년 동안 다스렸으되 헤브론에서 칠 년 육 개월 동안 유다를 다스렸고 예루살렘에서 삼십삼 년 동안 온 이스라엘과 유다를 다스렸더라"(삼하 5:4-5) 했으니까, 이때 다윗의 나이가 칠십 세쯤 되었을 것입니다.

동녀 아비삭으로 왕을 수종 들게 하였다는 말이 삽입된 것은, 다윗 왕이 그토록 노쇠하여 기력이 쇄하였음을 드러내기 위해서입니다. 이럴 경우 어떤 위험이 따르게 되는가?

둘째 단원(5-10) 아도니야의 음모

"그 때에 학깃의 아들 아도니야가 스스로 높여서 이르기를 내가 왕이 되리라 하고 자기를 위하여 병거와 기병과 호위병 오십 명을 준비하니"(5) 합니다. 아도니야를 가리켜, "그는 압살롬 다음에 태어난 자요 용모가 심히 준수한 자라 그의 아버지가 네가 어찌하여 그리 하였느냐고 하는 말로 한 번도 그를 섭섭하게 한 일이 없었더라"(6) 한 것은 그가 왕위를 탐할만한 위인이었다는 점을 드러내고 있습니다.

그런데 "스스로 높여서"라고 말합니다. 그렇습니다. 그것은 주권자이신 하나님으로 말미암은 것이 아니라 인간의 야심에서 비롯된 "스스로 높임"이었던 것입니다. 아도니야는 자기를 위하여 병거와 기병과 호위병 오십 명을 예비해 놓고 군대장관 요압과 제사장 아비아달과 "모의"하니 그들이 좇아 도왔다고 합니다. 그러나 제사장 사독과 다른 장수 브나야와 선지자 나단 등은 그 모의에 가담하지 않았다(5-8) 합니다. 이때 제사장들 중에서도 모의에 가담한 자와 가담하지 않은 자로 갈리고 있는 것을 보게 됩니다.

이럴 경우 분별력이 필요하게 되는데, 압살롬의 반역 때에는 다윗 편에서서 충성을 바쳤던(삼하 15:24) 제사장 아비아달이 이때는 아도니야의 음모에 가담함으로 하나님의 뜻을 분별하는데 실패한 제사장이 된 것입니다.

요압은 군대 장관으로 막강한 영향력을 행사한 자로 다윗까지도, "내가 기름 부음을 받은 왕이 되었으나 오늘 약하여서 스루야의 아들인 이 사람들(요압과 형제들)을 제어하기가 너무 어려우니 여호와는 악행한 자에게 그 악한 대로 갚으실지로다"(삼하 3:39)할 정도로 반항적이었습니다. 교회 내에도 이러한 인물이 있기 마련입니다.

다윗이 나이 많아 늙을 때에 이런 일이 벌어진 것입니다. 교회도 시무하던 담임자가 은퇴할 시기가 되었을 때가 위기일 수 있습니다. 이런 경우 마귀는 틈을 타서 교회에 어려움을 끼치려 하기 때문입니다. 이럴 경우 "하나님이 자기 피로 사신 교회를 치게 하신" 감독자들은 육신의 소욕에 지배당하지 말고 자기를 위하여 또는 온 양 떼를 위하여 삼가고 일깨워 있어야(행 20:28) 합니다. 그렇지 않으면 "아도니야"와 같은 모의가 일어나게 되고 분열의 고통을 당하게 됩니다.

셋째 단원(11-27) 선지자 나단의 역할

"나단이 솔로몬의 어머니 밧세바에게 말하여 이르되 학깃의 아들 아도니야가 왕이 되었음을 듣지 못하였나이까 우리 주 다윗은 알지 못하시나이다"(11)하는 긴급한 사실을 알립니다. 본 단원의 중심점은 선지자 나단이 다윗의 왕위를 하나님의 뜻대로 계승시키기 위해서 분전하는 내용인데, 이처럼 두 부류로 갈릴 경우 하나님의 말씀을 대언할 선지자의 역할이 중요하다는 점을 말해줍니다.

역대상 22:9절을 보면 하나님께서 일찍이 다윗에게 "보라 한 아들이 네게서 나리니 그는 온순한 사람이라 내가 그로 주변 모든 대적에게서 평온을 얻게 하리라 그의 이름을 솔로몬이라 하리니 이는 내가 그의 생전에 평안과 안일함을 이스라엘에게 줄 것임이니라"고 하나님의 뜻을 분명히 밝히셨습니다.

그래서 다윗도 "여호와께서 내게 여러 아들을 주시고 그 모든 아들 중에서 내 아들 솔로몬을 택하사 여호와의 나라 왕위에 앉혀 이스라엘을 다스리게 하려 하실새"(대상 28:5)라고 말했던 것입니다. 다윗의 나라가 아닌 "여호와의 나라 왕위"라고 말합니다. 그런데 지금 아도니야가 왕이 되어 "자기 나라"를 만들려는 음모를 꾸미고 있는 것입니다. 이는 여호와의 뜻을 정면으로 대적하는 행위인데, 그러나 다윗은 나이 많아 늙어 이를 제어하지 못하고 있는 것입니다.

그러므로 하나님의 선지자 나단이 전면에 나서서 하나님의 뜻을 대적하려는 모의를 저지하려고 애를 씁니다. 솔로몬의 어머니 밧세바에게,

㉠ "학깃의 아들 아도니야가 왕이 됨을 듣지 못하였나이까"(11)

㉡ "아도니야가 무슨 연고로 왕이 되었나이까"(13)

㉢ "이제 아도니야가 왕이 되었어도 내 주 왕은 알지 못하시나이다"(18) 라고 말합니다. "아도니야가 무슨 연고로 왕이 되었나이까" 하는 말은, 이는 하나님의 뜻을 거역하는 것이라는 의미인 것입니다.

또한 다윗 왕에게 들어가서 고하기를 "내 주 왕께서 이르시기를 아도니야가 나를 이어 왕이 되어 내 위에 앉으리라 하셨나이까"(24)고 묻습니다. 아도니야가 오늘 "수소와 살찐 송아지와 양을 많이 잡고 왕의 모든 아들과 군사령관들과 제사장 아비아달을 청하였는데 그들이 아도니야 앞에서 먹고 마시며 아도니야 왕은 만세수를 하옵소서"(25) 했다고 전합니다.

"이것이 내 주 왕께서 정하신 일이니이까?" 즉 이것이 하나님의 뜻입니까 하면서, "그런데 왕께서 내 주 왕을 이어 그 왕위에 앉을 자를 종에게 알게 하지 아니하셨나이다"(27)라고 결단을 촉구합니다. 늙으면 육신의 근력만 쇠하여지는 것이 아니라 정신력도 그리고 영적인 분별력도 쇠퇴해지기 마련입니다. 선지자의 말은 다윗의 혼미해지는 분별력을 일깨워주는 각성제 역할을 했던 것입니다.

넷째 단원(28-53) 솔로몬 왕 만세를 부르니라

선지자 나단의 보고를 통해서 하나님의 뜻을 상기하게 된 다윗은, 나단 선지자의 입회하에 밧세바에게 "내 생명을 모든 환난에서 구하신 여호와께서 살아 계심을 두고 맹세하노라"(29) 하면서, "내가 이전에 이스라엘의 하나님 여호와를 가리켜 네게 맹세하여 이르기를 네 아들 솔로몬이 반드시 나를 이어 왕이 되고 나를 대신하여 내 왕위에 앉으리라 하였으니 내가 오늘 그대로 행하리라"(30)고 입장을 분명히 밝힙니다.

이 점에서 조심해야 할 점은 다윗의 결단을 사사로운 감정이나 주관적인 판단으로 여겨서는 안 된다는 점입니다. 앞에서도 언급한 대로 이는 하나님의 주권적인 택하심을 받드는 일이라는 사실입니다. 이 점을 명심하기 위해서는 다윗을 왕으로 기름 부을 때를 상기함이 좋을 것입니다. 다윗은 이새의 막내였습니다. 사무엘이 기름을 부으려 했을 때에 부모의 안중에도 없던 자였습니다. 그러나 다윗은 하나님께서 왕으로 예선해 놓은(삼상 16:1) 자요, "이가 그니 일어나 기름을 부으라"(삼상 16:12)고 명하심으로 왕이 될 수 있었던 것입니다.

나단 선지자를 통하여 일깨움을 받은 다윗은 드디어 명하기를 "제사장 사독과 선지자 나단과 여호야다의 아들 브나야를 내 앞으로 부르라"(32) 합니다. 만일 제사장 아비아달과 군대장관 요압이 아도나이의 모의에 가담하지 않았다면 그들도 부름을 받았을 것이나 제외되었습니다. 그리고 명하기를 "너희는 너희 주의 신하들을 데리고 내 아들 솔로몬을 내 노새에 태우고 기혼으로 인도하여 내려가고 거기서 제사장 사독과 선지자 나단은 그에게 기름을 부어 이스라엘 왕으로 삼고 너희는 뿔 나팔을 불며 솔로몬 왕은 만세수를 하옵소서"

(33-34) 하라고 명합니다.

그리하여 "모든 백성이 솔로몬 왕은 만세수를 하옵소서"(39), "만세, 만세 솔로몬 왕 만세"를 불렀다는 것입니다. 왕위는 찬탈을 당하지 않고 하나님의 정하신 뜻대로 솔로몬에게 계승된 것입니다. 선지자의 사명의 중요성이 여기에 있습니다. 다윗이 "이스라엘의 하나님 여호와를 찬송하리로다 여호와께서 오늘 내 왕위에 앉을 자를 주사 내 눈으로 보게 하셨도다"(48)라고 찬양했다고 말씀합니다.

그리고 왕의 신하들도 다윗 왕에게 축복하여 이르기를 "왕의 하나님이 솔로몬의 이름을 왕의 이름보다 더 아름답게 하시고 그의 왕위를 왕의 위보다 크게 하시기를 원하나이다"(47)라고 말했다 합니다. "더 아름답게, 더 크게 하시기를 원한다"는 뜻이 무엇인가? 하나님께서는 재건하는 스룹바벨 성전의 초라함을 인하여 우는 자들을 향해서, "이 성전의 나중 영광이 이전 영광보다 크리라"(학 2:9) 하십니다. 임마누엘 하실 참 성전의 영광이 크고, 다윗의 자손으로 오실 그리스도의 이름이 다윗보다 크고 아름다울 것을 가리키는 말입니다.

왕위의 구속사적 의미

이스라엘의 하나님 여호와께서 왜 찬송을 받으셔야 합니까? "여호와께서 오늘날 내 위에 앉을 자를" 주셨기 때문이라는 것입니다. 이 점에서 두 가지를 심각하게 물어야 합니다. 첫째는 왕위 계승의 구속사적 의미가 무엇인가 하는 점이고, 둘째는 어찌하여 아도니야는 안되고 솔로몬인가 하는 점입니다.

먼저 왕위 계승의 구속사적 의미인데, 이는 대권을 누가 장악하느냐 하는 권력다툼이 결코 아닙니다. 중요한 의미는 하나님께서 다윗에게 약속하신 메시아언약을 계승하여 끊어짐이 없이 그 위를, "주 하나님께서 그 조상 다윗의 왕위를 그에게 주시리니"(눅 1:32) 할 그리스도에게로 이어지게 해야 할 사명이 있는 것입니다. 뒤에 가서 살펴보게 되겠습니다마는 "우리가 다윗과 무슨 관계가 있느냐"(왕상 12:16)라고 말하면서 다윗의 집을 배반하고 여로보암을 따라간 북쪽 이스라엘은 다윗 왕을 배반한 것이 아니라, 하나님께서 다윗에게 세워주신 메시아언약을 배반한 것이었던 것입니다. 다윗의 위는 메시아에게로 이어져야만 하는 것입니다. 이것이 왕위 계승의 구속사적 의미입니다.

그렇다면 둘째로 왜 아도니야는 안되고 솔로몬인가 하는 점인데, 여기에는 누구도 범할 수 없는 하나님의 "주권"이 대두되는 것입니다. 에서는 유기하시고 야곱을 택하신 분은 하나님이십니다. 아도니야를 버리시고 솔로몬을 메시아언약의 계승자로 택하신 분도 하나님이시기 때문에 그 누구도 거역할 수 없는 것입니다.

왕위 계승을 메시아언약의 계승이라고 했는데 이를 하나님의 주권하에 두셨음을 찬양해야 합니다. 왜냐하면 만일 그 계승권을 인간편에 맡기셨다면 구원계획은 벌써 실패로 끝나고 말았을 것입니다. 선택에는 책임이 따르게 마련인데, 하나님께서 택하셨기 때문에 하나님께서 주권적으로 이루어나가시는 것입니다.

성경은 다윗을 "그는 선지자라 하나님이 이미 맹세하사 그 자손 중에서 한 사람을 그 위에 앉게 하리라 하심을 알고 미리 보았다"(행 2:30)고 말씀합니다. 그래서 "이스라엘의 하나님 여호와를 찬송하리로다 여호와께서 오늘날 내 위에 앉을 자를 주사 나로 목도하게 하셨도다"(48)고 찬양하게 되는 것입니다.

육신의 눈으로 목도한 것은 솔로몬이었을지라도 다윗이 임종 머리에 바라본 것은 메시아언약을 통해서, "보라 네가 잉태하여 아들을 낳으리니 그 이름을 예수라 하라 그가 큰 자가 되고 지극히 높으신 이의 아들이라 일컬어질 것이요 주 하나님께서 그 조상 다윗의 왕위를 그에게 주시리니 영원히 야곱의 집을 왕으로 다스리실 것이며 그 나라가 무궁하리라"(눅 1:31-33) 하신, 메시아 왕국을 바라보았던 것입니다.

이와 같은 맥락은 룻기서에도 나타나는데, "찬송할지로다 여호와께서 오늘날 네게 기업 무를 자가 없게 아니 하셨도다"(룻 4:14)고 찬양합니다. 하나님께서 주신 "기업 무를 자"가 일차적으로는 보아스라 하더라도 그는 궁극적인 기업 무를 자가 되시는 예수 그리스도를 예표하는 인물에 지나지 않았던 것입니다. 그래서 "보아스"를 찬양하는 것이 "찬송할지어다 여호와"라 하는 것입니다.

형제는 하나님께서 "왕위를 끊어짐이 없이 계승시켜주신 것과 기업 무를 자가 없게 아니하신" 이점이 얼마나 찬양해야 할 일인가를 진정 알고 있습니까? 예수 그리스도께서 재림하셔서 메시아 왕국에 등극하시는 날 우리도, "평강의 왕 만세, 우리 주 예수 그리스도 만왕의 왕 만세"를 소리 높여 부를 것입니다 - 아멘 -

하나님이여 주의 보좌는 영원하며
주의 나라의 규는 공평한 규이니이다.
주의 보좌는 하나님의 보좌라 영영하며
왕은 정의를 사랑하고 악을 미워하시니
그러므로 하나님 곧 왕의 하나님이 즐거움의 기름을 왕에게 부어
왕의 동료보다 뛰어나게 하셨나이다(시 45:6,7)

2장

그 나라가 심히 견고하니라

1장에서 솔로몬에게 기름을 부어 왕을 삼고 솔로몬 왕 만세를 부르는 것을 보았습니다. 그 이후에는 무엇이 올 것 같습니까? 또한 와야만 합니까? 2장의 요절은 12절인데 "솔로몬이 그의 아버지 다윗의 위에 앉으니 그의 나라가 심히 견고하니라" 합니다. 견고하여졌다는 "그 나라"가 어느 나라인가? 하나님께서 세워나가시는 메시아 왕국을 예표하는 다윗 왕국인 것입니다. 그러므로 2장의 주제는 "그 나라가 심히 견고하니라"가 됩니다.

세 단원으로 나누어지는데, 전체 주제와 단원의 제목들이 연관성이 있어야 주제가 부각되고 대의를 파악할 수 있습니다. 〈그 나라를 견고하게 하기 위하여〉"다윗이 마지막 교훈을 줌"(첫째 단원), 〈그 나라를 견고하게 하기 위하여〉"다윗이 유언을 함"(둘째 단원), 〈그 나라를 견고하게 하기 위하여〉"개혁을 단행함"(셋째 단원), 이것이 2장의 대의입니다.

첫째 단원(1-4) 다윗의 마지막 교훈
둘째 단원(5-12) 다윗의 유언
셋째 단원(13-46) 개혁을 단행함

첫째 단원(1-4) 다윗의 마지막 교훈

"다윗이 죽을 날이 임박하매 그 아들 솔로몬에게 명하여 이르되"(1), 다윗은 왕위를 계승한 솔로몬에게 마지막 교훈을 줍니다. 첫째로 "너는 힘써 대장부가 되라"(2)고 말합니다. 이 말을 다른 말로 표현하면 "너는 강하고 담대하라"는 뜻입니다. 그 나라가 견고해지기 위해서는 최우선적으로 메시아를 예표하는 인물인 왕이 강하고 담대해져야 하는 것입니다.

이는 모세가 죽기 전에 후계자인 여호수아에게 준 말씀이기도 합니다. "너는 마음을 강하게 하고 담대히 하라"(신 31:7). 신약성경에서도 성도들에게 말씀하시기를 "깨어 믿음에 굳게 서서 남자답게 강건하라"(고전 16:13) 합니다.

둘째로 "네 하나님 여호와의 명을 지켜 그 길로 행하라"(3)고 분부합니다. 견고해지는 비결이란 하나님의 법도를 준행하는 것이기 때문입니다. "내 소유는 이것이니 곧 주의 법도들을 지킨 것이니이다"(시 119:56) 합니다. 이것이 하나님의 백성의 재산이요 힘입니다. "그리하면 네가 무엇을 하든지 어디로 가든지 형통할지라"(3) 합니다. 하나님의 명을 지켜 그 길로 행하는 사람에게는 두려움이란 없는 것입니다.

셋째로 여호와께서 내게 말씀하신 "만일 네 자손들이 그들의 길을 삼가 마음을 다하고 성품을 다하여 진실히 내 앞에서 행하면 이스라엘 왕위에 오를 사람이 네게서 끊어지지 아니하리라 하신 말씀을 확실히 이루게 하시리라"(4)고 하나님의 언약을 전수시킵니다. 솔로몬과 그 이후의 왕들이 다윗의 이 마지막 교훈을 끝까지 마음에 간직하였더라면 나라의 분열과 바벨론에 의하여 패망하는 비극적인 역사는 당하지 않았을 것입니다.

둘째 단원(5-12) 다윗의 유언

"스루야의 아들 요압이 내게 행한 일 곧 이스라엘 군대의 두 사령관 넬의아들 아브넬과 예델의 아들 아마사에게 행한 일을 네가 알거니와"(5)하고, 군대장관인 요압을 제거할 것을 유언합니다. 그는 평화시에 사적인 감정에 의하여 두 장수 아브넬과 아마사를 비겁한 방법으로 죽이는 죄를 범했던(삼하 3:27 20:10) 것입니다. 이는 형제를 죽인 것이요, 나라를 크게 약화시킨 처사였던 것입니다. 이 점에서 유념해야 할 점은 이렇게 하는 것은 사적인 복수가 아니라, 계승시킨 "그 나라를 견고하게" 하기 위해서라는 점입니다.

생각해보십시오. 요압이 아브넬을 죽였을 때에 다윗은, "내가 기름부음을 받은 왕이 되었으나 오늘날 약하여서 스루야의 아들인 이 사람들(요압과 그 형제들)(대상 2:16)을 제어하기가 너무 어려우니 여호와는 악행한 자에게 그 악한대로 갚으실지로다"(삼하 3:39)고 말했습니다. 다윗의 생전에도 그러했다면 하물며 죽은 후에는 더욱 어떠할 것인가? 이번에도 그는 아도니야의 모의에 가담했던(1:7) 자입니다. 그를 그대로 두고는 나라가 견고할 수 없는 것입니다.

또한 시므이를 제거하라고 유언합니다. 그는 사울의 집 족속으로 다윗이 압살롬의 난을 피하여 도망할 때에 돌을 던지며 저주를 퍼붓던(삼하 16:5) 자입니다. “너는 지혜 있는 사람이므로 그에게 행할 일을 알지니 그의 백발로 피 가운데 스올에 내려가게 하라”(9) 합니다. 제거만이 아니라 보상할 것도 유언하는데, “마땅히 길르앗 바실래의아들들에게 은총을 베풀라”(7)고 당부합니다. 바실래는 시므이하고는 정반대로 다윗과 그를 따르는 백성들이 “시장하고 곤고하고 목마를”(삼하 17:27) 때에 그를 찾아와 공궤한 사람입니다.

임종 머리에서 다윗이 이러한 보복의 마음을 품을 수 있단 말인가 하고 우리를 의아하게 합니다. 그러나 이것을 다윗의 사적인 복수로 여겨서는 안 됩니다. 이는 행한 대로 갚으시는 의로우신 판단이 나타나는 그 날에 임할 심판의 예표인 것입니다. 이점이 보상받을 그들을 “네 상에서 먹는 자 중에 참여하게 하라”(7)는 말씀에 나타나는데, 이는 주님께서 “너희는 나의 모든 시험 중에 항상 나와 함께 한 자들인즉 내 아버지께서 나라를 내게 맡기신 것 같이 나도 너희에게 맡겨 너희로 내 나라에 있어 내 상에서 먹고 마시며 또는 보좌에 앉아 이스라엘 열두 지파를 다스리게 하려 하노라”(눅 22:28-30) 하신 말씀과 상통하는 것으로 종말적인 말씀인 것입니다. 다윗은 메시아 왕국을 전망하면서 이렇게 다짐했습니다.

> 내가 인자와 정의를 노래하겠나이다 여호와여 내가 주께 찬양하리이다
> 내가 완전한 길을 주목하오리니 주께서 어느 때나 내게 임하시겠나이까
> 내가 완전한 마음으로 내 집 안에서 행하리이다
> 나는 비천한 것을 내 눈 앞에 두지 아니할 것이요
> 배교자들의 행위를 내가 미워하오리니
> 나는 그 어느 것도 붙들지 아니하리이다
>
> 사악한 마음이 내게서 떠날 것이니 악한 일을
> 내가 알지 아니하리로다

자기의 이웃을 은근히 헐뜯는 자를 내가 멸할 것이요
눈이 높고 마음이 교만한 자를 내가 용납하지 아니하리로다
내 눈이 이 땅의 충성된 자를 살펴 나와 함께 살게 하리니
완전한 길에 행하는 자가 나를 따르리로다
거짓을 행하는 자는 내 집 안에 거주하지 못하며
거짓말하는 자는 내 목전에 서지 못하리로다
아침마다 내가 이 땅의 모든 악인을 멸하리니
악을 행하는 자는 여호와의 성에서 다 끊어지리로다 (시101:2-8).

셋째 단원(13-46) 개혁을 단행함

솔로몬은 다윗을 수종들던 동녀 아비삭을 아내로 삼게 해달라고 청원한 아도니야(13-25)를 제거합니다. 왜냐하면 그 심중에 있는 야심을 읽었기 때문인데, 고대에는 왕의 첩을 차지하는 것이 왕위를 장악하는 것으로 여겼기(삼하 16:21) 때문입니다.

아도니야의 모의에 가담했던 제사장 아비아달의 직분을 파면(26-27) 처분합니다. 아버지 다윗에게도 복종하지 않고 또한 왕위를 찬탈하려는 모의에 가담했던 요압을 제거합니다(28-34).

시므이의 회개가 중심에서 우러나온 진정한 회개가 아님이 드러나자 처단합니다(36-46). 반면 브나야로 요압을 대신하여 군대장관에 임명하고 제사장 사독으로 파면당한 아비아달을 대신하게 합니다.

이렇게 개혁을 단행한 후에 성경은 말씀합니다. “다윗의 왕위는 영원히 여호와 앞에서 견고히 서리라”(45). 그렇습니다. 그 위에 그리스도께서 앉으사 영원히 왕 노릇하실 것이요, 그 나라가 무궁할 것입니다. “이에 나라가 솔로몬의 손에 견고하여지니라”(46) 합니다.

주님은 선언하십니다. “내가 이 반석 위에 내 교회를 세우리니 음부의 권세가 이기지 못하리라”(마 16:18). 신약의 교회사도 음부의 권세의 대적으로 인하여 꺼져가는 등불 같은 위기를 만나기를 한두 번이 아닙니다. “그러나 하나님의 견고한 터는 섰으니”(딤후 2:19) 라고 선언합니다.

또 말씀하기를 “모든 은혜의 하나님 곧 그리스도 안에서 너희를 부르사 자기의 영원한 영광에 들어가게 하신 이가 잠깐 고난을 당한 너희를 친히 온전하게 하시며 굳건하게 하시며 강하게 하시며 터를 견고하게 하시리라 권능이 세세 무궁하도록 그에게 있을지어다 아멘”(벧전 5:10-11) 합니다.

3장

지혜를 주신 하나님

솔로몬이 왕위에 올라(1장), 나라를 견고하게 한 후에(2장), 3장에서는 하나님께 일천 번제를 드립니다. 이는 왕위에 오르게 하신 하나님께 대한 감사일뿐만이 아니라, 하나님의 뜻대로 나라를 다스리겠다는 일종의 헌신예배와 같은 의미였던 것입니다.

하나님께서는 그 예배를 받으시고 물으십니다. "내가 네게 무엇을 줄꼬 너는 구하라"(5). 솔로몬은 "나의 하나님 여호와여 주께서 종으로 종의 아버지 다윗을 대신하여 왕이 되게 하셨사오나 종은 작은 아이라 출입할 줄을 알지 못하고 주께서 택하신 백성 가운데 있나이다 그들은 큰 백성이라 수효가 많아서 셀 수도 없고 기록할 수도 없사오니 누가 주의 이 많은 백성을 재판할 수 있사오리이까 듣는 마음(지혜)을 종에게 주사 주의 백성을 재판하여 선악을 분별하게 하옵소서"(7-9) 합니다.

그러므로 본 단원의 주제는 “지혜를 주신 하나님”이 됩니다. 세 단원으로 나누어 상고함이 도움이 됩니다.

첫째 단원(1) 바로의 딸을 아내로 맞이함
둘째 단원(2-4) 일천 번제를 드림
셋째 단원(5-28) 하나님께서 지혜를 주심

첫째 단원(1) 바로의 딸을 아내로 맞이함

“솔로몬이 애굽 왕 바로로 더불어 인연을 맺어 그 딸을 취했다”(1)는 것은 정략적인 결혼이었던 것으로 보입니다. 문제는 이것이 하나님 보시기에 합당한 일이고, 솔로몬에게 계승시킨 “나라를 견고”하게 하는데 유익한 일이며, 백성에게도 덕을 세우는 일이냐에 있습니다.

11장에 보면 “솔로몬 왕이 바로의 딸 외에 이방의 많은 여인을 사랑하였으니 곧 모압과 암몬과 에돔과 시돈과 헷 여인이라 여호와께서 일찍이 이 여러 백성에 대하여 이스라엘 자손에게 말씀하시기를 너희는 그들과 서로 통혼하지 말며 그들도 너희와 서로 통혼하게 하지 말라 그들이 반드시 너희의 마음을 돌려 그들의 신들을 따르게 하리라 하셨으나 솔로몬이 그들을 사랑하였더라”(왕상 11:1-2)고 말씀합니다.

그것은 분명 “독초와 쑥의 뿌리”(신 29:18)를 나게 하는 일이었던 것입니다. 삼손이 블레셋 딸 중 한 여자를 보고 아내를 삼으려 했을 때에, “그의 부모가 그에게 이르되 네 형제들의 딸들 중에나 내 백성 중에 어찌 여자가 없어서 네가 할례받지 아니한 블레셋 사람에게 가서 아내를 맞으려 하느냐"고 만류하였으나, 삼손은 "내가 그 여자를 좋아하오니 나를 위하여 그 여자를 데려오소서"하고 부모의 만류를 무시했다가(삿 14:1-3) 어떠한 종말을 맞게 됩니까?

아브라함은 아들 이삭에게 현숙한 아내를 맞이하게 하기 위해서 얼마나 세심한 배려를 했는가를 성경 한 장(창 24장)을 할애하여 보여주고 있습니다. 이로 미루어 보건대 다윗은 왕위는 하나님의 뜻대로 솔로몬에게 계승시켰으나, 그를 위하여 중요한 임무(아내를 맞이하는) 하나를 마무리하지 못한 것이 됩니다. 이로 말미암아 훗날 솔로몬에게 얼마나 큰 비극을 가져오게 되는가를 보게 될 것입니다. 이점은 오늘의 부모와 자녀들에게도 심각한 교훈과 경계가 된다 하겠습니다.

둘째 단원(2-4) 일천 번제를 드림

"이에 왕이 제사하러 기브온으로 가니 거기는 산당이 큼이라 솔로몬이 그 제단에 일천 번제를 드렸더니"(4) 합니다. 이점은 애굽의 공주를 아내로 맞이한 것과 함께 심각한 신학적인 문제를 제기하고 있습니다. 하나님께서 밤에 솔로몬의 꿈에 나타나시어서, "내가 네게 무엇을 줄꼬 너는 구하라" 하신 말씀만 보고 "산당"에서 제사했다는 점을 당연시해서는 안 됩니다.

솔로몬 당시는 회막은 기브온에 있었고 법궤는 다윗에 의하여 예루살렘으로 운반해 온 상황이었습니다. 본문은 "그 때까지 여호와의 이름을 위하여 성전을 아직 건축하지 아니하였으므로 백성들이 산당에서 제사하며 솔로몬이 여호와를 사랑하고 그의 아버지 다윗의 법도를 행하였으나 산당에서 제사하며 분향하더라"(2-3)고 여운을 남기고 있습니다.

이 점에서 본질적인 물음을 하게 되는데, 성막 또는 성전은 무엇에 대한 모형이며 번제단에서 드려지는 양은 누구에 대한 상징인가 하는 점입니다. 그것은 분명합니다. 성막은 임마누엘 하실 그리스도의 모형이며 희생제물은 세상 죄를 지고 가는 하나님의 어린 양의 그림자로 주어진 것입니다.

그렇다면 "이에 왕이 제사하러 기브온으로 가니 거기는 산당이 큼이라 솔로몬이 그 제단에 일천 번제를 드렸더니"(4) 하는데, 이것이 옳은 일인가? 하나님께서 "산당"을 잠정적으로 허용하셨다 하여도 옳은 일은 아니었던 것입니다. 이 "산당"을 히스기야 왕 때에 이르러서야 "그가 여러 산당들을 제거하며 주상을 깨뜨리며 아세라 목상을 찍으며"(왕하 18:4)하고 폐하게 되는데, 므낫세가 "그의 아버지 히스기야가 헐어 버린 산당들을 다시 세우며 이스라엘의 왕 아합의 행위를 따라 바알을 위하여 제단"(왕하 21:3)을 쌓는 것을 보게 됩니다.

그러므로 하나님은 모세로 말씀하시기를 "너는 삼가서 네게 보이는 아무 곳에서나 번제를 드리지 말고 오직 너희의 한 지파 중에 여호와께서 택하실 그곳에서 번제를 드리고 또 내가 네게 명령하는 모든 것을 거기서 행할지니라"(신 12:13-14)고 명하셨던 것입니다. 무슨 뜻인가? 오직 "한 지파, 택하실 그곳"이라고 말씀합니다. "한 지파"란 그리스도께서 나실 유다 지파를 뜻하며, "택하실 그곳"이란 예수 그리스도께서 대속의 제물로 드려주실 갈보리 십자가만이 받아주심의 근거가 된다는 점을 의미합니다.

그런데 솔로몬은 "택하시지 않은 지파, 다른 곳"에 가서 번제를 드리고 있는 것입니다. 그래서 개역성경은 "오히려 산당에서 제사하며 분향하더라"(3하)고 말씀하고, 다른 번역에서는 "여전히 산당에서" 또는 "다윗의 법도를 따라 살았다, 다만 한 가지 그는 산당에서 제사하고 향을 피웠다"고, 이 일이 옳은 일이 아니었음을 드러내고 있는 것입니다.

일천 번제만 해도 그러합니다. 그것은 그토록 감사를 넘치도록 했다는 의미로 여길 수도 있으나, 성전 낙성식 때에 드린 제물도 소가 이만이천이요 양이 십이만이라(8:63)고 말씀하는 것으로 볼 때 솔로몬은 하나님께 물량적으로 많이 드리는 것이 기쁘시게 해드리는 것으로 오해를 한 듯싶습니다.

이와 대조되는 뜻이 시편 40편에 나타나는데, 다윗은 기도응답의 감사로 하나님께 번제를 드리려고 했습니다. 그런데 "주께서 내 귀를 통하여 내게 들려주시기를 제사와 예물을 기뻐하지 아니하시며 번제와 속죄제를 요구하지 아니하신다 하신지라"(시 40:6) 합니다. 그때 다윗은 하나님께서 자신을 요구하신다는 것을 깨닫고는, "그때에 내가 말하기를 내가 왔나이다 나를 가리켜 기록한 것이 두루마리 책에 있나이다"(7)고 헌신을 다짐하는데 놀랍게도 이 고백이 그리스도에게서 성취될 예언이었던 것입니다.

이점을 신약성경 히브리서는 해설해주기를 "그러므로 주께서 세상에 임하실 때에 이르시되 하나님이 제사와 예물을 원하지 아니하시고 오직 나를 위하여 한 몸을 예비하셨도다" 하면서 "번제와 속죄제는 기뻐하지 아니하시나니 이에 내가 말하기를 하나님이여 보시옵소서 두루마리 책에 나를 가리켜 기록된 것과 같이 하나님의 뜻을 행하러 왔나이다 하셨느니라"(히 10:5-7)고 말씀합니다.

다윗은 이점을 깨달았었는데, 이에 비하여 일천 번제를 드리고 십이만 마리의 양을 드림으로 하나님을 기쁘시게 해드리려던 솔로몬의 영성은 많이 뒤진다고 말할 수밖에 없는 것입니다. 이는 예배당 건물을 지어도 "크게, 더 크게, 좀 더 크게"하고 물량주의적인 사고에 빠져있는 현대교회에 경각심을 불러일으킨다 하겠습니다.

셋째 단원(5-28) 하나님께서 지혜를 주심

하나님께서는 “내가 네게 무엇을 줄꼬 너는 구하라”(5) 하십니다. 솔로몬은 “나의 하나님 여호와여 주께서 종으로 종의 아버지 다윗을 대신하여 왕이 되게 하셨사오나 종은 작은 아이라 출입할 줄을 알지 못한다” 즉 분별력이 부족하다고 말하면서, “누가 주의 이 많은 백성을 재판할 수 있사오리이까 듣는 마음(지혜)을 종에게 주사 주의 백성을 재판하여 선악을 분별하게 하옵소서”(7-9) 합니다.

“솔로몬이 이것을 구하매 그 말씀이 주의 마음에 든지라”(10) 합니다. 어찌하여 “지혜”를 구한 것이 하나님의 마음에 맞은 것일까요? 여기에는 두 가지 의미가 있는데, 첫째는 교훈적인 의미인데 “지혜”로 나라를 다스리려, 즉 “먼저 그의 나라와 그의 의를 구했기” 때문입니다. 솔로몬은 자신의 백성이라 하지 않고 “주의 백성” (9)이라고 말합니다. 솔로몬은 하나님의 대리자로서 하나님의 백성을 통치해야 할 위임을 받았을 뿐입니다.

그렇다면 그에게 불가결한 것이 무엇이겠습니까? “지혜”인 것입니다. 지혜로 선악을 분별한다는 것은 하나님의 뜻을 분별하는 것을 의미합니다. 성경은 말씀합니다. “너희는 이 세대를 본받지 말고 오직 마음을 새롭게 함으로 변화를 받아 하나님의 선하시고 기뻐하시고 온전하신 뜻이 무엇인지 분별하도록 하라”(롬 12:2) 합니다.

솔로몬이 바로의 딸을 아내로 맞이하려 했을 때 기브온 산당에 가서 일천 번제를 드리려 했을 경우에도 “지혜”로 분별을 했어야 하는데, 솔로몬은 “지혜”를 활용하지 못했던 것입니다. 그러므로 때마다 일마다 이런 경우 어떻게 하는 것이 하나님의 마음에 합한 것인가 하는 하나님의 뜻을 분별할 지혜를 얻는다는 것이 얼마나 중요한 일입니까?

둘째로 구속사적인 의미인데, 성경이 말씀하는 궁극적인 "지혜" 가 무엇인가? "이새의 줄기에서 한 싹이 나며 그 뿌리에서 한 가지가 나서 결실할 것이요 그의 위에 여호와의 영 곧 지혜와 총명의 영이요 모략과 재능의 영이요 지식과 여호와를 경외하는 영이 강림하시리니"(사 11:1-2) 한 그리스도인 것입니다. 이점을 신약성경에서는 "오직 부르심을 받은 자들에게는 유대인이나 헬라인이나 그리스도는 하나님의 능력이요 하나님의 지혜니라"(고전 1:24)고 말씀합니다. 그러므로 솔로몬은 하나님이 주신 지혜로 "잠언·전도·아가서"를 통해서 그리스도를 증언했던 것입니다. 그래서 "주의 마음에 든지라" 하신 것입니다.

이는 신구약에 공통된 하나님의 기대치입니다. 주님은 "충성되고 지혜있는 종이 되어 주인에게 그 집 사람들을 맡아 때를 따라 양식을 나눠 줄 자가 누구냐"(마 24:45) 하고, "충성과 지혜"를 겸비한 종을 찾고 계십니다. 누가복음에서는 "지혜 있고 진실한 청지기가 되어"(눅 12:42)라고 "지혜"를 먼저 꼽고 있습니다. 집사의 구비조건으로도 "성령과 지혜"(행 6:3)가 충만하여 칭찬 듣는 사람이라야 한다고 말씀한다면, 목회자에게는 더욱 필요한 것이 "지혜"인 것입니다. 이를 달리 표현한 것이 "누가 주의 마음을 알아서 주를 가르치겠느냐 그러나 우리가 그리스도의 마음을 가졌느니라"(고전 2:16)는 말씀입니다.

솔로몬은 "예루살렘에 이르러 여호와의 언약궤 앞에 서서 번제와 감사제물을 드리고 모든 신하들을 위하여 잔치하였더라"(15)고 말씀하는데, 기브온에서 드린 일천 번제와 예루살렘에서 드린 번제 중 어느 예배가 하나님을 더욱 기쁘시게 해드렸겠습니까?

"그 때에 창기 두 여자가 왕에게 와서 그 앞에 서며"(16) 하고 최초의 재판이 예시되어있습니다. "온 이스라엘이 왕이 심리하여 판결함을 듣고 왕을 두려워하였으니 이는 하나님의 지혜가 그의 속에 있어 판결함을 봄이더라"(28) 합니다. 지도자의 권위는 "하나님의 지혜"가 그의 속에 있음으로만이 주어진다는 사실을 명심하십시다.

3장이 우리에게 주는 교훈은 솔로몬이 "자기를 위하여" 장수도 부귀도 구하지 않고, "듣는 마음(지혜)을 종에게 주사 주의 백성을 재판하여 선악을 분별하게 하옵소서"라고 구한 것은 우리의 기도를 점검하게 합니다. 하나님께서는 그에게 지혜를 주신 것만이 아니라 구하지 아니한 부귀와 영화도 주셨습니다. 그러므로 "너희로 하여금 모든 신령한 지혜와 총명에 하나님의 뜻을 아는 것으로 채우게 하시고"(골 1:9) 한 기도 제목은 우리가 사모해야 할 덕목입니다.

4장

평강의 왕과 메시아 왕국

4장은 "평강의 왕"인 솔로몬 왕국의 기구와 번영을 진술하는 내용인데, 이는 메시아 왕국에 대한 비전인 것입니다. 25절에서, 솔로몬이 사는 동안에 유다와 이스라엘이 단에서부터 브엘세바에 이르기까지 "각기 포도나무 아래와 무화과나무 아래에서 평안히 살았더라" 한 표현은 성경의 넓은 문맥으로 보면 메시아 왕국에서 성취될 "평강"을 예표하는 묘사인 것입니다.

그런데 25절 다음에 "솔로몬의 병거의 말 외양간이 사만이요 마병이 만이천 명이며"(26) 한 것은 역기능적인 것으로, "그(왕)는 병마를 많이 두지 말 것이요 병마를 많이 얻으려고 그 백성을 애굽으로 돌아가게 하지 말 것이니"(신 17:16) 하신 경계에 배치되는 인의 탐욕을 나타냅니다. 이를 네 단원으로 나누어 상고하겠습니다.

첫째 단원(1-6) 솔로몬의 여러 신하들
둘째 단원(7-19) 열두 지방장관들
셋째 단원(20-28) 왕국의 번영
넷째 단원(29-34) 메시아의 예표 솔로몬

첫째 단원(1-6) 솔로몬의 여러 신하들

4장은 "솔로몬 왕이 온 이스라엘의 왕이 되었고"(1)라고 시작되는데, 이를 통해서 메시아 왕국의 모형을 볼 수 있어야 합니다. 다윗은 임종 머리에서 "보라 한 아들이 네게서 나리니, 그의 이름을 솔로몬이라 하리니 이는 내가 그의 생전에 평안과 안일함을 이스라엘에게 줄 것임이니라 그가 내 이름을 위하여 성전을 건축할지라 그는 내 아들이 되고 나는 그의 아버지가 되어 그 나라 왕위를 이스라엘 위에 굳게 세워 영원까지 이르게 하리라"(대상 22:8-10) 하셨다고 말합니다.

"그 나라 왕위를 굳게 세워 영원까지 이르게 하리라" 하심은 메시아 왕국을 전망하는 말씀이고, "그가 내 이름을 위하여 성전을 건축하리라" 하심이 1차적으로는 솔로몬을 통해서 성취된다고 하여도 구속사의 지평으로 보면, "내가 이 반석 위에 내 교회를 세우리니"(마 16:18) 하신 그리스도께서 이루실 말씀인 것입니다.

다음은 "그의 신하들은 이러하니라"(2) 한 신하들에 대한 언급인데, 첫째로 "사독의 아들 아사리아는 제사장이요"(3) 하고, "제사장"을 제일 먼저 꼽고 있습니다. 이처럼 용사가 아닌 하나님을 섬기는 제사장을 먼저 언급하는 것은 솔로몬 왕국이 평화의 왕국임을 나타냅니다. 메시아 왕국에 있어서는 하나님을 섬기는 제사장 직분만이 영원히 계속되기 때문입니다.

구약시대 "왕과 제사장"은 기름 부음을 받은 자로 메시아를 예표하는 인물들입니다. 왕과 제사장은 본래 하나이었으나(히 7:1) 나누인 것인데, 그리스도에 이르러 "이 두 사이에 평화의 의논이 있으리라"(슥 6:13)고 다시 하나로 통합되는 것입니다. 그리스도는 왕이시며 또한 대제사장이십니다. 이제 신정(神政)국가는 "왕과 제사장"에 의하여 다스려져야 하는것 입니다.

둘째 단원(7-19) 열두 지방장관들

"솔로몬이 또 온 이스라엘에 열두 지방 관장을 두매 그 사람들이 왕과 왕실을 위하여 양식을 공급하되 각기 일 년에 한 달씩 양식을 공급하였으니"(7) 합니다. 왕과 제사장에 의하여 다스려지는 신정 왕국에서 "열두 관장"이 보필한다는 것을 통해서도, "인자가 자기 영광의 보좌에 앉을 때에 나를 좇는 너희도 열두 보좌에 앉아 이스라엘 열두 지파를 심판하리라"(마 19:28) 하신 메시아 왕국에서 완성될 그림자를 보게 됩니다.

성경에서 "12"라는 숫자는 모자람이 없이 완성됨을 나타내는데, 구약의 "열두 지파"와의 일관성을 위해서 신약에서는 "열두 사도"를 택하셨고, 이점이 계시록에서는 "열두 문이 있는데 문에 열두 천사가 있고 그 문들 위에 이름을 썼으니 이스라엘 자손 열두 지파의 이름들이라, 그 성의 성곽에는 열두 기초석이 있고 그 위에는 어린 양의 열두 사도의 열두 이름이 있더라"(계 21:12,14) 하고 "열두 지파, 열두 사도"가 하나로 통합되고 있는 것입니다.

셋째 단원(20-28) 왕국의 번영

"유다와 이스라엘의 인구가 바닷가의 모래같이 많게 되매 먹고 마시며 즐거워하였으며"(20), 그리고 "솔로몬이 그 강에서부터 블레셋 사람의 땅에 이르기까지와 애굽 지경에 미치기까지의 모든 나라를 다스리므로 솔로몬이 사는 동안에 그 나라들이 조공을 바쳐 섬겼더라"(21) 합니다.

이 점에서 "바닷가의 모래같이 많게 되었다"는 "백성"과 "유브라데 강에서부터 블레셋 사람의 땅에 이르기까지"한 "땅"이 강조되어 있는데, 이는 하나님께서 일찍이 아브라함에게 "네 씨로 크게 번성하여 하늘의 별과 같고 바닷가의 모래와 같게 하리니"(창 22:17) 하신 "자손의 번성"과 "내가 이 땅을 애굽 강에서부터 그 큰 강 유브라데까지 네 자손에게 주노니"(창 15:18) 하신 약속의 1차적인 성취를 나타냅니다.

그리고 궁극적인 성취는 "오직 하나를 가리켜 네 자손이라 하셨으니 곧 그리스도라"(갈 3:16) 하신, 그리스도께서 한 알의 밀알이 되셔서 성취하실 언약인 것입니다. 또한 "솔로몬의 사는 동안에, 유다와 이스라엘이 단에서부터 브엘세바에 이르기까지 각기 포도나무 아래와 무화과나무 아래서 안연히 살았더라"(25)는 묘사는 메시아 왕국의 평화를 예표하는 것입니다.

이점을 미가 선지자는 "무리가 그 칼을 쳐서 보습을 만들고 창을 쳐서 낫을 만들 것이며 이 나라와 저 나라가 다시는 칼을 들고 서로 치지 아니하며 다시는 전쟁을 연습하지 아니한다"하면서, "각 사람이 자기 포도나무 아래와 자기 무화과나무 아래에 앉을 것이라"(미 4:3-4)고 예언하고 있는데, 이는 메시아 왕국에 대한 비전인 것입니다. 스가랴 선지자도 "이들은 예표의 사람이라 내가 내 종 순을 나게 하리라"(슥 3:8)고 메시아 예언을 하면서, "그날에 너희가 각각 포도나무와 무화과나무 아래로 서로 초대하리라"(슥 3:10)고 메시아 왕국의 평화를 동일하게 예언하고 있습니다.

넷째 단원(29-34) 메시아의 예표 솔로몬

"하나님이 솔로몬에게 지혜와 총명을 심히 많이 주시고 또 넓은 마음을 주시되 바닷가의 모래같이 하시니 솔로몬의 지혜가 동쪽 모든 사람의 지혜와 애굽의 모든 지혜보다 뛰어난지라"(29-30) 합니다.

그리하여 "사람들이 솔로몬의 지혜를 들으러 왔으니 이는 그의 지혜의 소문을 들은 천하 모든 왕들이 보낸 자들이더라"(34) 합니다. 주님은 "심판 때에 남방 여왕이 일어나 이 세대 사람을 정죄하리니 이는 그가 솔로몬의 지혜로운 말을 들으려고 땅끝에서 왔음이거니와 솔로몬보다 더 큰 이가 여기 있느니라"(눅 11:31)고 말씀하십니다.

이는 솔로몬의 "지혜의 소문"을 듣고 그 지혜의 말을 들으려고 몰려왔는데 하나님의 아들이 전하시는 "복음의 소문"은 들으려 하지 않는 것을 책망하시는 말씀이었던 것입니다. 이처럼 솔로몬은 여러 면에서 메시아를 예표하는 인물로 세움을 받았으나 역기능으로 행했던 것입니다. 여기에 인간의 거짓됨과 하나님의 참되심이 있습니다.

이 점에서 구약성경을 배우는 두 가지 목적을 생각하게 되는데, 첫째는 "율법으로는 죄를 깨달음이니라"(롬 3:20) 하신 자신의 죄를 깨닫는 일입니다. "율법"이란 넓은 의미에서는 구약성경 전체를 가리키는 표현인데 성경에는 "거울"(고전 10:11)과 같은 기능이 있습니다. 그러므로 구약성경에 등장하는 사건과 인물들을 통해서 나 자신의 연약과 무능과 죄성을 깨닫게 되는 것입니다.

둘째로 "너희가 성경에서 영생을 얻을 줄 생각하고 성경을 상고하거니와 이 성경이 곧 내게 대하여 증언하는 것이로다"(요 5:39)하신 그리스도를 만나야 하는 것입니다. 왜냐하면 "율법의 행위로는 그의 앞에 의롭다함을 얻을 육체가 없다"(롬 3:20)는 결론에 도달하게 되기 때문입니다. 이것이 우리가 구약성경을 공부하는 궁극적인 목적입니다.

넷째 단원에는 "지혜"라는 말이 일곱 번 등장하는데, "하나님이 솔로몬에게 지혜와 총명을 심히 많이 주셨다"합니다. 그리고 또 많이 주신 것이 있는데, "내가 또 네가 구하지 아니한 부귀와 영광도 네게 주노니 네 평생에 왕들 중에 너와 같은 자가 없을 것이라" (3:13) 하신 부귀영화입니다.

그러면 하나님은 어찌하여 "지혜와 부귀"를 주셨으며, 솔로몬은 이를 어떻게 사용했는가 하는 점입니다. 첫째로 "지혜"인데 "그가 잠언 삼천 가지를 말하였고 그의 노래는 천다섯 편이며"(32-33) 합니다. 하나님께서는 솔로몬에게 "지혜"를 주셔서 "잠언·아가·전도서"를 기록하게 하셨습니다.

잠언 9장에는 "지혜가 그의 집을 짓고 일곱 기둥을 다듬고 짐승을 잡으며 포도주를 혼합하여 상을 갖추고 자기의 여종을 보내어 성중 높은 곳에서 불러 이르기를 어리석은 자는 이리로 돌이키라 또 지혜 없는 자에게 이르기를 너는 와서 내 식물을 먹으며 내 혼합한 포도주를 마시고 어리석음을 버리고 생명을 얻으라 명철의 길을 행하라 하느니라"(잠 9:1-6)고 진술합니다.

이처럼 초청하고 있는 "지혜"가 누구이겠습니까? 신약성경은 "오직 부르심을 받은 자들에게는 유대인이나 헬라인이나 그리스도는 하나님의 능력이요 하나님의 지혜니라"(고전 1:24)고 해설해주고 있습니다. 하나님께서는 솔로몬에게 지혜를 주셔서 "예수 그리스도"를 증언하게 하셨던 것입니다.

둘째는 "부귀영화"인데 솔로몬은 이를 어떻게 사용했는가? "솔로몬의 하루의 음식물은 가는 밀가루가 삼십 고르요 굵은 밀가루가 육십 고르요 살진 소가 열 마리요 초장의 소가 스무 마리요 양이 백 마리이며 그 외에 수사슴과 노루와 암사슴과 살진 새들이었더라" (22-23) 합니다.

26절에서는 "솔로몬의 병거의 말 외양간이 사만이요 마병이 만 이천 명이며"하는데, 오늘날 어느 통치자가 이와 같은 생활을 하고 있다면 무엇이라 말하겠습니까? 우리에게 재물의 축복을 주시는 것은 선한 청지기로써 잘 관리하라는 뜻이지 내 것 내가 쓰는데 누가 무어라고 시비냐? 그런 것은 아닙니다.

그런데 하나님께서 솔로몬에게 구하지 아니한 "영화"를 주신 데는 인간의 이성으로는 측량할 수 없는 뜻이 있는데, 솔로몬은 전도서에서 "은 금과 왕들이 소유한 보배와 여러 지방의 보배를 나를 위하여 쌓고 또 노래하는 남녀들과 인생들이 기뻐하는 처첩들을 많이 두었노라 무엇이든지 내 눈이 원하는 것을 내가 금하지 아니하며 무엇이든지 내 마음이 즐거워하는 것을 내가 막지 아니하였으니"(전 2:8, 10) 합니다.

그러면 부귀영화를 주면 솔로몬이 이처럼 타락할 것을 하나님께서는 모르셨단 말인가? 이를 통해서 하나님은 "전도서"를 기록하게 하셨던 것입니다. 인생은 일방통행입니다. 솔로몬은 모든 사람들이 추구하는 "부귀영화·권세·명예·지혜" 등 모두를 경험하고 누려본 사람입니다. 그의 결론이 무엇인가? 전도서는 "전도자가 이르되 헛되고 헛되며 헛되고 헛되니 모든것이 헛되도다 해 아래에서 수고하는 모든 수고가 사람에게 무엇이 유익한가"(전 1:2-3)라고 시작됩니다. 결론은 무엇인가? "일의 결국을 다 들었으니 하나님을 경외하고 그의 명령들을 지킬지어다 이것이 모든 사람의 본분이니라 하나님은 모든 행위와 모든 은밀한 일을 선악 간에 심판하시리라"(전 12:13-14) 합니다.

하나님께서는 솔로몬을 통해서 대리경험을 하게 하시고, 솔로몬을 "전도자"(전 1:1)로 세우셔서 "너희 어리석은 자들은 어리석음을 좋아하며 거만한 자들은 거만을 기뻐하며 미련한 자들은 지식을 미워하니 어느 때까지 하겠느냐 나의 책망을 듣고 돌이키라 보라 내가 나의 영을 너희에게 부어주며 내 말을 너희에게 보이리라"(잠 1:22-23)고 복음 초청을 하게 하셨던 것입니다. 그럼에도 불구하고 많은 사람들은 여전히 실패자의 그 자취를 따라가고 있는 것이 아닌가?

5장

성전건축을 준비함

5장은 솔로몬이 성전건축을 준비하는 내용입니다. 솔로몬이 두로 왕 히람에게 성전건축에 필요한 재목과 인부를 요청합니다. 이를 구속사라는 맥락에서 바라보게 될 때 어떤 의미가 있을까요. 세 단원으로 나누어 상고하겠는데, 전체 주제와 각 단원의 제목을 연결시켜 보면 성전건축은 전투하는 왕이 아니라 평강의 왕에 의하여 세워지고(첫째 단원), 그때 이방인도 구원 초청되어 봉사하게 되며(둘째 단원), 성전건축은 기초석을 중심으로 세워져야 하는데 기초석은 그리스도시다(셋째 단원)가 됩니다.

첫째 단원(1-6) 전투하는 왕과 평강의 왕
둘째 단원(7-12) 이방이 봉사함
셋째 단원(13-18) 성전의 기초석

첫째 단원(1-6) 전투하는 왕과 평강의 왕

첫째 단원에서 주목할 말씀은, "다윗이 사방의 전쟁으로 말미암아"(3) 성전을 건축하지 못했다는 "전쟁"이라는 말과 솔로몬에게는 "이제 내 하나님 여호와께서 내게 사방의 태평을 주시매 원수도 없고 재앙도 없도다"(4)한 "태평"이라는 대조적인 말씀입니다.

이 말씀에 의하면 다윗은 "전투하는 왕"으로, 솔로몬은 "평강의 왕"으로 예시되어있습니다. 역대상 22:8-9절에 보면 하나님께서 다윗에게, "너는 피를 심히 많이 흘렸고 크게 전쟁하였느니라 네가 내 앞에서 땅에 피를 많이 흘렸은즉 내 이름을 위하여 성전을 건축하지 못하리라 보라 한 아들이 네게서 나리니 그는 온순한 사람이라 내가 그로 주변 모든 대적에게서 평온을 얻게 하리라 그의 이름을 솔로몬이라 하리니 이는 내가 그의 생전에 평안과 안일함을 이스라엘에게 줄 것임이니라"고 말씀하십니다.

그런데 이 말씀을 다윗이 솔로몬보다 부정한 사람인 양 해석해서는 안 됩니다. 왜냐하면 다윗은 전투하는 왕으로서의 메시아를 예표하고 솔로몬은 평강의 왕으로서의 메시아를 예표하고 있기 때문입니다. 이를 통해서 그리스도의 이중적인 사역을 볼 수 있는데, "전투하는 왕 그리스도와 평강의 왕 그리스도"입니다.

그러므로 전투하는 왕에게는 "성전"이 아니라 "성막"이 필요했던 것입니다. 다윗이 성전을 건축하고자 하는 소원을 표했을 때 하나님께서는 "내가 이스라엘 자손을 애굽에서 인도하여 내던 날부터 오늘날까지 집에 살지 아니하고 장막과 성막 안에서 다녔나니"(삼하 7:6) 하십니다. "집과 장막"이 대조되어 있는데 "장막"은 이동식 천막으로 "성막"에 거하셨다는 뜻은 전투하는 하나님으로 계시하신 것입니다.

다윗은 “뱀의 머리를 상하게 하고” 우리를 구원하여주실 전투하는 그리스도를 예표하는 왕이었던 것입니다. 이점이 다윗이 물매 돌로 골리앗의 이마를 치는 것에서도 드러납니다. 이때의 그리스도는 장막과 회막에 거하는 야전군 사령관으로 계시되어 있습니다. 그러므로 본문 3절에서 다윗 왕은 “여호와께서 그 원수들을 그의 발바닥 밑에 (발등상) 두시기를 기다렸나이다”라고 말씀하는 것입니다.

그러나 솔로몬은 그 이름 자체가 말해주듯이 “사방의 태평을 주시매 원수도 없고 재앙도 없는”(4) 평강의 왕이신 그리스도를 예표하고 있습니다. 이때 필요한 것은 성막이 아니라 “또 내가 보매 거룩한 성 새 예루살렘이 하나님께로부터 하늘에서 내려오니”(계 21:2)의 모형인 예루살렘 성전이었던 것입니다.

둘째 단원(7-12) 이방이 봉사함

“히람이 솔로몬의 말을 듣고 크게 기뻐하여 이르되 오늘 여호와를 찬양할지로다 그가 다윗에게 지혜로운 아들을 주사 그 많은 백성을 다스리게 하셨도다 하고 이에 솔로몬에게 사람을 보내어 이르되 당신이 사람을 보내어 하신 말씀을 내가 들었거니와 내 백향목 재목과 잣나무 재목에 대하여는 당신이 바라시는 대로 할지라”(7-8) 합니다.

솔로몬이 성전을 건축하고자 하는 성역에 이방의 왕 히람이 기쁘게 수종들고 있는 것입니다. 이는 메시아 왕국이 도래하게 될 때 이방이 섬길 것을 예표하는데, 이점을 이사야 선지자는 “이방인들이 네 성벽을 쌓을 것이요 그들의 왕들이 너를 섬길 것이며”(사 60:10) 합니다. 그리고 계시록에서도 “만국이 그 빛 가운데로 다니고 땅의 왕들이 자기 영광을 가지고 그리로 들어가리라”(계 21:24)고 말씀합니다. 이는 평강의 왕이신 메시아 왕국이 도래하였을 때 성취될 말씀인 것입니다.

히람은 "내 종이 레바논에서 바다로 운반하겠고 내가 그것을 바다에서 뗏목으로 엮어 당신이 지정하는 곳으로 보내고 거기서 그것을 풀리니 당신은 받으시고"(9상) 합니다. 그런데 그다음을 주목해보아야 하는데 "내 원을 이루어 나의 궁정을 위하여 음식물을 주소서" (9하) 합니다.

무슨 뜻인가? 이방이 여호와를 봉사하게 될 때 그들은 "음식물"을 공급받게 되리라는 것입니다. 공급하여주시는 음식물로 말미암아 그들이 생명을 얻게 되고 구원에 참여할 수 있는 것입니다.

메시아 예언으로 유명한 시편 22편에서는 "겸손한 자는 먹고 배부를 것이며 여호와를 찾는 자는 그를 찬송할 것이라 너희 마음은 영원히 살지어다 땅의 모든 끝이 여호와를 기억하고 돌아오며 모든 나라의 모든 족속이 주의 앞에 예배하리니 나라는 여호와의 것이요 여호와는 모든 나라의 주재심이로다"(시 22:26-28)라고 노래합니다.

셋째 단원(13-18) 성전의 기초석

"이에 솔로몬 왕이 온 이스라엘 가운데서 역군을 불러일으키니 그 역군의 수가 삼만 명이라"(13) 합니다. 본 단원의 핵심은 "이에 왕이 명령을 내려 크고 귀한 돌을 떠다가 다듬어서 성전의 기초석으로 놓게 하매"(17) 한 "기초석"에 있습니다. "기초석"(基礎石)이란 모퉁이 돌로 건축에 있어서 핵심이 되는 것입니다.

우리는 한 걸음 더 나아가야 합니다. 왜냐하면 메시아 예언이 풍부한 이사야서에서 "주 여호와께서 이같이 이르시되 보라 내가 한 돌을 시온에 두어 기초를 삼았노니 곧 시험한 돌이요 귀하고 견고한 기촛돌이라 그것을 믿는 이는 다급하게 되지 아니하리로다"(사 28:16)고 말씀하고 있기 때문입니다.

"성전의 기초석으로 놓게 하매"(17), 이것이 먼저입니다. 그 기초석을 중심으로 "솔로몬의 건축자와 히람의 건축자와 그 발 사람이 그 돌을 다듬고 성전을 건축하기 위하여 재목과 돌들을 갖추니라"(18), 즉 유대인과 이방인이 함께 여호와를 섬기게 되는 것입니다.

이점을 신약성경은 "너희는 사도들과 선지자들의 터 위에 세우심을 입은 자라 그리스도께서 친히 모퉁잇돌이 되셨느니라 그의 안에서 건물마다 서로 연결하여 주 안에서 성전이 되어 가고 너희도 성령 안에서 하나님이 거하실 처소가 되기 위하여 그리스도 예수 안에서 함께 지어져 가느니라"(엡 2:20-22)고 해설해주고 있습니다. 얼마나 자상하고 분명한 말씀인가?

6장

칠년 만에 성전이 필역하다

6장은 성전이 7년 만에 완성하는 내용입니다. 본 강해는 창세기에서 시작하여 계시록에서 완성되는 구속사의 맥락에서 상고하고 있습니다. 그러므로 성전건축에 나타난 하나님의 의도와 구속사적 의미가 무엇인가에 중점을 두고 살펴보고자 합니다. 세 단원으로 나누어 상고합니다.

첫째 단원(1-10) 성전 건물이 완성됨
둘째 단원(11-13) 여호와의 말씀이 임함
셋째 단원(14-38) 성전 내부공사가 완성됨

첫째 단원(1-10) 성전 건물이 완성됨

"이스라엘 자손이 애굽 땅에서 나온 지 사백팔십 년이요 솔로몬이 이스라엘 왕이 된 지 사 년 시브월 곧 둘째 달에 솔로몬이 여호와를 위하여 성전건축하기를 시작하였더라"(1)합니다. 우선적으로 유념해야 할 점은 여호와의 전을 건축하게 되었다는 것을 오늘의 예배당을 건축하는 것과 같은 의미로 여겨서는 안 된다는 점입니다.

이는 "그 이름을 임마누엘이라 하리라 하셨으니 이를 번역한즉 하나님이 우리와 함께 계시다 함이라"(마 1:23)의 모형으로 계시하신 것입니다. 그러므로 우리는 세 가지 요점에 주목해야 하는데, 첫째는 터(위치)요, 둘째는 식양(式樣)이요, 셋째는 기물들입니다.

① 먼저 터(위치)에 대하여 생각해보겠습니다. "임마누엘"의 모형으로 주어지는 성전은 아무 곳에나 세우면 되는 것이 아닙니다. 역대하 3:1절에 의하면 "솔로몬이 예루살렘 모리아 산에 여호와의 전 건축하기를 시작하니 그곳은 전에 여호와께서 그 아버지 다윗에게 나타나신 곳이요 여부스사람 오르난의 타작마당에 다윗이 정한 곳이라"고 터에 대하여 자상하게 설명해주고 있습니다. 이는 성전 위치를 알려주는 단순한 말씀이 아니라 구속사적으로 볼 때 중요한 의미가 있는 것입니다.

한 절 속에는 하나님께서 아브라함에게,

㉠ "네 아들 네 사랑하는 독자 이삭을 데리고 모리아 땅으로 가서 내가 네게 일러 준 한 산 거기서 그를 번제로 드리라"(창 22:2) 하신 "모리아 산"과

㉡ "여호와의 사자가 갓을 명하여 다윗에게 이르시기를 올라가서 여부스사람 오르난의 타작마당에서 여호와를 위하여 단을 쌓으라"(대상 21:18)고 정해준 "오르난의 타작마당"이 함께 등장하는데, 세월의 흐

름에 따라 아브라함에게 정해주신 장소가 오르난의 타작마당으로 변해져 있었던 것입니다.

바로 그 자리에 솔로몬이 성전을 건축했는데 이 점에서 주목해야 할 점은 두 곳(모리아 산, 오르난의 타작마당)에서는 모두 "번제"가 드리진 곳이라는 점입니다. 하나님께 드려진 "번제"가 누구의 무엇에 대한 그림자인가를 생각해보시기 바랍니다. 하나님께서는 "내가 수소의 고기를 먹으며 염소의 피를 마시겠느냐"(시 50:13) 하십니다. 번제는 우리의 죄를 위하여 자기 아들을 대속제물로 내어주실 것에 대한 그림자로 주어진 것입니다.

그러면 성전 "터"의 구속사적인 의미는 분명해졌는데 "임마누엘 하셔서 우리의 대속제물(번제)이 되어 주실 곳"이라는 것이 됩니다. 그래서 주님은 "너희가 이 성전을 헐라 내가 사흘 동안에 일으키리라"(요 2:19)고 말씀하셨던 것입니다.

다시 강조합니다만 솔로몬이 성전을 건축하는 장소는 하나님께서 아브라함에게 "네 아들 네 사랑하는 독자 이삭을 데리고 모리아 땅으로 가서 내가 네게 일러 준 한 산 거기서 그를 번제로 드리라"(창 22:2) 하신 곳이요, 하나님께서 친히 준비해놓으신 숫양을 이삭을 대신하여 드린 곳이요, 번제를 받으신 하나님께서 아브라함에게 "내가 네게 큰 복을 주고 네 씨가 크게 번성하여 하늘의 별과 같고 바닷가의 모래와 같게 하리니 네 씨가 그 대적의 성문을 차지하리라 또 네 씨로 말미암아 천하 만민이 복을 받으리니"(창 22:17-18)하고 약속하시고 맹세로 보증하여 주신 곳인 것입니다.

이것이 "성전 터"에 함의된 구속사적 의미입니다. "식양과 기물"에 대해서는 다음 단원에서 상고하도록 하겠습니다.

이제 건설 현장인 7절을 눈여겨볼 필요가 있는데, "이 성전은 건축할 때에 돌을 그 뜨는 곳에서 다듬고 가져다가 건축하였으므로 건축하는 동안에 성전 속에서는 방망이나 도끼나 모든 철 연장 소리가 들리지 아니하였으며"합니다. 이 정신을 본받아 교회를 섬겨야 하지 않겠습니까?

예배를 드린 후에 당회나 제직회 석상에서 아니면 성도 상호 간에 방금 하나님께 찬양하고 기도를 드린 사람답지 않게 큰 소리를 내는 것을 보게 됩니다. 이는 옳지 않은 것입니다. 그것은 그곳이 예배당이기 때문이 아니라 "교회"이기 때문에 그러합니다. 교회란 하나님이 그들 중에 거하시는 거룩한 성전인 것입니다. 하나님은 그런 자들을 향해서 "네가 누구를 꾸짖었으며 비방하였느냐 누구를 향하여 소리를 높였으며 눈을 높이 떴느냐 이스라엘의 거룩한 자에게 그리하였도다"(왕하 19:22)고 꾸짖으십니다. "성전의 건축을 마치니라" (9).

둘째 단원(11-13) 여호와의 말씀이 임함

"여호와의 말씀이 솔로몬에게 임하여 이르시되"(11), 둘째 단원은 비록 세 절에 불과하지만 첫째 단원(1-10)의 열 절보다도 중요한 의미가 있는 것입니다. 즉 성전건축보다도 중요하다는 말씀입니다.

"여호와의 말씀이 임하심"은 성전을 건축하는 중에 임했다는 점을 유념해야 합니다. 성전을 건축하는 현장에 하나님께서 찾아오신 것입니다. 성전이 중요합니까? 하나님 자신 즉 "말씀"이 중요합니까? 이는 하나님의 "긴급동의"와도 같은 것입니다. 임하셔서 하신 말씀이 무엇인가?

"네가 지금 이 성전을 건축하니 네가 만일 내 법도를 따르며 내 율례를 행하며 내 모든 계명을 지켜 그대로 행하면 내가 네 아버지 다윗에게 한 말을 네게 확실히 이룰 것이요 내가 또한 이스라엘 자손 가운데에 거하며 내 백성 이스라엘을 버리지 아니하리라" (12-13) 하십니다.

어찌하여 하나님께서 성전을 건축하는 중에 긴급동의와 같은 말씀을 하시는가? 하나님께서는 성전낙성식 후에도 솔로몬에게 나타나시어서 이와 같은 말씀을 하시는 것을 보게 됩니다(7:11-18).

중요한 것은 성전 건물을 얼마나 크게 무엇으로 지었느냐에 있지 않습니다. 천지의 주재이신 하나님은 무엇이 부족한 것처럼 사람의 손으로 지은 전에 계시지 아니하신다고 말씀합니다. 그럼에도 불구하고 우둔한 인간은 하나님을 위하여 무엇인가 해드렸다는 공로의식에 우쭐대기 쉬운 것입니다.

중요한 것은 하나님의 뜻을 바로 준행하느냐에 있는 것입니다. 하나님께서는 성전을 건축하고 있는 솔로몬이 "마음을 돌이켜 이스라엘의 하나님 여호와를 떠날" 것을 아시는 것입니다. 그러므로 훗날 말씀하시기를 "여호와께서 일찍이 두 번이나 그에게 나타나시고 이 일에 대하여 명령하사 다른 신을 따르지 말라 하셨으나 그가 여호와의 명령을 지키지 않았다"(11:9-10)고 책망하십니다. 이를 아시기에 긴급동의를 하고 계시는 것입니다.

셋째 단원(14-38) 성전 내부공사가 완성됨

"솔로몬이 성전 건축하기를 마치고 백향목 널판으로 성전의 안벽 곧 성전 마루에서 천장까지의 벽에 입히고 또 잣나무 널판으로 성전 마루를 놓고"(14-15) 즉 내부공사를 합니다. 6장은 "열한째 해 불월 곧 여덟째 달에 그 설계와 식양대로 성전건축이 다 끝났으니 솔로몬이 칠 년 동안 성전을 건축하였더라"(38)하고 마치고 있습니다.

② 이제 성전건축에 있어서 두 번째 요점인 식양(式樣)을 통해 계시된 구속사적 의미를 살펴보겠습니다. 성막이나 성전은 인간이 설계한 대로 지은 것이 아닙니다. 하나님께서 모세에게 "내가 그들 중에 거할 성소를 그들이 나를 위하여 짓되 무릇 내가 네게 보이는 모양(식양)대로 장막을 짓고 기구들도 그 모양을 따라 지을지니라" (출 25:8-9)고 명하셨고, 다윗도 임종머리에서 "여호와의 손이 내게 임하여 이 모든 일의 설계를 그려 나에게 알려 주셨느니라"(대상 28:19)고 말합니다.

이처럼 하나님께서 성전 "설계와 식양"을 지시하심은 식양을 통하여 계시하시고자 하는 메시지가 있으셨기 때문입니다. 그것이 무엇일까요?

건물을 완성하고 내부공사를 함에 있어서 제일 먼저 꾸민 것이 "성전의 내소 곧 지성소를 만들었으며 내소 앞에 있는 외소 곧 성소"(16-17)를 만들었다 합니다. 이는 식양을 통해서 보여주기를 원하시는 중심적인 부분인데, 하나님의 임재를 상징하는 지성소와 성소 사이를 막으라 하셨습니다.

이점을 이사야서에서는 "오직 너희 죄악이 너희와 너희 하나님 사이를 갈라놓았고 너희 죄가 그 얼굴을 가리어서 너희에게서 듣지 않으시게 함이니"(사 59:2)라고 말씀합니다.

이를 신약성경에서는 "성령이 이로써 보이신 것은" 즉 성소 식양을 통해서 계시하시려는 바는 "첫 장막이 서 있을 동안에는 성소에 들어가는 길이 아직 나타나지 아니한 것이라"(히 9:8)합니다. 즉 하나님과의 관계가 끊어지고 나아가는 길이 막혀 있었다는 점을 성막 식양 중 "휘장"을 통해서 "보이신" 계시라고 해설해주고 있습니다.

여기 유의하여야 할 점이 있는데 "지성소"라 하지 않고, "성소에 들어가는 길이 아직 나타나지 않은 것"이라고 말씀하고 있다는 점입니다. 여기서 “성소”라 하는 것은 땅에 있는 성소가 아니라, 하늘에 있는 “성소” 즉 하나님 보좌를 가리키는(히 8:1-2, 9:24) 것입니다. 하늘에는 지성소와 성소의 구별이 없을 뿐만이 아니라 아예 성전도 없다(계 21:22)고 말씀합니다. 왜냐하면 “전능하신 이와 및 어린 양이 그 성전”이시기 때문입니다.

그리고 중요한 것은 땅에 있는 모형적인 지성소에 들어가는 길이 막힌 것이 문제가 아니라, 하나님 존전인 참 성소에 들어가는 길이 아직 열리지 않았다는 데 있는 것입니다. 그런데 성전을 통한 계시는 이것이 전부가 아닙니다. 막혔던 휘장이 누구의 무엇에 의하여 열려지게 되느냐 까지를 보여주고 있는 것입니다. 이것이 세 번째 요점인 기구들을 통하여 보여주십니다. 이점은 7장에서 살펴보게 됩니다

7장

성전의 기구들

7장의 중심주제는 성전의 기구를 만든 내용인데, 놋기둥(15), 바다(23), 물두멍(38), 금단(향단 48), 진설병의 금상(48), 정금등대(49) 등입니다. 그렇다면 이 기구라는 모형들을 통해서 계시하고자 하는 구속사적 의미가 무엇일까요? 두 단원으로 나누어 상고하겠습니다.

첫째 단원(1-12) 솔로몬의 왕궁
둘째 단원(13-51) 성전의 기구들

첫째 단원(1-12) 솔로몬의 왕궁

7장은 "솔로몬이 자기의 왕궁을 십삼 년 동안 건축하여 그 전부를 준하니라"(1)하고 시작됩니다. 6-7장은 성전건축 기사요, 8장에 가서 성전 헌당식을 거행하게 되는데, 성전건축 기사 중간에 두 번의 삽입구가 등장한다는 점을 주목하게 됩니다. 첫 번은 여호와의 말씀이 임한 내용(6:11-13)이고, 두 번째 삽입구는 솔로몬의 왕궁을 건축했다는 내용(7:1-12)입니다.

역대하에 기록된 병행 구절에는 이러한 삽입구가 없습니다. 그렇다면 열왕기서 기자는 어떤 의도에서 성전건축 기사 중간에 이런 삽입구를 두 번씩이나 집어넣고 있는 것일까요? 이것을 깨닫기 위해서는 열왕기와 역대기의 관점의 차이를 알아야 합니다. 열왕기가 선지자적 관점에서 기록하고 있다면, 역대기는 제사장적 관점에서 기록하고 있는 것입니다. 선지자의 사명은 죄를 드러내고 책망하고 심판을 경고합니다. 그러나 제사장은 대속을 통해 죄를 덮어주고 치료해주는 직무입니다.

그러므로 열왕기에서는 다윗의 범죄와 솔로몬이 타락하여 다른 신을 섬긴 일 등을 고발하고 있습니다만, 역대기에는 다윗이 우리야의 아내를 범한 일도 덮어주고 솔로몬의 타락도 기록하지 않고 가려주고 있음을 봅니다.

이런 맥락에서 열왕기서 기자가 성전건축 기사 중간에 궁궐을 건축한 기사를 삽입한 의도는 분명해진다고 하겠습니다. 그것은 불과 세 장 후에 일어나게 될 "왕은 후궁이 칠백 명이요 첩이 삼백 인이라 그의 여인들이 왕의 마음을 돌아서게 하였더라"(11:3)는 타락에 대한 전주곡이라 할 수 있는 것입니다. 죄는 그때 드러났지만 솔로몬의 심성에는(그리고 누구의 심성에도) 죄성은 도사리고 있었다는 점을 말씀해주고 있는 것입니다. 그 많은 왕비들이 왜 필요하며 도대체 어디에 살았다는 말입니까? 이들을 위해서라도 궁궐은 엄청나게 클 수밖에(8) 없었을 것입니다.

6장 마지막 절과 7장 첫 절을 대조해보면 묘한 여운이 남습니다. 성전을 건축하는 데는 7년이 걸렸는데, 자기의 궁을 건축하는 데는 무려 13년이나 걸렸다고 말씀하고 있기 때문입니다.

"그가 레바논 나무로 왕궁을 지었으니 길이가 백 규빗이요 너비가 오십 규빗이요 높이가 삼십 규빗이라 백향목 기둥이 네 줄이요 기둥 위에 백향목 들보가 있었다"(2) 하는데, 건축 기간만이 아니라 건물의 규모를 대비해 보십시오. 성전 규모인 6:2절과 왕궁의 규모를 언급하는 7:2절을 비교해 보면 장은 60:100이요, 광은 20:50이요, 고는 다 같이 30입니다. 이를 면적으로 환산한다면 1200:5000이 되어 성전보다 궁궐이 4배가 넘는 규모입니다. 그러므로 건축 기간도 7년 대 13년입니다.

후대의 독자들은 본문을 대할 때 두 기사를 비교하지 않을 수 없습니다. 그것은 부정적인 시각으로 보려고 해서가 아니라 성경이 이를 보여주고 있기 때문입니다. 왕궁의 화려함을 언급하고 있는 9-11절에는 "귀하다"는 말을 세 번 강조하면서, 12절에서는 "마치 여호와의 성전 안뜰과 주랑에 놓은 것 같더라"고 말씀함으로 은연중에 궁궐을 성전의 화려함에 비교하고 있습니다.

이상에서 살펴본 대로 두 번의 삽입구는 솔로몬에게는 경고이고, 후대의 독자인 우리에게는 거울이 되고 경계로 기록된 것입니다. 전적타락하고 부패한 인간의 내면에는 성령의 소욕만이 지배하고 있는 것이 아니라 육신의 소욕이 도사리고 있는 것이며 "욕심이 잉태한즉 죄를 낳고 죄가 장성한즉 사망을 낳는다"는 교훈을 받게 됩니다.

둘째 단원(13-51) 성전의 기구들

"솔로몬 왕이 사람을 보내어 히람을 두로에서 데려오니"(13) 하고, 중단되었던 성전건축 기사가 계속됩니다. 히람은 "놋쇠 대장장이라 이 히람은 모든 놋 일에 지혜와 총명과 재능을 구비한 자이더니 솔로몬 왕에게 와서 그 모든 공사를 하니라"(14) 합니다.

놋쇠 대장장을 시켜서 성전의 기물들을 만들게 했는데, 먼저 "놋 기둥" 둘을 만들어 성전의 낭실 앞에 세우고 이름을 "야긴과 보아스"라 하였습니다. 그 의도는 불확실하나 "그가 세우리라, 그에게 능력이 있다"라는 뜻을 통해서 생각해 볼 때, 이는 다윗에게 하신 하나님의 언약을 상징화한 것으로 여겨집니다. 하나님께서는 다윗에게 "네가 나를 위하여 내가 살 집을 건축하겠느냐… 여호와가 너를 위하여 집을 세워주겠다"(삼하 7:5,11)고 말씀하셨습니다. 또한 "네 집과 네 나라가 내 앞에서 영원히 보전되고 네 왕위가 영원히 견고하리라"(삼하 7:16)고 언약을 세워주셨는데, "야긴과 보아스"는 이를 상징화한 것으로 성전에 나아오는 백성들로 하여금 우선적으로 하나님의 주권과 언약을 상기하기 위한 조형물로 여겨집니다.

③ 성전을 통해서 계시하시려는 중요한 요점으로 "터와 식양과 기물" 세 가지를 들었는데 마지막으로 기물들을 통해서 계시하시려는 구속사적 의미를 살펴보아야 하겠습니다. 열왕기에서는 언급하고 있지 않으나 역대기에 의하면 두 기둥을 세운 후에 제일 먼저 "솔로몬이 또 놋으로 단을 만들었다"(대하 4:1)고 말씀합니다. 이 "단"은 제물을 드리는 번제단으로 그리스도께서 대속제물이 되어주실 것에 대한 모형입니다.

성전의 핵심부분은 하나님의 임재를 상징하는 "지성소"에 있으나, 죄인 편에서 보면 번제단이 핵심이 됩니다. 왜냐하면 하나님 존전에 들어가려면 번제단을 통해서만 가능하기 때문입니다. 이점을 신약성경에서는 "그러므로 형제들아 우리가 예수의 피를 힘입어 성소에 들어갈 담력을 얻었나니"(히 10:19)라고 말씀합니다. 또한 바다(23)와 물두멍을 만들었는데 이를 설명하기를 물두멍은 "번제에 속한 물건을 거기서 씻게 하였으며 그 바다는 제사장들이 씻기를 위한 것이더라"(대하 4:6) 합니다.

"솔로몬이 또 여호와의 성전의 모든 기구를 만들었으니 곧 금단(향단)과 진설병의 금상과… 정금등대"(48-49)와 그에 따른 부속품 등입니다. 성막(성전)이 임마누엘 하실 그리스도의 모형이라면 이 기구들도 그리스도께서 담당하실 사역의 한 면을 계시하여주고 있는데 향단은 중보기도를, 금상의 진설병은 생명의 양식을, 정금등대는 빛되시는 그리스도를 계시해주고 있습니다.

이 기구들은 그 사용한 소재 즉 놋과 금을 따라 둘로 나누어지고 향단과 떡상과 촛대 등은 모두 금으로 제작하였는데, "금"은 귀하다는 것 외에 신령한 의미로는 주님의 거룩하신 신성과 관련이 있습니다.

반면 번제단과 바다와 물두멍 등은 "놋"으로 만들었는데, 강하다는 의미 외에 신령한 의미로는 심판과 관련이 있습니다. 그러므로 계시록에 나오는 주님의 묘사를 보면 일곱 금 촛대 사이에 다니시는 "그의 발은 풀무에 단련한 빛난 주석같다"(계 1:15)고 말씀하고 있는데 이는 마귀를 정복할 심판 주를 나타냅니다.

희생제물은 백성의 죄를 대신하여 죽임을 당하여 놋으로 만든 번제단에서 드려지게 되고, 놋으로 만든 바다와 물두멍의 물은 진노를 받아 "흘린 피"를 상징하는 것으로 죄 씻음 받을 것을 의미합니다. 이러한 기구들이 놓인 위치도 변경해서는 안 되는데, 먼저 번제단을 거쳐서 물두멍으로 나아가야 합니다. 그리고 물두멍에서 씻음을 받고 성소로 들어가게 되는 것입니다.

이점을 신약성경에서는 "우리가 마음에 뿌림을 받아 악한 양심으로부터 벗어나고 몸은 맑은 물로 씻음을 받았으니 참 마음과 온전한 믿음으로 하나님께 나아가자"(히 10:22)고 해설해줍니다. 이것이 성전 기구들의 구속사적 의미들입니다.

8장

성전에 충만한 여호와의 영광

본문은 완공된 성전을 봉헌하는 내용입니다. "언약궤"를 메어오는 것으로 시작하여(1), 솔로몬의 봉헌기도와 축복 등, 7일 동안 거행되었습니다. 중심점은 "말씀하신 대로(24,24,56,56), 이루셨다"(15,20, 24,56)는데 있고, 핵심은 "솔로몬이 화목제의 희생제물을 드렸으니 곧 여호와께 드린 소가 이만 이천 마리요 양이 십이만 마리라"(63) 한 "화목제물"에 있고, 결과는 "죄를 사하시고"(30,34,36,39)에 있습니다.

왜냐하면 성전은 임마누엘의 모형이요, 참 성전으로 오실 그리스도께서 "대속제물이 되심으로, 죄 사함"을 받게 하시려는데 있기 때문입니다. 8장은 은혜로 말미암아 기뻐하며 마음에 즐거워하였더라"(66)는 말씀으로 마치고 있습니다. 이를 네 단원으로 나누어 상고함이 도움이 됩니다.

첫째 단원(1-11) 언약궤를 메어옴
둘째 단원(12-21) 말씀하신 대로 이루신 하나님
셋째 단원(22-53) 성전봉헌 기도
넷째 단원(54-66) 권면과 감사

첫째 단원(1-11) 언약궤를 메어옴

"이에 솔로몬이 여호와의 언약궤를 다윗성 곧 시온에서 메어 올리고자"(1) 하여 이스라엘 장로와 모든 지파의 우두머리 곧 이스라엘 자손의 족장들을 예루살렘에 있는 자기에게로 소집합니다. 첫째 단원의 중심점은 "언약궤"인데 세 번(1,3,6) 등장합니다.

이 점에서 "언약궤 곧 법궤"가 시온으로 옮겨오기까지의 경위, 다시 말하면 구속사적 의미를 살펴보아야 하겠습니다. 가나안에 입성하여 제일 처음으로 성막(법궤)이 세워진 곳은 "이스라엘 자손의 온 회중이 실로에 모여서 거기에 회막을 세웠으며"(수 18:1) 한 "실로" 였습니다. 그런데 "실로"는 "에브라임 지파"에게 분배된 곳인데 여호수아가 에브라임 지파 족장이었다는 것과 관련이 있는 듯합니다.

그런데 사무엘상에서 엘리 제사장 당시 블레셋과의 전쟁에서 패하자 "여호와의 언약궤를 실로에서 우리에게로 가져다가 우리 중에 있게 하여 그것으로 우리를 우리 원수들의 손에서 구원하게 하자"(삼상 4:3) 했다가 법궤를 빼앗겼던 것입니다. 그런데 빼앗겼던 법궤가 돌아올 때는 실로가 아닌 "벧세메스"(삼상 6:12)로 돌아왔던 것입니다. "벧세메스"는 유다 지파에 분배된 땅인데, 그러니까 에브라임 지파에 있던 법궤가 유다 지파 진영으로 돌아온 것입니다.

이점을 시편 78편에서는 놀라운 통찰력과 감동적으로 말씀해주고 있는데, “사람 가운데 세우신 장막 곧 실로의 성막을 떠나시고”(시 78:60) 합니다. 인간의 행위중심으로 보면 법궤를 대적에게 빼앗긴 것이 되나, 구원계획을 이루어나가시는 하나님의 주권적인 관점으로는 “떠나셨다” 합니다.

요셉의 장막을 버리시며 에브라임 지파를 택하지 아니하시고 오직 유다 지파와 그가 사랑하시는 시온 산을 택하시며(시 78:67-68) 합니다.

무슨 뜻인가? “법궤”로 상징이 된 그리스도는 에브라임 지파를 통해서 오시는 것이 아니라 “유다 지파”를 통해서 오신다는 뜻입니다. 그래서 “실로의 성막을 떠나시고, 유다 지파” 진영으로 옮겨오셨다는 것입니다. 왜냐하면 그리스도는 유다 지파를 통해서 오시게 될 것이 창세기 49:10절에서 이미 예언되어 있기 때문입니다.

사울은 40년이나 왕위에 있었으나 법궤에 무관심했던 것을 다윗이 왕이되자 “우리가 우리 하나님의 궤를 우리에게로 옮겨오자 사울 때에는 우리가 궤 앞에서 묻지 아니하였느니라”(대상 13:3)고 말하면서 메어옴으로 법궤가 “시온”에 있게 된 것입니다.

에브라임 지파에서 유다 지파로

“솔로몬 왕과 그 앞에 모인 이스라엘 회중이 그와 함께 그 궤 앞에 있어 양과 소로 제사를 지냈으니 그 수가 많아 기록할 수도 없고 셀 수도 없었더라”(5) 하면서, “제사장들이 여호와의 언약궤를 그 처소로 메어 들였으니 곧 성전의 내소인 지성소 그룹들의 날개 아래라”(6) 합니다. “두 그룹의 날개 아래”, 그곳은 1년에 한 번 속죄일에 대제사장이 속죄 피를 가지고 들어가서 뿌리는 “속죄소”로, “거기서 내가 너와 만나고 속죄소 위 곧 증거궤 위에 있는 두 그룹 사이에서 내가 이스라엘 자손을 위하여 네게 명령할 모든 일을 네게 이르리라"(출 25:22) 하신 만남의 장소였던 것입니다.

"그 (법)궤 안에는 두 돌판 외에 아무것도 없으니 이것은 이스라엘 자손이 애굽 땅에서 나온 후 여호와께서 저희와 언약을 맺으실 때에 모세가 호렙에서 그 안에 넣은 것이더라"(9) 합니다. "돌판" 이란 십계명을 기록한 돌판을 가리키는데, 하나님께서 법궤 안에 넣어두라 명하신 것입니다.

왜 법궤 안에 넣어두라 하셨는가? 이 점에서 생각해야 할 점은 대제사장이 1년에 한 번 속죄 피를 가지고 지성소에 들어가서는 법궤 위 속죄소에 뿌리라(레 16:15)고 명하신 구속사적 의미입니다. 왜 법궤 위에 뿌리라 하셨는가? 하나님께서 우리를 "돌판" 즉 율법을 통해서 보시지 않고, 돌판 위 곧 속죄소에 뿌려진 "피"를 통해서 보시겠다는 뜻입니다. 이를 계시하기 위해서 돌판은 법궤 안에 두라 하셨고 속죄 피는 그 위에 뿌리라 명하셨던것 입니다.

로마서 6:14절에서는 "죄가 너희를 주장하지 못하리니 이는 너희가 법 아래에 있지 아니하고 은혜 아래에 있음이라"고 "법 아래와 은혜 아래"를 말씀하는데, 우리가 "법 아래" 있게 되면 어떻게 되는가? 하나님께서 율법을 통해서 보신다면 모두가 "심판 아래"(롬 3:19) 있게 되는 것입니다. 그러면 "은혜 아래" 즉 예수 그리스도의 대속의 피를 통해서 보신다는 뜻인데, 의롭다함을 얻게 되는 것입니다.

법 아래와 은혜 아래

"제사장이 성소에서 나올 때에 구름이 여호와의 성전에 가득하매 제사장이 그 구름으로 말미암아 능히 서서 섬기지 못하였으니 이는 여호와의 영광이 여호와의 성전에 가득함이었더라"(10-11) 합니다.

모세의 성막이 완성되었을 때와 솔로몬의 성전이 완성되었을 때 다 같이 "여호와의 영광이 여호와의 전에 가득하였다"(11)고 말씀합니다. 이는 "말씀이 육신이 되어 우리 가운데 거하시매(장막을 치시매) 우리가 그의 영광을 보니 아버지의 독생자의 영광이요 은혜와 진리가 충만하더라"(요1:14)에 대한 예표였던 것입니다.

우리는 한 걸음 더 나아가야 하는데 이제 하나님의 영광은 예배당 건물에 충만한 것이 아닙니다. 예수 그리스도의 구속의 은총으로 말미암아 성도라 부르심을 입은 자들의 공동체인 "교회"에 충만한 것이며(고전 3:16), 또한 교회의 구성원들인 성도 한 사람 한 사람의 "너희 몸은 너희가 하나님께로부터 받은바 너희 가운데 계신 성령의 전인 줄을 알지 못하느냐(고전 6:19) 하신, 성도들에게 충만한 것입니다. 이 정체성을 망각하지 말아야 하는 것입니다.

둘째 단원(12-21) 말씀하신 대로 이루신 하나님

둘째 단원은 성전을 건축하게 된 경위를 진술하는 내용인데 중심점은 "여호와께서 말씀하신 대로 이루셨다"(15,20,24)는데 있습니다. 솔로몬은 봉헌사에서 성전건축은 하나님께서 약속하신 대로 이루신 것이라는 점을 강조하고 있는데, 이는 하나님께서 다윗에게 "여호와가 또 네게 이르노니 여호와가 너를 위하여 집을 짓고(이루고)"(삼하 7:11) 하신 언약을 상기시키는 말인 것입니다.

"이스라엘의 하나님 여호와를 송축할지로다 여호와께서 그의 입으로 내 아버지 다윗에게 말씀하신 것을 이제 그의 손으로 이루셨도다"(15) 합니다. 하나님께서 "내가 내 백성 이스라엘을 애굽에서 인도하여 낸 날부터 내 이름을 둘 만한 집을 건축하기 위하여 이스라엘 모든 지파 가운데에서 아무 성읍도 택하지 아니하고 다만 다윗을 택하여 내 백성 이스라엘을 다스리게 하였노라 하신지라"(16) 하고, "택하심"을 강조합니다. 이는 다윗에게 세워주신 메시아언약을 상기시키는 것으로 그리스도를 다윗의 자손으로 보내시겠다는 의미인 것입니다.

이점이 "그러나 너는 그 성전을 건축하지 못할 것이요 네 몸에서 낳을 네 아들 그가 내 이름을 위하여 성전을 건축하리라"(19)는 말씀에 나타나는데, "네 몸에서 낳을 네 아들"이 1차적으로는 솔로몬을 가리킨다 하여도 궁극적으로는 그리스도를 전망하는 말씀인 것입니다.

"이제 여호와께서 말씀하신 대로 이루시도다"(20) 하는데, 이 "이루심"이 "보라 네가 잉태하여 아들을 낳으리니 그 이름을 예수라 하라 그가 큰 자가 되고 지극히 높으신 이의 아들이라 일컬어질 것이요 주 하나님께서 그 조상 다윗의 왕위를 그에게 주시리니 영원히 야곱의 집을 왕으로 다스리실 것이며 그 나라가 무궁하리라"(눅 1:31-33)고 이루셨던 것입니다.

히브리서 기자는 예수님께서 모세보다 더욱 영광스러운 점을 "마치 집지은 자가 그 집보다 더욱 존귀함 같으니라"(히 3:3)고 예수 그리스도를 집을 건축하는 분으로 말씀하고 있습니다. 그렇습니다. 하나님의 나라건설이란 하나님의 거하실 집을 지음과도 같은데, 예수 그리스도께서 "내가 이 반석 위에 내 교회를 세우리니 음부의 권세가 이기지 못하리라"(마 16:18)고 세우셨던 것입니다.

솔로몬의 봉헌사에서 또 한 가지 주목해야 할 점은 여호와의 "이름"이라는 말이 반복적으로 언급되고 있다는 점입니다. 모두 다섯 번이나 언급하고 있는데 "내 이름을 둘 만한 집을 건축하기 위하여"(16), "이스라엘의 하나님 여호와의 이름을 위하여 성전을 건축" (20) 했다고 진술합니다. 그렇습니다. 성전이란 여호와의 이름을 두신 곳인 것입니다.

이 점에서 심각하게 각성해야 할 점은 신약시대는 "하나님의 이름"을 어떤 건물에 두신 것이 아니라, 구속하여 하나님의 자녀로 삼으신 성도들에게 두셨다는 점입니다. 그러므로 그리스도인들은 이름에 영광을 돌리든지 아니면 모독을 받으시게 하든지 둘 중의 하나라는 점을 심각하게 각성해야 하는 것입니다.

셋째 단원(22-53) 성전 봉헌기도

"솔로몬이 여호와의 제단 앞에서 이스라엘의 온 회중과 마주 서서 하늘을 향하여 손을 펴고"(22), 성전을 봉헌하는 기도를 드리는데 솔로몬은 하나님을 어떠한 하나님이라 하는가? 다시 말하면 그가 믿은 바 하나님은 어떠한 하나님으로 고백하고 있는가?

첫째로 "이스라엘의 하나님 여호와여 위로 하늘과 아래로 땅에 주와 같은 신이 없나이다 주께서는 온 마음으로 주의 앞에서 행하는 종들에게 언약을 지키시고 은혜를 베푸시는"(23) 하나님으로 고백하고 있습니다. 또한 "주께서 주의 종 내 아버지 다윗에게 하신 말씀을 지키사 주의 입으로 말씀하신 것을 손으로 이루심이 오늘과 같으니이다"(24) 하고 언약하신 말씀을 "지키시고 이루시는" 하나님으로 고백합니다.

이런 맥락에서 24-29절 안에는 "다윗에게 하신 말씀을 지키사 주의 입으로 말씀하신 것을 손으로 이루셨다"하고 언약을 뜻하는 "말씀"이 여섯 번이나 강조되어 있습니다. 그렇다면 하나님께서 다윗에게 "말씀"하신 궁극적인 언약과 베푸실 "은혜"가 무엇인가? "이스라엘의 왕위에 앉을 사람이 내 앞에서 끊어지지 아니하리라 하셨사오니 이제 다윗을 위하여 그 하신 말씀을 지키시옵소서, 이스라엘의 하나님이여 원하건대 주는 주의 종 내 아버지 다윗에게 하신 말씀이 확실하게 하옵소서"(25-26) 한 그리스도요, 성전봉헌 기도의 지향점은 참 성전 되시는 그리스도인 것입니다.

둘째로 "하나님이 참으로 땅에 거하시리이까 하늘과 하늘들의 하늘이라도 주를 용납하지 못하겠거든 하물며 내가 건축한 이 성전이오리이까"(27) 하면서 반복적으로 강조하는 간구가 있는데, 그것은 이 성전을 향하여 기도를 드리면 주는 계신 곳 하늘에서 들으시고 응답해달라는 간구입니다.

"주께서 전에 말씀하시기를 내 이름이 거기 있으리라 하신 곳, 이 〈성전〉을 향하여 주의 눈이 주야로 보시오며 주의 종이 이곳을 향하여 비는 기도를 들으시옵소서(29), 주의 종과 주의 백성 이스라엘이 〈이곳을 향하여〉 기도할 때에 주는 그 간구함을 들으시되 주께서 계신 곳 하늘에서 들으시고 들으시사 사하여 주옵소서"(30) 합니다.

이 점에서 주목해야 할 점은 "성전에서 들으시고"라고 말하는 것이 아니라 "계신 곳 하늘에서 들으시고, 사하여 주옵소서" 한다는 점입니다. 그렇다면 하나님이 계신 하늘을 "향하여" 기도를 드려야 할 것이 아닌가? 어찌하여 주의 "이름"을 두신 "이곳을 향하여" 기도를 드리면 들어달라고 간구하고 있을까요?

여기에 성전의 기능과 핵심적인 요소가 있습니다. 죄를 범한 인간은 직접 하나님께 나아갈 수 없게 되었고, 하나님과 인간 사이의 중보자를 통해서만이 가능하게 되었다는 점입니다. 구약시대는 교제의 장소로 성전이 주어졌고 하나님과 교제의 중보자로 대제사장을 세워 주셨고, 교제를 가능하게 한 것은 번제단에서 드려지는 대속제물을 통해서였던 것입니다. 그래서 "성전을 향해서" 기도를 드렸던 것입니다. 그러나 신약의 성도들은 예배당을 향해서 기도를 드리고 있지 않습니다. 왜냐하면 이것은 예표와 모형일 뿐 궁극적인 "성전·중보자·대속제물"은 예수 그리스도시기 때문입니다.

이런 맥락에서 구약의 성도들이 성전을 향하여 기도를 드렸다는 것은 중보자 예수 그리스도를 통해서 하나님께 나아갔음을 의미합니다. 그래서 성전에 나아갔을 때 우선적으로 대면하게 되는 것이 번제단이었던 것입니다. 신약의 성도들도 같은 맥락에서 "예수의 피를 힘입어(히 10:19), 우리가 그 안에서 그를 믿음으로 말미암아 담대함과 확신을 가지고 하나님께 나아감을 얻게"(엡 3:12) 된 것입니다.

다시 강조합니다만 구약의 성도들이 성전을 향하여 기도를 드렸다는 것은 임마누엘 하셔서 대속제물이 되어주실 예수 그리스도의 중보사역을 통해서 하나님과 교제함이 가능했다는 점을 나타낸다는 말씀입니다. 이것이 성전의 기능입니다. 신약의 성도들은 이미 오신 그리스도를 믿는 반면에, 구약의 성도들은 장차 오실 그리스도를 "향하여" 바라보며 믿었다는 차이뿐입니다.

그러므로 솔로몬의 봉헌기도의 세 번째 요점은, 이 성전이 하나님과 인간 사이의 교제와 교통을 가능하게 하는 "만남의 장소"의 역할을 하게 해달라는 데 있는 것입니다. 그러면 하나님과의 만남의 장소가 어디고, 이것이 어떻게 가능해지는가 하는 점입니다. 하나님께서는 속죄소 "거기서 내가 너와 만나고 속죄소 위 곧 증거궤 위에 있는 두 그룹 사이에서 내가 이스라엘 자손을 위하여 네게 명령할 모든 일을 네게 이르리라"(출 25:22)고 친히 말씀하십니다.

"만남과 교제"의 장소는 속죄소인데 이를 가능하게 하는 것은 번제단에서 드려진 대속제물의 피가 뿌려졌기 때문에 가능해지는 것으로, 이는 "성전·대제사장·번제단의 제물"의 실체되시는 예수 그리스도의 구속의 피 밖에는 없다는 점을 증언하는 것입니다.

그러므로 솔로몬의 봉헌기도의 네 번째 요점은, "주의 종과 주의 백성 이스라엘이 이곳을 향하여 기도할 때에 주는 그 간구함을 들으시되 주께서 계신 곳 하늘에서 들으시고 들으시사 사하여 주옵소서"(30) 한 "죄를 사해달라"는 간구입니다. 34절에서도 "주는 하늘에서 들으시고 주의 백성 이스라엘의 죄를 사하시고 그들의 조상들에게 주신 땅으로 돌아오게 하옵소서" 합니다. 죄 값으로 사탄의 포로가 된 자들의 죄가 "사해지고, 돌아옴"이 어떻게 가능해지는가? "또 죽기를 무서워하므로 한평생 매여 종노릇 하는 모든 자들을 놓아주려 하심이니"(히 2:15) 한 그리스도의 대속을 통해서 뿐인 것입니다.
신약의 성도들은 예루살렘으로 향한 창문을 열어놓고 기도하지 않습니다. "예수의 피를 힘입어", 휘장 가운데로 열어놓으신 새롭고 산 길을 따라 은혜의 보좌 앞에(히 10:20) 담대히 나아가는 것입니다.

넷째 단원(54-66) 권면과 감사

"솔로몬이 무릎을 꿇고 손을 펴서 하늘을 향하여 이 기도와 간구로 여호와께 아뢰기를 마치고"(54), 여호와의 제단 앞에서 일어나 서서 큰 소리로 이스라엘의 온 회중을 위하여 축복한 첫 말씀이 "여호와를 찬송할지로다"(56상) 한 "찬양"입니다.

어찌하여 하나님은 찬송을 받으셔야 합니까? "그가 말씀하신 대로 그의 백성 이스라엘에게 태평을 주셨으니 그 종 모세를 통하여 무릇 말씀하신 그 모든 좋은 약속이 하나도 이루어지지 아니함이 없기"(56) 때문이라 합니다. 하나님은 말씀하십니다. "나 여호와가 말하였으니 이루리라 주 여호와께서 이같이 말씀하셨느니라 그래도 이스라엘 족속이 이같이 자기들에게 이루어주기를 내게 구하여야 할지라"(겔 36:36-37).

"그런즉 너희의 마음을 우리 하나님 여호와께 온전히 바쳐 완전하게 하여 오늘과 같이 그의 법도를 행하며 그의 계명을 지킬지어다"(61) 합니다. 그리고 "화목제로 드린 소가 이만이천이요 양이 십이만이라"(63)고 말씀합니다.

8장을 마치기 전에 요약하여 강조합니다. 구약성경의 중심주제는 예수그리스도를 증언(요 5:39)하는 것이요, "옛적에, 여러 부분과 여러 모양으로 우리 조상들에게 말씀하신 하나님이라"(히 1:1) 합니다. 그러면 본문 8장을 통해서는 "어떤 모양, 어떤 부분"들로 그리스도를 증언하고 있는가? "성전과 화목제물(63)과 제물을 드려줄 제사장"(11)입니다. 또한 솔로몬 왕 자신도 만왕의 왕 되시는 예수 그리스도를 예표하고 있습니다.

솔로몬은 하나님을 "언약을 지키시고 은혜를 베푸시는"(23) 하나님으로 고백하고 있는데, 8장은 "여호와께서 그의 종 다윗과 그의 백성 이스라엘에게 베푸신 모든 은혜로 말미암아 기뻐하며 마음에 즐거워하였더라"(66)고 "기뻐하며 즐거워하는 것"으로 끝맺고 있습니다.

9장

다시 나타나신 하나님

9장의 중심점은 "여호와께서 전에 기브온에서 나타나심 같이 다시 솔로몬에게 나타나사"(2) 한 점에 있습니다. 하나님께서 솔로몬에게 "나타나셨다"하는데 그것도 처음이 아니라 "다시" 나타나셨다는 것입니다. 하나님의 나타나심은 복스러움만이 있는 것이 아니라 경고적인 의미가 있는 것입니다.

그런데 하나님께서 나타나신 시점이 "솔로몬이 여호와의 성전과 왕궁 건축하기를" 마친 때에(1)라는 말씀과 "솔로몬의 두 집 곧 여호와의 성전과 왕궁을 24년 만에 건축하기를 마치고"(10) 한 사이에 들어있다는 점을 주목하게 됩니다. 그렇다면 하나님께서 그 시점에 솔로몬에게 나타나신 의도가 무엇일까를 생각하게 합니다. 이를 두 단원으로 나누어 상고하겠습니다.

첫째 단원(1-9) 하나님의 경고
둘째 단원(10-28) 건축에 힘을 쏟은 솔로몬

첫째 단원(1-9) 하나님의 경고

9장은 "솔로몬이 여호와의 성전과 왕궁 건축하기를 마치며 자기가 이루기를 원하던 모든 것을 마친 때에"(1)하고 시작되는데, 여호와께서 전에 기브온에서 나타나심 같이 다시 솔로몬에게 나타나셨다 합니다.

이 시점에 여호와께서 솔로몬에게 다시 나타나심이 8장의 봉헌기도에 대한 응답으로 여겨서는 안 됩니다. 말할 것도 없이 하나님께서는 8장의 기도를 들으셨습니다. 그러므로 3절에서 "네 기도와 네가 내 앞에서 간구한 바를 내가 들었은즉 나는 네가 건축한 이 성전을 거룩하게 구별하여 내 이름을 영원히 그곳에 두며 내 눈길과 내 마음이 항상 거기에 있으리니" 하시는 것입니다.

그런데 하나님께서 솔로몬에게 나타나셔서 말씀하신 요점은 "경고"하심에 있다는 점입니다. 이점이 "네가 만일 네 아버지 다윗이 행함 같이 마음을 온전히 하고 바르게 하여 내 앞에서 행하며 내가 네게 명령한 대로 온갖 일에 순종하여 내 법도와 율례를 지키면"(4) 하시는 말씀에 나타납니다.

그러나 "만일 너희나 너희의 자손이 아주 돌아서서 나를 따르지 아니하며 내가 너희 앞에 둔 나의 계명과 법도를 지키지 아니하고 가서 다른 신을 섬겨 그것을 경배하면 내가 이스라엘을 내가 그들에게 준 땅에서 끊어 버릴 것이요 내 이름을 위하여 내가 거룩하게 구별한 이 성전이라도 내 앞에서 던져버리리니"(6-7) 하십니다.

이 점에서 하나님께서 지적하시는 치명적인 죄가 무엇인가 하는 점을 인식한다는 것이 중요한데, "다른 신을 섬겨 그것을 경배하면" 하신 우상숭배입니다. 이 우상숭배를 십계명 중 한 계명을 범한 것인 양 교훈적인 차원으로 여기는 오류를 범해서는 안 됩니다. 왜냐하면 이는 메시아언약을 우상으로 바꿔치기했다는 하나님과의 관계를 단절하는 반역하는 죄이기 때문입니다. 이점이 "이 성전이라도 내 앞에서 던져 버리리니"하신 말씀에 나타나는데, 메시아언약을 망각한 "성전"이라는 모형은 우상과 같이 전락하게 되기 때문입니다.

이처럼 경고하셨음에도 불과 두 장 뒤인 11장에서, "솔로몬이 마음을 돌려 이스라엘의 하나님 여호와를 떠나므로 여호와께서 그에게 진노하시니라 여호와께서 일찍이 두 번이나 그에게 나타나시고 이 일에 대하여 명령하사 다른 신을 따르지 말라 하셨으나 그가 여호와의 명령을 지키지 않았다"(11:9-10)는 말씀을 대하게 되는 것입니다.

이점은 모세를 통해서도 경고하신 바인데 "내가 그들의 조상들에게 맹세한바 젖과 꿀이 흐르는 땅으로 그들을 인도하여 들인 후에 그들이 먹어 배부르고 살찌면 돌이켜 다른 신들을 섬기며 나를 멸시하여 내 언약을 어기리니"(신 31:20)하고 경고하였습니다. 하나님께서는 홍수의 염려가 없는 곳에 댐을 건설하시지 않으십니다. 하나님께서는 솔로몬의 행위를 관찰하시는 중에 타락의 증후를 아시고 두 번이나 나타나셔서 경고하셨으나 슬프게도 그 경고대로 되고야 말았던 것입니다.

"여호와의 성전과 왕궁 건축하기를 마치며 자기가 이루기를 원하던 모든 것을 마친 때"(1), 자기가 이루기를 원하던 모든 것을 "마친 그때"가 위험한 때입니다. 자신이 성취한 것에 도취하여 자고하고 있을 때, 이런 때가 최대의 위기인 것입니다. 하나님의 경고가 "마친 때에(1)와 마치고"(10) 사이에서 주어지고 있는 까닭이 여기에 있는 것입니다.

둘째 단원(10-28) 건축에 힘을 쏟은 솔로몬

"솔로몬이 두 집 곧 여호와의 성전과 왕궁을 20년 만에 건축하기를 마치고"(10) 합니다. 솔로몬의 최대의 업적은 "솔로몬 왕이 역군을 일으킨 까닭은 이러하니 여호와의 성전과 자기 왕궁과 밀로와 예루살렘 성과 하솔과 므깃도와 게셀을 건축하려 하였음이라"(15) 한 "건축"입니다. 그러므로 본 단원의 중심 단어는 "건축"인데 모두 다섯 번이나 등장합니다.

"솔로몬이 게셀과 아래 벧호론을 건축하고 또 바알랏과 그 땅의 들에 있는 다드몰과 자기에게 있는 모든 국고성과 병거성들과 마병의 성들을 건축하고 솔로몬이 또 예루살렘과 레바논과 그가 다스리는 온 땅에 건축하고자 하던 것을 다 건축하였는데"(17-19)라고 말씀하고 있습니다. 실로 솔로몬은 "건축 광"이라 해도 과언이 아닐 정도입니다.

성경은 무엇을 말씀하고자 하여 이렇게 기록하고 있는 것일까요? 건축한 결과는 무엇인가? 여기 세 방면의 입장이 있는데 첫째는 솔로몬 자신의 입장입니다. 자기를 과시하며 성취욕에 도취되어 자기만족에 빠져 있었을 것입니다. 둘째는 하나님의 입장인데 이를 기뻐하셨겠습니까? 하나님께서 솔로몬을 메시아를 예표하는 왕으로 세우셔서 자기 백성을 위임하셨을 때 이렇게 하라고 세우신 것이겠습니까?

세 번째는 백성의 입장인데 솔로몬이 죽자 아들 르호보암에게 나아와 무엇이라고 탄원했는가? "왕의 아버지가 우리의 멍에를 무겁게 하였으나 왕은 이제 왕의 아버지가 우리에게 시킨 고역과 메운 무거운 멍에를 가볍게 하소서 그리하시면 우리가 왕을 섬기겠나이다"(12:4)라고 말했습니다.

건축의 후유증이 어떻게 나타났는가? 솔로몬이 "갈릴리 땅의 성읍 스무곳을 히람에게 주었으니 이는 두로 왕 히람이 솔로몬에게 그 온갖 소원대로 백향목과 잣나무와 금을 제공하였음이라"(11) 하는데, 하나님의 기업을 어찌하여 이방 왕에게 주어야 했는가? 이는 마치 장자의 직분을 팥죽 한 그릇에 판 에서와 같은 것이 아닌지 심각하게 고민해야 할 대목입니다. 이를 통해서 우리에게 무엇을 깨닫기를 원하시는 것일까요?

솔로몬은 이렇게 "건축하고, 건축하는" 것이 하나님의 일을 하는 것이며 기쁘시게 하는 것이라고 착각하고 있었던 듯싶습니다. 그러나 20년이나 걸려서 건축한 성전과 왕궁이 그 후에 어떻게 되었는가를 생각해보시기 바랍니다. 이점이 우리에게도 어째서 중요합니까? 현대 교회도 하나님의 백성들의 "멍에를 무겁게" 하면서 이것이 하나님께 충성하는 것이며 성공적인 목회라고 착각에 빠질 때가 있기 때문입니다. 다윗의 시 곧 성전에 올라가는 노래를 묵상해 보십시다.

> 여호와여
> 내 마음이 교만하지 아니하고
> 내 눈이 오만하지 아니하오며
> 내가 큰일과 감당하지 못할 놀라운 일을
> 하려고 힘쓰지 아니하나이다
> 실로
> 내가 내 영혼으로
> 고요하고 평온하게 하기를
> 젖 뗀 아이가
> 그의 어머니 품에 있음 같게 하였나니

내 영혼이 젖 뗀 아이와 같도다
이스라엘아 지금부터 영원까지
여호와를 바랄지어다 - 시131편 -

그리스도와의 만남

"솔로몬이 여호와를 위하여 쌓은 제단 위에 해마다 세 번씩 번제와 감사의 제물을 드리고 또 여호와 앞에 있는 제단에 분향하니라 이에 성전 짓는 일을 마치니라"(25) 합니다. 성전에서는 "해마다 세 번씩 번제"만 드린 것이 아니라 날마다 "상번제"도 드렸습니다. 그럼에도 성경은 어찌하여 "세 번의 번제"만을 강조하고 있는 것일까요?

세 번의 번제란 "유월절과 오순절과 초막절"을 가리키는데, "너의 가운데 모든 남자는 일 년에 세 번 곧 무교절과 칠칠절과 초막절에 네 하나님 여호와께서 택하신 곳에서 여호와를 뵈옵되 빈손으로 여호와를 뵈옵지 말고"(신 16:16) 하신 예루살렘 성전으로 와야 했기 때문입니다. 이렇게 명하신 의도가 무엇인가? 3대 절기에는 망각해서는 아니 될 사활이 걸려 있는 구속사적인 의미가 있기 때문입니다.

첫째로 "유월절"은 "우리의 유월절 양 곧 그리스도께서 희생되실"(고전 5:7) 것을 망각하지 않게 하시기 위해서요,

둘째로 "오순절"은 "오순절 날이 이미 이르매 그들이 다 같이 한 곳에 모였더니, 다 성령의 충만함을 받고"(행 2:1,4) 할 성령 강림을 기다리게 하기 위해서요,

셋째로 초막절은 광야생활을 마치고 약속에 땅에 들어가게 된 것을 기념하는 절기인데, 주님의 재림으로 성취될 것입니다. "명절(초막절) 끝날 곧 큰 날에" 구속의 대장정은 마치게 되는 것이며 하나님

나라건설은 완성되는 것입니다. 그런데 레위기 23:10절에 의하면 "유월절과 오순절" 사이에 "첫 이삭 한 단을 제사장에게 가져갈 것이요" 하는 첫 열매가 등장하는 것을 보게 됩니다. 이는 "죽은 자 가운데서 다시 살아나사 잠자는 자들의 첫 열매가 되셨도다"(고전 15:20) 한 유월절 양으로 죽임을 당하신 그리스도의 부활에 대한 예표입니다. "세 번씩 번제와 감사의 제물을 드리고"라는 말씀 속에는 이처럼 하나님의 비밀의 경륜이 간직되어 있는 것입니다.

10장

솔로몬의 이중적 예표

10장은 두 부분으로 나누어지는데 전반부(1-13)는 솔로몬의 지혜에 대한 소문을 듣고 찾아온 스바 여왕의 기사이고, 후반부(14-29)는 솔로몬 영화의 극치를 보여주고 있습니다. 10장은 이처럼 "솔로몬 왕의 〈재산과 지혜〉가 세상의 어느 왕 보다 큰지라"(23) 한 "영화와 지혜"라는 두 면을 통해서 메시아에 대한 예표를 보여주고 있습니다.

이를 목격하고 스바 여왕은 "복되도다 당신의 사람들이여 복되도다 당신이 신하들이여"하고 찬탄하면서, "당신의 하나님 여호와를 송축할지로다 여호와께서 당신을 기뻐하사 이스라엘 왕위에 올리셨고 여호와께서 영원히 이스라엘을 사랑하시므로 당신을 세워 왕으로 삼아 정의와 공의를 행하게 하셨도다"(8-9) 합니다.

솔로몬의 "지혜"를 통해서 솔로몬보다 큰 이가 여기있다 하신 그리스도를 만나게 되고, "그러나 내가 너희에게 말하노니 솔로몬의 모든 영광으로도 입은 것이 이 꽃 하나만 같지 못하였느니라"(마 6:29)

하신 말씀을 통해서 메시아 왕국의 영광을 그려보게 되는 것입니다. 이를 두 단원으로 나누어 상고하겠습니다.

첫째 단원(1-13) 지혜를 통한 그리스도의 예표
둘째 단원(14-29) 영화를 통한 메시아 왕국의 예표

첫째 단원(1-13) 지혜를 통한 그리스도의 예표

"스바의 여왕이 여호와의 이름으로 말미암은 솔로몬의 명성을 듣고 와서 어려운 문제로 그를 시험하고자 하여 예루살렘에 이르니"(1) 합니다. 주님께서도 이 기사를 인용하여 증거로 삼으심으로 본문 해석에 대한 빛을 비춰주셨습니다. 주님은 스바 여왕이 솔로몬의 "명성과 지혜의 소문"을 듣고 멀리서 찾아온 이 역사적 사실을 어떤 의미로 해석해주셨는가?

"심판 때에 남방 여왕이 일어나 이 세대 사람을 정죄하리니 이는 그가 솔로몬의 지혜로운 말을 들으려고 땅끝에서 왔음이거니와 솔로몬보다 더 큰이가 여기 있느니라"(마 12:42) 하십니다. 스바 여왕은 솔로몬을 만나 지혜를 듣기 위하여 멀리서 찾아왔으나, 이 세대 사람들은 하나님의 아들 그리스도께서 자신들을 만나기 위해서 하늘에서 찾아오신 그리스도를 배척하고 복음을 들으려 하지 않는다는 책망입니다.

주님의 관점은 분명합니다. 주님께서는 솔로몬을 그리스도의 예표적인 인물로 보고 스바 여왕이 솔로몬의 "명성과 지혜"를 듣고 찾아

와서 지혜로운 말을 듣고자 한 것을 구도(求道)로 보고 계시는 것입니다. 다시 말하면 스바 여왕이 솔로몬을 찾아와서 지혜를 구한 것은 이스라엘은 버림을 당하고 땅끝에 있는 이방인들이 그리스도의 소문을 듣고 찾아와서 진리를 구하게 될 그림자로 보고 계신다는 말씀입니다.

이점이 "심판 때에 남방 여왕이 일어나 이 세대 사람을 정죄하리라"는 말씀에 나타나는데, "심판 때 정죄하리라" 하심은 스바 여왕이 솔로몬을 찾아온 사건을 그리스도를 찾아온 것으로 간주하기 때문에 가능한 말씀인 것입니다.

성경에는 이러한 예가 많이 있는데 모세가 받은 고난을 "그리스도를 위하여 받는 수모"(히 11:26)라고 말씀하고, 라합이 정탐꾼을 영접한 것을 그리스도를 영접한 것으로 여기셔서 "의롭다 함을 얻었다"(약 2:25)고 말씀합니다. 이렇게 말할 수 있고 이점을 이해할 수 있는 것은 성경을 구속사라는 맥락에서 볼 때만 가능한 것입니다.

시편 18:44절에서는 "그들이 내 소문을 들은 즉시로 내게 청종함이여 이방인들이 내게 복종하리로다"고 말씀합니다. 무슨 뜻인가? 이방인들이 "내 소문" 즉 그리스도의 복음을 듣고 영접하리라는 뜻입니다. 사도 바울은 "그러나 내가 말하노니 그들이 듣지 아니하였느냐 그렇지 아니하니 그 소리가 온 땅에 퍼졌고 그 말씀이 땅끝까지 이르렀도다 하였느니라" 하면서 "모세가 이르되 내가 백성 아닌 자로써 너희를 시기하게 하며 미련한 백성으로서 너희를 노엽게 하리라 하였다"(롬 10:18-19)하고 복음이 이방인에게로 옮겨지게 될 것을 말씀합니다.

스바 여왕은 "복되도다 당신의 사람들이여 복되도다 당신의 이 신하들이여"(8) 라고 말합니다. 그들이 어째서 복된 것입니까? 그것은

"항상 당신의 앞에 서서 당신의 지혜를 들음이로다", 그래서 복되다는 것입니다. 이점이 1차적으로는 솔로몬을 가리킨다 하여도 진정한 복됨은 "그러나 너희 눈은 봄으로, 너희 귀는 들음으로 복이 있도다 내가 진실로 너희에게 이르노니 많은 선지자와 의인이 너희가 보는 것들을 보고자 하여도 보지 못하였고 너희가 듣는 것들을 듣고자 하여도 듣지 못하였느니라"(마 13:16-17)에서 성취될 축복인 것입니다.

그렇습니다. 스바 여왕이 들었다는 솔로몬의 지혜로운 말을 "천사가 이르되 무서워하지 말라 보라 내가 온 백성에게 미칠 큰 기쁨의 좋은 소식을 너희에게 전하노라(눅 2:10) 한 복음을 들은 복됨에 비할 수 있겠습니까?

첫째 단원은 "솔로몬 왕이 왕의 규례대로 스바의 여왕에게 물건을 준 것 외에 또 그의 소원대로 구하는 것을 주니 이에 그가 그의 신하들과 함께 본국으로 돌아갔더라"(13) 하고 마치고 있는데, "그의 소원대로 구하는 것을 주었다"고 말씀합니다. 그렇습니다. "우리 곧 나와 실루아노와 디모데로 말미암아 너희 가운데 전파된 하나님의 아들 예수 그리스도는 예하고 아니라 함이 되지 아니하셨으니 그에게는 예만 되었느니라"(고후 1:19) 합니다. 이것이 "지혜를 통한 그리스도의 예표"입니다.

둘째 단원(14-29) 영화를 통한 메시아 왕국의 예표

"솔로몬의 세입금의 무게가 금 육백육십육 달란트요"(14) 합니다. 금으로 따져서 그렇다는 것입니다. 이에 대한 정확한 액수와 가치를 산출할 수 없다고 해도 상상을 초월한 세입금임은 분명합니다. 앞 단원에서 솔로몬의 "지혜"를 언급한 후에 솔로몬의 "영화"를 보여주십니다. 이는 메시아 왕국의 영광을 예표한다 하겠습니다.

메시아 왕국의 영광을 계시록에서는 "그 성곽은 벽옥으로 쌓였고 그 성은 정금인데 맑은 유리 같더라 그 성의 성곽의 기초석은 각색 보석으로 꾸몄는데 첫째 기초석은 벽옥이요, 둘째는 남보석이요, 셋째는 옥수요, 넷째는 녹보석이요, 다섯째는 홍마노요, 여섯째는 홍보석이요, 일곱째는 황옥이요, 여덟째는 녹옥이요, 아홉째는 담황옥이요, 열째는 비취옥이요, 열한째는 청옥이요, 열두째는 자수정이라 그 열두 문은 열두 진주니 각 문마다 한 개의 진주로 되어 있고 성의 길은 맑은 유리 같은 정금이더라"(계 21:18-21)고 묘사하고 있습니다.

그런데 유의해야 할 점은 솔로몬이 그리스도를 예표하는 인물로 세움 받았다고 해서 그의 모든 것이 그리스도를 예표하는 것은 아니라는 점입니다. 이는 하나님의 형상대로 지음을 받은 아담이 역기능으로 행한 데서도 드러납니다. 그러므로 둘째 단원을 통해서 메시아 왕국의 영화만이 아니라 "만물보다 거짓되고 심히 부패한 것은 마음이라"(렘 17:9)하신 인간의 거짓됨도 보게 되는 것입니다.

그렇다면 성경이 이처럼 양면성을 보여주고 있는 의도가 무엇일까요? 그것은 분명합니다. 첫째 단원을 통해서 그리스도를 만나게 하시고, 둘째 단원을 통해서는 자신의 전적타락, 전적부패, 전적무능의 모습을 들여다보도록 거울로 삼으시기 위해서인 것입니다. 그리하여 스바 여왕처럼 그리스도를 찾도록 인도하시는 초등교사의 역할을 하기 위해서라고 말할 수 있습니다.

본문을 통해서 받게 되는 인상은 솔로몬은 온통 "금, 금, 금"하고 있는 듯이 보입니다. "솔로몬 왕이 쳐서 늘인 금으로 큰 방패 이백을 만들고 또 쳐서 늘인 금으로 작은 방패 삼백을 만들었다" (16-17)는 말이 단적으로 이를 말해줍니다. "방패"는 칼과 화살을 막을 수 있는 강철로 만들어야 하는 것입니다. 그러므로 "방패와 금"은 아무래도 어울리지 않습니다.

혹자는 솔로몬의 부귀영화는 하나님께서 "너의 구하지 아니한 부와 영광도 네게 주노니" 하신 것이라고 말할 것입니다. 그렇습니다. 이는 하나님께서 주신 축복임이 분명합니다. 성경은 지금 솔로몬의 부와 영광을 문제 삼는 것이 아니라, 하나님이 주신 축복을 어떻게 사용하고 있으며 그의 가치 기준에 이상은 없는가를 보여주기를 원하고 있을 뿐입니다.

뒷부분으로 갈수록 부정적인 면이 더욱 분명히 드러나는데 26-29절과 신명기 17:16-17절을 대조해보십시오. 성경은 솔로몬이 변명의 여지가 없도록 하나님께서 모세를 통하여 경계하신바 세 가지 금기 사항을 모두 범하고 있음을 보여주고 있습니다.

㉠ 첫째로 왕은 "병마를 많이 두지 말 것이요 병마를 많이 얻으려고 그 백성을 애굽으로 돌아가게 하지 말 것이니"하셨습니다.

㉡ 둘째는 "그에게 아내를 많이 두어 그의 마음이 미혹되게 하지 말 것이며"

㉢ 셋째는 "자기를 위하여 은금을 많이 쌓지 말 것이니라"고 경계하셨는데, 솔로몬의 행사는 하나님의 명령을 정면으로 거스르고 있는 것입니다.

하나님께서 복을 주심으로 "재산과 지혜가 세상 모든 왕보다 뛰어났던 솔로몬 왕"이 미리 경고하신 하나님의 경계를 조금만이라도 명심했다면 하는 안타까움이 있지 않습니까? 우리도 이렇게 고백할 수 밖에 없습니다. "사람은 다 거짓되되 오직 하나님은 참되시다 할지어다"(롬 3:4).

11장

한 지파를 남겨주신 하나님

11장은 솔로몬이 하나님을 배신하고 우상을 숭배하는 데까지 타락한 내용입니다. 어떤 분은 "성경 중 솔로몬의 타락 기사보다 슬픈 내용은 없다" 했는데, 그럴 만도 합니다. 그러나 이처럼 배은망덕한 것이 솔로몬이 처음도 아니며 또한 솔로몬으로 끝이 나는 것도 아닙니다. 인류의 역사는 시조로부터 오늘에 이르기까지 하나님께 대한 배은망덕의 역사인 것입니다.

그러나 하나님께서는 그때마다 "죄가 더한 곳에 더욱 넘치는 은혜"(롬 5:20)로 대해주셨습니다. 창세기 3장을 인간중심으로 보면 타락 장이 되지만 "내가…하리라"(창 3:15)하신 하나님 중심으로 보면 "은혜 장"이 되는 것입니다. 본문도 솔로몬 중심으로 보면 절망적인 장이 되지만 "오직 내가 이 나라를 다 빼앗지 아니하고 내 종 다윗과 내가 택한 예루살렘을 위하여 한 지파를 네 아들에게 주리라"(13)하시는 하나님 중심으로 볼 때 소망이 있는 것입니다.

하나님께서는 다윗에게 언약하시기를 “그가 만일 죄를 범하면 내가 사람의 매와 인생의 채찍으로 징계하려니와 내가 네 앞에서 물러나게 한 사울에게서 내 은총을 빼앗은 것처럼 그에게서 빼앗지는 아니하리라”(삼하 7:14-15)고 약속하셨는데, 솔로몬의 배교에도 불구하고 하나님은 그 약속을 지켜주셨던 것입니다. 이를 세 단원으로 나누어 관찰하겠습니다.

첫째 단원(1-8) 솔로몬의 배은망덕
둘째 단원(9-13) 한 지파를 남겨주신 하나님
셋째 단원(14-43) 한 등불을 남겨두신 하나님

첫째 단원(1-8) 솔로몬의 배은망덕

11장은 “솔로몬 왕이 바로의 딸 외에 이방의 많은 여인을 사랑하였으니 곧 모압과 암몬과 에돔과 시돈과 헷 여인이라”(1) 하고 시작됩니다. 그래서 “왕은 후궁이 칠백 명이요 첩이 삼백 명이라”하는데, 그렇다면 필연적으로 “그의 여인들이 왕의 마음을 돌아서게 하였더라”(3)는 결과에 이르게 되는 것입니다.

본문에는 “마음”이 다섯 번 등장하면서 “마음을 돌이켰다”는 말씀이 세 번(2,4,9) 강조되어 있습니다. “여호와께서 일찍이 이 여러 백성에 대하여 이스라엘 자손에게 말씀하시기를 너희는 그들과 서로 통혼하지 말며 그들도 너희와 서로 통혼하게 하지 말라 그들이 반드시 너희의 마음을 돌려 그들의 신들을 따르게 하리라 하셨으나 솔로몬이 그들을 사랑하였더라”(2) 합니다.

이방인과 통혼하지 말라 하심은 하나님께서 모세를 통해서 경계하신 말씀인데(출 34:15-16), 그러나 솔로몬은 하나님의 말씀에는 귀를 기울이지 아니하고 이방 여인들의 말에 귀를 기울였고, 하나님과 "사랑"을 한 것이 아니라 이방 여인들과 연애하였다는 것입니다. 그 결과는 자신에게 왕위를 계승하게 하신 하나님, 지혜를 주신 하나님, 부귀영화까지 주신 하나님에게서 "마음을 돌이키고야" 말았던 것입니다.

"솔로몬의 나이가 많을 때에 그의 여인들이 그의 마음을 돌려 다른 신들을 따르게 하였으므로 왕의 마음이 그의 아버지 다윗의 마음과 같지 아니하여 그의 하나님 여호와 앞에 온전하지 못하였으니" (4)

㉠ 시돈 사람의 여신 아스다롯을 따르고

㉡ 암몬 사람의 가증한 밀곰을 따름이라(5) 합니다.

㉢ 모압의 가증한 그모스를 위하여 산당을 지었고

㉣ 암몬 자손의 가증한 몰록을 위하여 산당을 지었다(7)고 말씀합니다.

솔로몬이 하나님께 이럴 수 있는 자입니까? "다른 사람들이 다 마음을 돌이킨다 하여도 솔로몬, 너만은 돌이키지 말았어야 할 네가 아니냐" 하시지 않겠는가? 하나님은 말씀하십니다. "나 여호와가 이같이 말하노라 너희 조상들이 내게서 무슨 불의함을 보았기에 나를 멀리하고 가서 헛된 것을 따라 헛되이 행하였느냐"(렘 2:5).

옛적에 인류의 시조로 하여금 그토록 선하신 하나님께로부터 마음을 돌이키게 한 사탄은 하나님의 축복을 그토록 받은 솔로몬까지도 하나님께로부터 마음을 돌이키게 하고야 말았던 것입니다

아담 하와는 하나도 부족함이 없는 에덴낙원에서 그토록 선하신 하나님을 배신했습니다. 홍수심판에서 구원받은 노아의 후손들은 바

벨탑을 쌓는 것으로 하나님을 대적했습니다. 출애굽한 이스라엘 백성들은 여호와 하나님을 금송아지로 바꿔치기했습니다. "그들이 광야에서 그에게 반항하며 사막에서 그를 슬프시게 함이 몇 번인가 그들이 돌이켜 하나님을 거듭거듭 시험하며 이스라엘의 거룩하신 이를 노엽게 하였도다 그들이 그의 권능의 손을 기억하지 아니하며 대적에게서 그들을 구원하신 날도 기억하지 아니하였도다"(시 78:40-42) 합니다.

성경은 말씀합니다. "어리석고 지혜 없는 백성아 여호와께 이같이 보답하느냐 그는 네 아버지시요 너를 지으신 이가 아니시냐 그가 너를 만드시고 너를 세우셨도다 옛날을 기억하라 역대의 연대를 생각하라 네 아버지에게 물으라 그가 네게 설명할 것이요 네 어른들에게 물으라 그들이 네게 말하리로다"(신 32:6-7).

둘째 단원(9-13) 한 지파를 남겨주신 하나님

"솔로몬이 마음을 돌려 이스라엘의 하나님 여호와를 떠나므로 여호와께서 그에게 진노하시니라"(9상) 합니다. "여호와께서 일찍이 두 번이나 그에게 나타나셨다"(9하) 하는데, 첫 번째는 "여호와께서 전에 기브온에서 나타나심 같이 다시 솔로몬에게 나타나사"(9:2) 한 솔로몬이 "기브온"에서 일천 번제를 드릴 때인데 "네가 만일 네 아버지 다윗이 행함 같이 내 길로 행하며 내 법도와 명령을 지키면 내가 또 네 날을 길게 하리라"(3:14)고 경계하셨습니다.

두 번째는 성전 봉헌식을 거행한 후에 나타나셔서 "만일 너희나 너희의 자손이 아주 돌아서서 나를 따르지 아니하며 내가 너희 앞에 둔 나의 계명과 법도를 지키지 아니하고 가서 다른 신을 섬겨 그것을 경배하면, 내가 거룩하게 구별한 이 성전이라도 내 앞에서 던져 버리리니"(9:6-7) 하고 극단적인 경고를 하셨던 것입니다.

하나님께서는 성전을 건축하는 중에도 "네가 지금 이 성전을 건축하니 네가 만일 내 법도를 따르며 내 율례를 행하며 내 모든 계명을 지켜 그대로 행하면"(6:12)하고 경고하는 말씀을 하셨습니다. 하나님께서는 "일찍이" 모세를 통하여 이방인과 통혼하지 말라, "그가 네 아들을 유혹하여 그가 여호와를 떠나고 다른 신들을 섬기게 하므로 여호와께서 너희에게 진노하사 갑자기 너희를 멸하실 것임이니라"(신 7:4)고 경계하셨기 때문에, 솔로몬에게 별도로 나타나셔서 경고하시지 않으셔도 되었던 것입니다.

그런데 "여호와께서 일찍이" 한 번도 아니고 두 번이나 솔로몬에게 친히 나타나셔서 경계하셨다는 것입니다. 그러나 솔로몬은 하나님의 경계를 무시하고 이방 여인과 통혼하고 끝내는 하나님께서 경계하신 대로 마음을 돌이켜 그들이 섬기는 우상을 쫓기에 이른 것입니다. 얼마나 괘씸한 일인가? 이런 맥락에서 "여호와께서 일찍이 두 번이나 저에게 나타나시고"(9)라는 말씀은 너무나 괘씸한 뜻을 나타내는 묘사인 것입니다. 왜냐하면 2절과 9절에 모두 "일찍이"라고 말씀하고 있기 때문입니다

"여호와께서 솔로몬에게 말씀하시되 네게 이러한 일이 있었고 또 네가 내 언약과 내가 네게 명령한 법도를 지키지 아니하였으니 내가 반드시 이 나라를 네게서 빼앗아 네 신하에게 주리라"(11)고 선고하십니다. 이는 너무나 당연한 선고인데 그러나 선고는 여기서 그치신 것이 아니라 "그러나"(12상) 하십니다. "그러나 네 아버지 다윗을 위하여 네 세대에는 이 일을 행하지 아니하고 네 아들의 손에서 빼앗으려니와 오직 내가 이 나라를 다 빼앗지 아니하고 내 종 다윗과 내가 택한 예루살렘을 위하여 한 지파를 네 아들에게 주리라" (12-13)

하시는 것이 아닌가?

왜 한 지파를 남겨주시겠다 하십니까? 두 가지 이유에서인데 첫째는 다윗에게 세워주신 메시아언약 때문인데, 이것이 “내 종 다윗과” 하신 뜻입니다. 둘째는 “내가 택한 예루살렘을 위하여”라고 말씀하는데 무슨 뜻인가? 하나님께서는 예루살렘을 택하셔서 “이름”을 두셨습니다. 다윗에게 하신 “언약”과 거기 두신 하나님의 이름 즉 하나님의 명예를 위하여 한 지파는 남겨주시겠다는 것입니다.

하나님은 다윗에게 “그가 만일 죄를 범하면 내가 사람의 매와 인생의 채찍으로 징계하려니와 내가 네 앞에서 물러나게 한 사울에게서 내 은총을 빼앗은 것처럼 그에게서 빼앗지는 아니하리라”(삼하 7:14-15)고 약속하셨던 것입니다. “내가 반드시”(11) 빼앗으리라 하신 하나님은 또한 반드시“ 한 지파”를 남기리라 말씀하시는 것입니다.

하나님은 그 약속을 지켜주셨습니다. 다윗이나 솔로몬에게 무슨 공로나 자격이 있어서가 아닙니다. “내 종 다윗과 내가 택한 예루살렘을 위하여!” 하나님께서는 “진노” 중에서도 은총을 빼앗지 않으셨습니다. 그렇다면 남겨주시리라는 “한 지파”의 구속사적 의미가 무엇일까요?

셋째 단원(14-43) 한 등불을 남겨두신 하나님

① “여호와께서 에돔 사람 하닷을 일으켜 솔로몬의 대적이 되게 하시니”(14), 이를 하나님이 “일으키셨다”고 말씀합니다. 왜 이렇게 하셨는가? 하나님께서는 말씀하신 대로 “사람의 매와 인생의 채찍으로 징계”(삼하 7:14) 하시는 것입니다

② "하나님이 또 엘리아다의 아들 르손을 일으켜 솔로몬의 대적자가 되게 하시니"(23) 합니다. "솔로몬의 일평생에 하닷의 끼친 환난 외에 르손이 수리아 왕이 되어 이스라엘을 대적하고 미워하였더라"(25) 합니다

③ "솔로몬의 신하 느밧의 아들 여로보암이 또한 손을 들어 왕을 대적하였으니"(26) 합니다. 이 여로보암은 "내가 그의 아들의 손에서 나라를 빼앗아 그 열 지파를 네게 줄 것이요"(35) 한 솔로몬의 신하입니다.

그러나 "진노 중에라도 긍휼을 잊지 않으시는 하나님"(합 3:2)께서는 "그 아들에게는 내가 한 지파를 주어서 내가 거기에 내 이름을 두고자 하여 택한 성읍 예루살렘에서 내 종 다윗이 항상 내 앞에 등불을 가지고 있게 하리라"(36) 하십니다.

앞에서는 "한 지파"(13,32,36)라고 말씀하신 하나님은, 그 "한 지파"를 여기서는 "등불"이라고 표현합니다. "한 지파가, 한 등불"이었던 것입니다. "등불"이란 어두움과 대조를 이루는 묘사인데, 그렇습니다. "여호와의 영광이 여호와의 전에 가득"(8:11)했던 거룩한 성 예루살렘은 솔로몬의 타락과 우상숭배로 말미암아 깊은 어두움에 잠기게 된 것입니다. 그러나 하나님은 내 이름을 두고자 하여 택한 성 "예루살렘"에 소망의 "한 등불"이 항상있게 하시겠다는 것입니다.

11장에서도 사람을 보면 낙심할 수밖에 없지만, "일을 행하는 여호와 그것을 만들며 성취하는 여호와 그 이름을 여호와라 하는"(렘 33:2) 하나님을 바라볼 때는 절망이란 없습니다. 어두움을 밝힐 "한 등불"이 항상 내 앞에 있게 하리라(36) 하십니다. 그렇다면 "한 등불"을 남겨주시겠다는 하나님의 의도와 구속사적 의미가 무엇일까요?

그리스도와의 만남

남겨주시리라 하신 그 "한 지파"는 어느 지파이며, 항상 내 앞에 있게 하리라 하신 그 "등불"은 누구의 상징입니까? 유다 지파를 통하여 "참 빛"(요 1:9)으로 오실 그리스도를 가리키는 명백한 계시입니다. 이점을 말라기에서는 "의로운 해"(말 4:2)로 묘사되어 있습니다. 이사야 선지자를 통해서는 "흑암에 행하던 백성이 큰 빛을 보고 사망의 그늘진 땅에 거주하던 자에게 빛이 비춰도다(사 9:2) 하십니다.

성경역사 곧 구속의 역사를 더듬어 보면 솔로몬 당시만이 아니라 그 "한 등불"은 언제나 풍전등화와 같았음을 보게 됩니다. 그러나 "상한 갈대를 꺾지 아니하며 꺼져가는 등불을 끄지 아니하시는"(사 42:3) 하나님은 그 한 등불을 꺼지지 않도록 내내 보존하셨습니다. 그리하여 급기야는 "참 빛 곧 세상에 와서 각 사람에게 비취는 빛이 있었나니"(요 1:9)를 이루셨던 것입니다.

"그가 만일 죄를 범해도, 네 앞에서 물러나게 한 사울에게서 내 은총을 빼앗은 것처럼 그에게서 빼앗지 아니하리라" 하심은 이를 이루시기 위해서였던 것입니다. 그렇다면 사울 왕은 왜 폐하시고 빼앗으셨습니까? 그는 그리스도가 나실 유다 지파 출신의 왕이 아닌 베냐민 지파 출신(삼상 9:1)이요, 하나님께서 택하신 왕이 아니라 "너희의 구한 왕, 너희의 택한 왕"(삼상 12:13)이었기 때문입니다.

한 지파를 남겨주시고 한 등불을 끄지 아니하신 하나님을 찬양하십시다. 그 하나님은 지금도 형제를 붙잡으시고 "내 손에서 빼앗을 자가 없느니라"(요 10:28) 하십니다. "은총을 빼앗지 아니하신 하나님"은 찬양을 받으시기에 너무나도 합당하십니다. - 아멘 -

12장

다윗의 집을 낮추신 하나님

12장은 통일왕국이었던 이스라엘이 11장에서 예고하신 대로 분열왕국이 되는 내용입니다. 하나님께서 이를 허락작정을 하신 것입니다. 왜냐하면 "그런데 여수룬이 기름지매 발로 찼도다 네가 살찌고 비대하고 윤택하매 자기를 지으신 하나님을 버리고 자기를 구원하신 반석을 업신여겼도다"(신 32:15)의 상태가 되었기 때문입니다. 그리하여 "이는 너를 낮추시며 너를 시험하사 네 마음이 어떠한지 그 명령을 지키는지 지키지 않는지 알려 하심이라"(신 8:2)는 의미에서 거세를 하신 셈입니다. 그러므로 12장의 주제는 "다윗 집을 낮추신 하나님"이 될 수 있습니다.

그런데 이와 같은 본문을 대하게 될 때 매우 조심스럽게 접근해야 합니다. 왜냐하면 하나님의 주권과 인간의 책임이라는 변별력이 제기되기 때문입니다. "이 일은 여호와께로 말미암아 난 것이라"고 두 번(15,24) 말씀하고 있는데, 이는 하나님의 주권에 속한 것입니다. 그렇다고 르호보암의 언사나 열 지파가 다윗의 집을 배반하여 분열왕국이 되게 한 책임이 정당화되는 것은 아니라는 점입니다. "우리가 다윗과 무슨 관계가 있느냐 이새의 아들에게서 받을 유산이 없도다"(16) 하고 떨어져 나간 것은, 다윗에게 세워주신 메시아언약을 배신한 책임을 면할 길은 없는 것입니다. 이를 세 단원으로 나누어 상고하겠습니다.

첫째 단원(1-15) 다윗 집을 징벌하심
둘째 단원(16-24) 분열 왕국이 되다
셋째 단원(25-33) 다윗언약을 배신한 자의 타락

첫째 단원(1-15) 다윗 집을 징벌하심

"르호보암이 세겜으로 갔으니 이는 온 이스라엘이 그를 왕으로 삼고자하여 세겜에 이르렀음이더라"(1) 합니다. 여기에 벌써 분열 즉 반역의 싹이 트고 있는 것입니다. 왜냐하면 르호보암을 왕으로 추대할 양이면 당연히 그들이 예루살렘으로 왔어야 했기 때문입니다. 그런데 그들은 이스마엘 지파에 속한 세겜으로 르호보암을 불러낸 것입니다.

에브라임 지파는 강성하게 되어 유다 지파에 대해서 매양, "너희 높은 산들아 어찌하여 하나님이 계시려 하는 산을 시기하여 보느냐"(시 68:16) 한 "시기"하는 입장을 취하고 있었던 것입니다. 에브라임 지파의 영역인 실로에 있던 성막이 유다 지파 시온으로 옮겨간 데 대한 불만으로부터 시작된 듯싶습니다.

르호보암을 세겜으로 오라하여 "왕의 아버지가 우리의 멍에를 무겁게 하였으나 왕은 이제 왕의 아버지가 우리에게 시킨 고역과 메운 무거운 멍에를 가볍게 하소서 그리하시면 우리가 왕을 섬기겠나이다"(4)하고 조건부적인 제의를 합니다. 솔로몬 왕에 대한 그들의 평가가 무엇입니까 "고역과 멍에를 무겁게 한 왕"이라고 말합니다. 하나님께서 솔로몬에게 지혜와 영화를 주심으로 왕과 함께 누렸던 복락에 관하여는 일언반구 언급이 없습니다. 그들은 "무거운 멍에"만 생각하고 "열방에 떨쳤던 영화"는 생각지 않고 있는 것입니다.

왜 그러합니까? 솔로몬이 하나님의 은혜를 배신하자 백성들도 왕의 은택을 잊어버리고 만 것입니다. 은혜가 떨어지게 되면 내분의 조짐이 일어나는 것은 필연적인 귀결입니다.

"르호보암 왕이 그의 아버지 솔로몬의 생전에 그 앞에 모셨던 노인들과 의논하여 이르되 너희는 어떻게 충고하여 이 백성에게 대답하게 하겠느냐"(6)고 자문합니다. 늙은 충신들은 "왕이 만일 오늘 이 백성을 섬기는 자가 되어 그들을 섬기고 좋은 말로 대답하여 이르시면 그들이 영원히 왕의 종이 되리이다"(5)고 진언합니다.

구약시대의 "왕"은 메시아에 대한 예표로 세움을 받은 자들인데 역사서를 보면, "백성들을 〈섬기는 자〉가 되어 백성들을 섬긴" 왕이 누구입니까? 그런 왕이 있었습니까? 오직 성경은 이 말씀을 통해서 이렇게 섬길 한 왕을 우리에게 넌지시 소개하고 있는데 이처럼 섬긴 왕은 "인자가 온 것은 섬김을 받으려 함이 아니라 도리어 섬기려 하고 자기 목숨을 많은 사람의 대속물로 주려 함이니라"(마 20:28) 하신 만왕의 왕 우리 주 예수 그리스도뿐이십니다.

르호보암 "왕이 포학한 말로 백성에게 대답"(13)했다고 말씀합니다. "내 아버지는 너희의 멍에를 무겁게 하였으나 나는 너희의 멍에를 더욱 무겁게 할지라 내 아버지는 채찍으로 너희를 징계하였으나 나는 전갈 채찍으로 너희를 징치하리라"(14)고 말했다 합니다. 하나님께서 왕을 세워 주신것은 백성들을 이렇게 하라고 위임하신 것입니까? 이것이 메시아 왕의 예표적인 왕으로써의 자세입니까? 르호보암은 백성을 섬길 만큼 겸손하지 않았습니다.

이 말씀은 우리를 "만일 그 악한 종이 마음에 생각하기를 주인이 더디 오리라 하여 동료들을 때리며 술친구들과 더불어 먹고 마시게 되면 생각하지 않은 날 알지 못하는 시각에 그 종의 주인이 이르러 엄히 때리고 외식하는 자가 받는 벌에 처하리니 거기서 슬피 울며 이를 갈리라"(마 24:48-51)는 말씀으로 인도해줍니다.

"왕이 이같이 백성의 말을 듣지 아니하였으니 이 일은 여호와께로 말미암아 난 것이라"(15) 합니다. 그렇다 해서 이를 하나님이 시키신 것으로 여겨서는 안 됩니다. 다만 하나님은 르호보암의 포악을 방치하셨을 뿐이라는 뜻입니다. 르호보암의 대답에서 느끼는 바가 무엇입니까? 그는 부친 솔로몬이 저지른 엄청난 죄악과 자신의 처지에 대해서 너무나 모르고 있다는 답답함입니다. 그리고 "교만"입니다. 하나님은 이를 낮추시기 위해서 왕국이 찢어지는 아픔까지도 감수하셨던 것입니다.

둘째 단원(16-24) 분열 왕국이 되다

"온 이스라엘이 자기들의 말을 왕이 듣지 아니함을 보고", 무엇이라 말했는가? "우리가 다윗과 무슨 관계가 있느냐 이새의 아들에게서 받을 유산이 없도다 이스라엘아 너희의 장막으로 돌아가라 다윗이여 이제 너는 네집이나 돌아보라"(16) 하면서 이스라엘이 자기 장막으로 돌아갔다고 말씀합니다.

그들은 "우리가 다윗과 무슨 관계가 있느냐"라고 솔로몬이나 르호보암이 아닌 "다윗"을 들먹이고 있습니다. 이 점에서 그들의 잘못, 그들의 죄악이 무엇인지를 분명히 인식해야 합니다. "우리가 다윗과 무슨 관계가 있느냐"는 말은 하나님께서 다윗에게 세워주신 메시아언약을 부인하는 것이요, 궁극적으로는 다윗의 자손으로 오셔서 다윗의 위에 오르실 메시아를 불신하는 것이며 배척하고 있는 죄를 범하고 있다는 점을 인식해야 합니다.

이점이 다윗 선에서 멈춘 것이 아니라, 더 올라가 "이새의 아들에게 받을 유산이 없도다"는 말에 나타납니다. 이 말은 "이새의 줄기에서 한 싹이 나며 그 뿌리에서 한 가지가 나서 결실할 것이요"(사 11:1) 한 메시아 예언과 결부되는 말인 것입니다.

그들은 다윗 왕국을 종말을 고하게 하고 "여로보암 왕국"을 세우겠다는 것인데, 이는 하나님의 구원계획에 대한 도전인 것입니다. 그러므로 19절에서는 "이에 이스라엘이 다윗의 집을 배반하여 오늘날까지 이르렀더라"고 말씀하는 것입니다. 자세한 내용은 역대하 13장의 강해를 보시면 도움이 될 것입니다.

이러한 배반은 다윗 왕 때에도 있었는데, 세바라 하는 불량배 하나가 일어나 나팔을 불며 "우리는 다윗과 나눌 분깃이 없으며 이새의 아들에게서 받을 유산이 우리에게 없도다 이스라엘아 각각 장막으로 돌아가라"(삼하 20:1) 하니, 온 이스라엘 사람들이 다윗 좇기를 그치고 세바를 좇았으나 그때에도 유다 사람들은 다윗 왕에게서 떠나지 않았다고 말씀합니다. 그들은 다윗의 집을 배반한 것이 아니라 하나님께서 다윗에게 세워주신 메시아언약을 배반한 것이며, 언약의 사자이신 그리스도를 배반한 것입니다.

"이에 이스라엘이 다윗의 집을 배반하여 오늘까지 이르렀더라 온 이스라엘이 여로보암이 돌아왔다 함을 듣고 사람을 보내 그를 공회로 청하여온 이스라엘의 왕으로 삼았으니 유다 지파 외에는 다윗의 집을 따르는 자가 없으니라"(19-20) 합니다.

셋째 단원(25-33) 다윗언약을 배신한 자의 타락

이처럼 다윗 왕국을 찢어서 북이스라엘의 왕이 된 "여로보암이 에브라임 산지에 세겜을 건축하고 거기서 살며 또 거기서 나가서 부느엘을 건축하고"(25) 합니다. 북 왕국의 왕이 된 여로보암에게는 걱정거리가 있었는데 그것은 백성들이 예루살렘에 있는 여호와의 성전을 잊지 못해 예배하러 올라가게 되면 결국 나라가 다윗의 집으로 돌아가게 될 것을 염려했던 것입니다.

"만일 이 백성이 예루살렘에 있는 여호와의 성전에 제사를 드리고자 하여 올라가면 이 백성의 마음이 유다 왕 된 그들의 주 르호보암에게로 돌아가서 나를 죽이고 유다의 왕 르호보암에게로 돌아가리로다"(27) 한 염려에서 고안해 낸 것이, "이에 계획하고 두 금송아지를 만들고 무리에게 말하기를 너희가 다시는 예루살렘에 올라갈 것이 없도다 이스라엘아 이는 너희를 애굽 땅에서 인도하여 올린 너희의 신들이라"(28)고 말하면서 금송아지를 벧엘과 단에다 두었다는 것입니다.

얼마나 가증스런 타락입니까? 자신만이 아니라 백성들을 멸망의 길로 몰아가고 있는 것입니다. 이것이 다윗언약을 배반한 자들의 타락입니다. 이 점에서 두 가지 요점을 생각하게 되는데 여로보함이 어찌하여 "금송아지" 우상을 고안해냈을까 하는 점이고, 이에 대한 백성들의 반응입니다.

첫째로 여로보암은 "아론이 그들의 손에서 금 고리를 받아 부어서 조각칼로 새겨 송아지 형상을 만드니 그들이 말하되 이스라엘아 이는 너희를 애굽 땅에서 인도하여 낸 너희의 신이로다" 한데서 착안했고, 둘째는 "이튿날에 그들이 일찍이 일어나 번제를 드리며 화목제를 드리고 백성이 앉아서 먹고 마시며 일어나서 뛰놀더라"(출 32:4,6)

한 백성들의 반응을 생각했을 것입니다. 그래서 "금송아지"를 고안해 냈을 것입니다. 이처럼 "금송아지"를 좋아하는 것은 현대교회도 마찬가지가 아닙니까?

이후로 북 왕국에는 하나님을 경외하는 선한 왕이 한 사람도 등장하지 않았고 반역의 악순환의 연속이었다가 결국 멸망하게 되고 포로가 되어 앗수르로 끌려갔다가 영영 돌아오지 못하고 말았던 것입니다. 그리하여 역사서에는 두 표준이 생기게 되었는데, 하나의 표준은 "다윗의 길"이요, 다른 한 길은 "여로보암의 길로 행하여"(16:2, 16:19,26 등)인데 이 길은 악의 전형이 되었던 것입니다. 사람의 심령은 진공상태를 용납하지 않습니다. 하나님을 떠나게 되면 그 자리를 우상이 차지하게 되는 것입니다.

여기 거짓 지도자의 특성이 있는데 여로보암은 "여덟째 달 곧 그 달 열다섯째 날로 절기를 정하여 유다의 절기와 비슷하게"(32) 했다고 말씀합니다. 12장은 "그가 자기 마음대로 정한 달 곧 여덟째 달 열다섯째 날로 이스라엘 자손을 위하여 절기로 정하고 벧엘에 쌓은 제단에 올라가서 분향하였더라"(33)고 마치고 있는데, 유다의 절기와 "비슷하게"(32) 또는 "자기 마음대로"(33), 이것이 이단의 특성이기도 합니다. 사탄은 모방의 명수요, 거짓선지자는 위장하는 명수입니다. 예배의식을 비슷하게 꾸미고 성경을 가지고 자기 마음대로 해석합니다. 그래서 속고 미혹되는 것입니다.

솔로몬은 하나님께서 높여주실수록 낮아졌어야 했습니다. 르호보암은 아버지의 죄와 자신의 죄를 자복하며 겸손했어야 했습니다. 백성들은 "너희도 가려느냐"(요 6:67)고 물으셨을 때, "영생의 말씀이 계시매 우리가 뉘게로 가오리이까" 한 베드로처럼, 다윗 집 즉 메시아 언약을 떠나지 말았어야 했습니다. 이것이 "다윗 집을 낮추신 하나님"입니다.

13장

반드시 이룰 여호와의 말씀

13장은 무명의 "하나님의 사람"이 벧엘로 보냄을 받아 금송아지 우상의 단에 분향하는 여로보암에게 심판을 경고하는 내용입니다. 중심점은 16번 등장하는 "하나님의 사람"과 열세 번 등장하는 "여호와의 말씀"에 있습니다.

벧엘에 보냄을 받아 "여호와의 말씀"을 대언하고 돌아가던 "하나님의 사람"이 사자에게 물려 죽임을 당합니다. 왜냐하면 "여호와의 말씀을 어긴 하나님의 사람"(26)이 되었기 때문입니다. 이를 통해서 드러내시려는 바가 무엇인가? "하나님의 사람"이 사마리아 산당을 향하여 예언한 "여호와의 말씀은 반드시 이룰 것이라"(32)는 여호와의 말씀에 대한 진실성입니다. 이점을 "하나님의 사람"은 자신이 죽임을 당하는 것을 통해서 입증했던 것입니다.

본문은 말씀을 맡은 설교자들에게는 두렵기 비할 데 없는 경계가 되는 말씀입니다. 이를 세 단원으로 나누어 상고하겠습니다.

첫째 단원(1-10) 여호와의 말씀을 예언함
둘째 단원(11-19) 여호와의 말씀을 어긴 하나님의 사람
셋째 단원(20-34) 말씀의 권위를 죽음으로 유지시킴

첫째 단원(1-10) 여호와의 말씀을 예언함

13장은 "보라 그때에 하나님의 사람이 여호와의 말씀으로 말미암아 유다에서부터 벧엘에 이르니 마침 여로보암이 제단 곁에 서서 분향하는지라"(1)고 시작됩니다. 본문은 12장이라는 배경에서 바라보아야 하는데, 다윗에게 세워주신 언약을 배신한 북 왕국의 여로보암은 금송아지 두 개를 만들어 하나는 단에 두고 하나는 벧엘에 두고 백성들에게는 예루살렘으로 가지 말고 여기서 섬기라 하였던 것입니다.

하나님께서는 "하나님의 사람"에게 "여호와의 말씀"을 주셔서 그곳 벧엘로 파송을 하셨는데, "마침 여로보암이 제단 곁에 서서 분향하고" 있는 중이었던 것입니다. "하나님의 사람"은 "여호와께서 이와 같이 말씀하시기를 다윗의 집에 요시야라 이름하는 아들을 낳으리니 그가 네 위에 분향하는 산당 제사장을 네 위에서 제물로 바칠 것이요 또 사람의 뼈를 네 위에서 사르리라 하셨느니라"(2)고 예언 합니다. 이는 약 300년 후에 성취될 예언이었는데 실로 두려운 심판의 경고였던 것입니다. 열왕기하 23:16절에 보면 말씀하신 대로 요시야라는 왕이 나타나 신앙개혁을 할 때 금송아지에게 경배하던 자들의 묘실에서 해골을 취하여 단 위에 불사름으로 말씀하신 대로 성취되었던 것입니다.

하나님의 사람이 그 징조로 "제단이 갈라지며 그 위에 있는 재가 쏟아지리라"(3) 하고, 여로보암 왕이 손을 펴서 하나님의 사람을 잡

으려 하자, “그를 향하여 편 손이 말라 다시 거두지 못하게” 되고 “징조대로 제단이 갈라지며 재가 제단에서 쏟아졌다”(5) 합니다.

그러자 여로보암이 하나님의 사람에게 “청하건대 너는 나를 위하여 네 하나님 여호와께 은혜를 구하여 내 손이 다시 성하게 기도하라 하나님의 사람이 여호와께 은혜를 구하니 왕의 손이 다시 성하여 전과 같이 되니라”(6) 합니다.

여로보암은 “네게 예물을 주리라”고 그를 집으로 초대합니다. “하나님의 사람”은 “왕께서 왕의 집 절반을 내게 준다 할지라도 나는 왕과 함께 들어가지도 아니하고 이곳에서는 떡도 먹지 아니하고 물도 마시지 아니하리니 이는 곧 여호와의 말씀이 내게 명령하여 이르시기를 떡도 먹지 말며 물도 마시지 말고 왔던 길로 되돌아가지 말라 하셨음이니이다”(8-9) 하고, “이에 다른 길로 가고 자기가 벧엘에 오던 길로 되돌아가지도 아니하니라”(10) 합니다.

이렇게 명하신 의도가 무엇인가? 금송아지 신상을 만들어 놓고 “이는 너희를 애굽 땅에서 인도하여 올린 너희 신이라”(12:28) 하는 반역한 그들과 먹고 마시는 교제를 원하지 아니하셨기 때문입니다(참고 시141:4). 성경은 “만일 어떤 형제라 일컫는 자가 음행하거나 탐욕을 부리거나 우상숭배를 하거나 모욕하거나 술 취하거나 속여 빼앗거든 사귀지도 말고 그런 자와는 함께 먹지도 말라”(고전 5:11)고 말씀합니다. 이 말을 듣는 여로보암의 마음이 어떠했을 것인가?

그런데 33절에서는 “여로보암이 이 일 후에도 그의 악한 길에서 떠나 돌이키지 아니하고 다시 일반 백성을 산당의 제사장으로 삼되 누구든지 자원하면 그 사람을 산당의 제사장으로 삼았으므로 이 일이 여로보암 집에 죄가 되어 그 집이 땅 위에서 끊어져 멸망하게 되니라”(33-34)고 말씀합니다.

둘째 단원(11-19) 여호와의 말씀을 어긴 하나님의 사람

"벧엘에 한 늙은 선지자가 살더니 그의 아들들이 와서 이날에 하나님의 사람이 벧엘에서 행한 모든 일을 그에게 말하고 또 그가 왕에게 드린 말씀도 그들이 그들의 아버지에게 말한지라"(11) 합니다.

문제는 이때부터 벌어지는데 이 말을 들은 늙은 선지자가 하나님의 사람을 쫓아가서 자기 집으로 초청합니다. "하나님의 사람"은 "나는 그대와 함께 돌아가지도 못하겠고 그대와 함께 들어가지도 못하겠으며 내가 이곳에서 그대와 함께 떡도 먹지 아니하고 물도 마시지 아니하리니 이는 여호와의 말씀이 내게 이르시기를 네가 거기서 떡도 먹지 말고 물도 마시지 말며 또 네가 오던 길로 되돌아가지도 말라 하셨음이로다"(16-17)고 말해줍니다.

그러자 늙은 선지자는 "나도 그대와 같은 선지자라 천사가 여호와의 말씀으로 내게 이르기를 그를 네 집으로 데리고 돌아가서 그에게 떡을 먹이고 물을 마시게 하라 하였느니라 하니 이는 그 사람을 속임이라"(18) 합니다. 왜 속였을까요? 여로보암 왕을 두려워 아니 하고 담대히 "여호와의 말씀"을 전한 것이 존경스럽기 때문이었을까요? 그리하여 "하나님의 사람"은 "그와 함께 돌아가서 그의 집에서 떡을 먹으며 물을 마시니라"(19) 합니다.

셋째 단원(20-34) 말씀의 권위를 죽음으로 유지시킴

"그들이 상 앞에 앉아 있을 때에 여호와의 말씀이 그 사람을 데려온 선지자에게 임하니 그가 유다에서부터 온 하나님의 사람을 향하여 외쳐" 말하기를 "여호와의 말씀에 네가 여호와의 말씀을 어기며 네 하나님 여호와께서 네게 내리신 명령을 지키지 아니하고 돌아와서 여호와가 너더러 떡도 먹지 말고 물도 마시지 말라 하신 곳에서 떡을 먹고 물을 마셨으니 네 시체가 네 조상들의 묘실에 들어가지 못하리라"(20-22), 즉 죽되 횡사할 것이라고 말씀하는 것이 아닌가!

말씀하신 대로 "하나님의 사람"은 돌아가는 길에 사자에게 물려 죽게 됩니다. 이 소식을 듣게 된 늙은 선지자는 말합니다. "이는 여호와의 말씀을 어긴 하나님의 사람이로다"(26)!!

이제 생각해보아야 하겠습니다. 하나님께서는 어찌하여 사랑하시는 충성스런 "하나님의 사람"을 죽음에 내어주셨는가 하는 점입니다. 책임을 물으신다면 그를 속여서 떡과 물을 먹고 마시게 한 늙은 선지자에게 물으셔야 하지 않겠습니까? 아닙니다.

이 사건은 "이는 내 사랑하는 아들이요 내 기뻐하는 자니라" 하신 자기 아들을 십자가에 내어주신 하나님은 거룩하시고 의로우시다는 "공의"와 결부되는 사건이었던 것입니다. 하나님은 "네가 먹으면 반드시 죽으리라" 하셨습니다. 이 "말씀"의 권위를 철회하실 수 없으셔서 자기 아들을 대속제물로 내어주신 하나님이십니다.

인간은 늙은 선지자의 잘못이요, 그가 벌을 받아야 마땅한 것으로 생각합니다. 그러면서 "하나님의 사람"이 죽게 되었다는 점을 애석하게 여깁니다만, 벧엘에 보냄을 받은 것도 그리고 "여호와의 말씀"을 대언한 사람은 늙은 선지자가 아니라, 그 장본인이 "하나님의 사람"이었다는 점입니다.

반역한 도성에 여호와의 엄중한 심판을 예언하는 사명을 맡은 "하나님의 사람" 자신이 "여호와의 말씀"을 어기고도 무사하다면, 그가 전한 "여호와의 말씀"의 권위는 어찌 세워질 수 있으며 그가 전한 여호와의 말씀을 누가 믿을 것입니까? 이는 하나님의 말씀의 권위를 위해서 묵과하실 수 없으셨던 것입니다. 우리는 이 점에서 하나님께서 우리의 죄를 용서하시되 자기 아들을 대속제물로 내어주시고야 용서하실 수밖에 없으셨던 하나님의 거룩하심과 의로우심을 생각해야 마땅한 것입니다.

이를 증언하는 장면이 본문에는 나타나 있는데, "그가 가서 본즉 그의 시체가 길에 버린 바 되었고 나귀와 사자는 그 시체 곁에 서 있는데 사자가 시체를 먹지도 아니하였고 나귀를 찢지도 아니하였더라"(28)는 말씀이 이를 말해줍니다. 이는 "하나님의 사람"의 죽음이 사자의 본능에서가 아니라 하나님께서 개입하셨음을 보여주는 대목입니다.

벧엘에 거주하는 늙은 선지자가 "하나님의 사람"을 속인 것은 악의가 있었던 것으로는 여겨지지 않습니다. "오호라 나의 형제여 하며 슬피우니라"(30) 한 것이 그렇고 "내가 죽거든 하나님의 사람을 장사한 묘실에 나를 장사하되 내 뼈를 그의 뼈 곁에 두라"(31) 한 점으로 보아 그렇게 여겨집니다.

그러나 변명의 여지가 없이 분명한 것은 늙기까지 하나님을 섬긴 선지자이면서도 그 자신도 "여호와의 말씀"을 믿지 않았다는 점입니다. 왜냐하면 "여호와의 말씀이 내게 이르시기를 네가 거기서 떡도 먹지 말고 물도 마시지 말라" 하셨다는 말을 듣고도 그를 초청하여 먹고 마시게 했다는 것은 "설마 죽으려고" 하는 말씀에 대한 불신이 있었기 때문일 것입니다.

또한 그가 벧엘에 거주하면서도 여로보암의 만행을 관망하고 있었던 점과 여로보암에게 경고의 메시지를 전하는데 쓰임을 받지 못했다는 점 등으로 미루어 볼 때 더욱 그러합니다. 늙은 선지자는 말씀하신 대로 "하나님의 사람"이 죽는 것을 목격하고, "이는 여호와의 말씀을 어긴 하나님의 사람이로다"고 고백했습니다. 이는 늙은 선지자 자신이 그제야 하나님의 말씀의 진실성을 믿게 되었다는 자신을 일깨우는 말이었던 것입니다.

하나님은 "네가 이 일을 행하여도 내가 잠잠하였더니 네가 나를 너와 같은 줄로 생각하였도다 그러나 내가 너를 책망하여 네 죄를 네 눈앞에 낱낱이 드러내리라"(시 50:21) 하십니다. 늙은 선지자에 대한 문책은 심판 날에 있게 될 것입니다만 문제는 이 사건을 통해서 우리에게 하시고자 하는 말씀이 무엇인가 하는 점입니다.

형제여 삼가 말씀드립니다. 형제의 지금 심정은 어떠하십니까? 우리는 하나님의 말씀을 가볍게 여기고(갈 6:7) 있지는 않습니까? 자신이 강단에서 하나님의 말씀을 대언한 대로 살기를 열망하고 있습니까? 우리가 지금 "여호와의 말씀을 어긴 하나님의 사람"으로 살아간다고 해도 사자에게 물려 죽지는 않습니다. 그러나 분명한 것은 "내 형제들아 너희는 선생 된 우리가 더 큰 심판을 받을 줄 알고 선생이 많이 되지 말라"(약 3:1) 하신 심판의 날에 무사하지는 못할 것입니다.

형제여 "여호와의 말씀의 진실성을 믿은 하나님의 사람", 이것이 나의 묘비명이 되게 하십시다. - 아멘 -

14장

버림받은 이스라엘과 노를 격발한 유다

14장은 하나의 분기점이 되는 장입니다. 통일 왕국이 분열 왕국이 된 이후로 첫 번째로 북쪽 이스라엘과 남쪽 유다를 동시에 거론하기 시작하는 장이기 때문입니다. 앞으로 열왕기(상하)는 분열된 남북왕국을 교차적으로 또는 대조적으로 언급하고 있습니다. 그리고 그 결말은 슬프게도 북쪽 이스라엘은 앗수르에 의해 멸망 당하고, 남쪽 유다는 바벨론에 의하여 멸망 당하는 것으로 끝을 맺게 되는 것입니다.

그런 뜻에서 14장의 중심주제는 16절과 22절에서 구할 수 있는데, "여호와께서 여로보암의 죄로 말미암아 이스라엘을 버리시리니"(16) 한 "버리심"과 "유다가 그 범한 죄로 여호와를 노엽게 하였다"(22)는 "노엽게 함"에 있습니다. 이 구분과 차이를 아시겠습니까? 이를 두 단원으로 살펴보겠습니다.

첫째 단락(1-20) 이스라엘을 버리신 하나님
둘째 단락(21-31) 여호와를 노엽게 한 유다

첫째 단락(1-20) 이스라엘을 버리신 하나님

14장은 "그 때에 여로보암의 아들 아비야가 병든지라"(1) 하고 시작되는데 먼저 북이스라엘을 언급합니다. 1-5절은 여로보암이 자기 아내를 변장시켜서 실로에 있는 선지자 아히야에게 보내어 병든 아들에 관하여 묻게 하는 내용입니다.

문제는 여로보암의 "아들"이 병이 든 것이 문제가 아니라 "여로보암의집"이 병들었다는 데 있는 것입니다. 이점이 이어지는 말씀에 나타나는데, 하나님께서 아히야에게 이르시기를 "여로보암의 아내가 자기 아들이 병들었으므로 네게 물으러 오나니 너는 이러이러하게 대답하라"(5) 하십니다. 여로보암의 아내가 변장하고 문으로 들어올 때 아히야가 그 발소리를 듣고 "여로보암의 아내여 들어오라 네가 어찌하여 다른 사람인 체하느냐 내가 명령을 받아 흉한 일을 네게 전하리니"(6) 합니다. 여로보암 집에 전할 소식은 흉한 소식이었던 것입니다.

"내가 여로보암의 집에 재앙을 내려 여로보암에게 속한 사내는 이스라엘 가운데 매인 자나 놓인 자나 다 끊어버리되 거름 더미를 쓸어버림 같이 여로보암의 집을 말갛게 쓸어버릴지라 여로보암에게 속한 자가 성읍에서 죽은즉 개가 먹고 들에서 죽은즉 공중의 새가 먹으리니"(10-11) 하십니다. 그 이유가 무엇인가? 출발부터 다윗에게 세워주신 메시아언약을 배반(12:19)한 잘못된 나라요, 시작부터 금송아지를 숭배한 반역한 나라이기 때문입니다. 이점을 "네 이전 사람들보다도 더 악을 행하고 가서 너를 위하여 다른 신을 만들며 우상을 부어 만들어 나를 노엽게 하고 나를 네 등 뒤에 버렸기"(9) 때문이라 하십니다.

이처럼 북이스라엘은 이미 "병든지라"의 상태인 것입니다. 그리고 그 병은 회복하지 못하고 죽음에 이르는 병(12)인 것입니다. 여로보암의 집의 병이 얼마나 치명적인가를 보십시오. "너는 일어나 네 집으로 가라 네발이 성읍에 들어갈 때에 그 아이가 죽을지라 온 이스라엘이 그를 위하여 슬퍼하며 장사하려니와 여로보암에게 속한 자는 오직 이 아이만 묘실에 들어가리니"(13) 하십니다.

그런데 이는 여로보암 한 가문에 국한된 죄가 아니라 "여로보암의 죄로 말미암아 이스라엘을 버리시리니 이는 그도 범죄하고 이스라엘로 범죄하게 하였음이니라"(16) 하십니다. 어떤 말씀이 연상됩니까? 그렇습니다. "화 있을진저 외식하는 서기관들과 바리새인들이여 너희는 천국 문을 사람들 앞에서 닫고 너희도 들어가지 않고 들어가려 하는 자도 들어가지 못하게 하는도다"(마 23:13) 하신 경고입니다.

우리는 13장 마지막 부분에서 "여로보암이 이 일 후에도 그의 악한 길에서 떠나 돌이키지 아니했다"(13:33)는 말씀을 대한 바가 있습니다. 이런 맥락에서 "하나님의 사람"을 벧엘로 보내신 것은 여로보암에게 회개할 기회를 주신 셈입니다. 그럼에도 불구하고 "변장" 하여 선지자를 아니 하나님을 속이려는 계략을 꾸미고 있다니 여기에 회복할 수 없는(대하 36:16) 이스라엘의 병든 상태가 나타나는 것입니다. "여로보암이 왕이 된지 이십이 년이라 그가 그의 조상들과 함께 자매 그의 아들 나답이 대신하여 왕이되니라"(20) 합니다.

둘째 단락(21-31) 여호와를 노엽게 한 유다

“솔로몬의 아들 르호보암은 유다 왕이 되었으니 르호보암이 왕위에 오를 때에 나이가 사십일 세라”하고 이제 남쪽 유다에 대해서 말씀합니다. 어찌하여 유다를 먼저 언급하고 있지 아니할까요? 그것은 이스라엘이 유다의 거울이 되기 때문입니다. 이스라엘이 여호와 앞에서 심판받는 것을 보고 유다가 경성했어야 한다는 점을 드러내기 위해서인 것입니다. 그런데 로호보암의 “어머니의 이름은 나아마요 암몬 사람이더라”(1) 하고, 솔로몬의 뒤를 이어 다윗의 왕위에 오른 르호보암의 어머니가 우상을 숭배하는 이방인 “암몬 사람”이라 밝히고 있는 것은 11:1절과 결부되는 것으로 무심한 일이 아닙니다.

그러므로 이어지는 말씀은 “유다가 여호와 보시기에 악을 행하되 그의 조상들이 행한 모든 일보다 뛰어나게 하여 그 범한 죄로 여호와를 노엽게 하였으니” 하면서 “이는 그들도 산 위에와 모든 푸른 나무 아래에 산당과 우상과 아세라 상을 세웠음이라”(22-23) 합니다.

이점을 에스겔 선지자는 “그 아우 오홀리바가 이것을 보고도 그의 형보다 음욕을 더하며 그의 형의 간음함보다 그 간음이 더 심하므로 그의 형보다 더 부패하여졌느니라”(겔 23:11)고 말씀합니다.

역대하의 병행구절에 의하면 르호보암이 3년 동안 즉 하나님께서 다윗 집의 높아짐을 낮추셨던 초기에는 얼마쯤 겸비했던 듯이 여겨집니다. 송아지 우상을 섬기는 여로보암을 떠나 “온 이스라엘의 제사장들과 레위 사람들이 그들의 모든 지방에서부터 르호보암에게 돌아오되, 그러므로 삼 년 동안 유다 나라를 도와 솔로몬의 아들 르호보암을 강성하게 하였으니 이는 무리가 삼 년 동안을 다윗과 솔로몬의 길로 행하였음이더라(대하 11:13,17)고 말씀합니다.

그러하던 르호보암이 부친 솔로몬처럼 후에 타락의 길을 걷게 된 원인은 "암몬사람인 그의 어머니"의 영향을 받았기 때문이었을 것입니다. 그러니까 솔로몬은 암몬 여인을 아내로 취하여 자신의 마음만 돌아서게 된 것이 아니라 아들에게까지도 대물림하였던 것입니다.

그 결과는 "르호보암 왕 제 오 년에 애굽의 왕 시삭이 올라와서 예루살렘을 치고" 즉 하나님께서 시삭을 들어서 유다를 징벌하신 것입니다. "여호와의 성전의 보물과 왕궁의 보물을 모두 빼앗고 또 솔로몬이 만든 금 방패를 다 빼앗은지라 르호보암 왕이 그 대신 놋으로 방패를 만들었다"(25-27)는 데서 유다를 낮추신 상징성을 보게 됩니다.

그러나 진노 중에라도 긍휼을 잊지 아니하시는 하나님(합 3:2)을 찬양하십시다. 왜냐하면 하나님은 유다에게 진노하실지언정 "여로보암의 집을 말갛게 쓸어버리심"(10) 같이는 않으셨기 때문입니다. "쓸어버리심과 노엽게 하심"의 차이는 "유기하심과 택하심"의 차이인 것입니다. 하나님은 다윗에게 "그가 만일 죄를 범하면 내가 사람의 매와 인생의 채찍으로 징계하려니와 내가 네 앞에서 물러나게 한 사울에게서 내 은총을 빼앗은 것처럼 그에게서 빼앗지는 아니하리라"(삼하 7:14-15)고 약속하셨는데, 이는 앞으로도 변함이 없을 하나님의 주권적인 약속입니다.

어찌하여 유다는 폐하지 않으시는 것입니까? "구원이 유다인에게서 남이니라"(요 4:22)를 이루시기 위해서입니다. 그러므로 22절의 "여호와를 노엽게" 했다는 묘사는 사랑하는 아내, 사랑하는 자녀에 대한 남편과 아버지가 느끼는 분노와 질투를 나타내는 표현인 것입니다. 질투하시는 하나님 그것은 또 다른 사랑의 표현이었던 것입니다. - 아멘 -

15장

예루살렘을 견고케 하신 하나님

15장의 내용은 유다의 2대 왕 아비얌과 3대 왕 아사의 사적과 북 이스라엘의 2대 왕 나답의 사적과 그 가문의 멸망으로 되어있습니다. 분열 왕국의 초대 왕이었던 르호보암과 여로보암의 시대는 지나고 본격적인 "열왕"(列王)의 시대가 시작되는 것입니다.

그렇다면 이러한 물음을 갖게 합니다. 열왕기를 기록한 목적이 무엇이며 이를 통해서 말씀하고자 하는 바가 무엇인가? 이점은 앞으로 열왕기서를 연구하는데 중요한 길잡이가 될 것입니다.

첫째는 죄를 깨닫게 하기 위해서입니다. 성경역사와 등장하는 인물들을 통해서 인간의 전적부패를 보면서 그 거울에 비춰진 자신의 모습을 보기 원하고 계시는 것입니다.

둘째는 하나님께서 이스라엘을 선민으로 택하시고 제사장 나라로 삼으셔서 만민을 구원하시려는 구속의 역사를 어떻게 이루어 오셨는가 하는 점, 즉 구속 주가 되시는 그리스도를 증언하기 위해서인 것입니다.

셋째로 도달하게 되는 결론은 인간의 행위로는 구원 얻을 수 없다는 자력구원의 불가능성을 깨닫게 하여 그리스도에게로 인도하여줍니다. 본문을 세 단원으로 나누어 살펴보겠습니다.

첫째 단원(1-8) 유다 왕 아비얌의 사적
둘째 단원(9-24) 유다 왕 아사의 사적
셋째 단원(25-34) 북이스라엘 왕 나답의 사적

첫째 단원(1-8) 아비얌의 사적

"느밧의 아들 여로보암 왕 열여덟째 해에 아비얌(2대)이 유다 왕이 되고"(1) 합니다. 아비얌은 르호보암(1대)의 아들인데 "아비얌이 그의 아버지가 이미 행한 모든 죄를 행하고 그의 마음이 그의 조상 다윗의 마음과 같지 아니하여 그의 하나님 여호와 앞에 온전하지 못하였으나"(3), 이것이 아비얌에 대한 성경의 평가입니다.

그런 아비얌을 하나님은 어떻게 대하셨는가? "그의 하나님 여호와께서 다윗을 위하여 예루살렘에서 그에게 등불을 주시되 그의 아들을 세워 뒤를 잇게 하사 예루살렘을 견고하게 하셨으니"(4) 합니다.

"그의 조상 다윗의 마음과 같지 아니한" 아비얌에게 "다윗을 위하여" 그에게 두 가지 은총을 베푸셨는데, 첫째는 "등불"을 주셨다고 말씀합니다. "등불"이란 "후사"를 가리키는 말인데 아비얌같이 선하지 못한 왕에게 "그의 조상 다윗같이 여호와 보시기에 정직하게 행하는"(11) "아사"라는 아들을 주셨음을 의미합니다. 이는 무엇과도 바꿀 수 없는 축복인 것입니다.

그런데 "다윗을 위하여"라고 말씀하신다는 점입니다. 이는 다윗에게 세워주신 메시아언약을 위해서라는 의미인데, 그렇다면 이는 다윗의 자손으로 오실 그리스도를 위해서라는 뜻이 되는 것입니다. 그러므로 마태복음에 나타난 그리스도의 족보를 보면, "솔로몬은 르호보암을 낳고 르호보암은 아비야(아비얌)를 낳고 아비야는 아사를 낳고"(마 1:7), 이렇게 이어지고 있음을 보게 됩니다.

둘째는 "예루살렘을 견고하게 하셨다"(4하)고 말씀합니다. 어떻게 견고하게 하셨는가? 자세한 내용을 역대하의 병행구절인 13장을 통해서 볼 수 있는데, 북이스라엘의 여로보암이 큰 용사 80만으로 유다를 공격해 왔습니다. 아비야는 군사 40만으로 대진하였으나 중과부족이었습니다. 이때 하나님은 '육신의 칼'로가 아니라 하나님의 말씀 즉 '성령의 검'으로 싸우게 하셨는데 아비얌은 증언하기를,

① "이스라엘 하나님 여호와께서 소금 언약으로 이스라엘 나라를 영원히 다윗과 그의 자손에게 주신 것을 너희가 알 것 아니냐"하고 "언약"을 내세우면서,

② "여로보암은 자기의 주를 배반한" 배신자라고 단죄합니다.

③ "이제 너희가 또 다윗 자손의 손으로 다스리는 여호와의 나라를 대적하려 하는도다"하고 유다를 대적하는 것이 "여호와의 나라"를 대적하는 것이라고 말하면서,

④ 너희에게는 "여로보암이 너희를 위하여 신으로 만든 금송아지들이 너희와 함께 있도다", 그러나 우리에게는 "여호와께서 우리 하나님이 되신다"고 그들에게 있는 것과 우리에게 있는 것이 무엇인가를 말해줍니다.

⑤ 너희는 "여호와의 제사장들과 레위 사람들을 쫓아내고 이방 백성들의 풍속을 따라 제사장을 삼지 아니하였느냐, 그러나 우리에게는 "여호와를 섬기는 제사장들이 있으니 아론의 자손이요".

⑥ 그러므로 결론은 "하나님이 우리와 함께 하사 우리의 머리가 되시고 그 제사장들도 우리와 함께하여 전쟁의 나팔을 불어 너희를 공격하느니라 이스라엘 자손들아 너희 조상들의 하나님 여호와와 싸우지 말라 너희가 형통치 못하리라"(대하 13:5-12)고, 유다를 대적하는 것이 "여호와와 싸우는 것"이라고 말합니다. 그렇습니다. 유다에는 하나님께서 주권적으로 이루시려는 메시아언약이 있기 때문입니다. 제사장이 있기 때문입니다. 조석으로 번제가 드려지고 있기 때문입니다. 이를 달리 표현하면 예수 그리스도가 계시기 때문이라는 것이 됩니다. 이보다 더 능력 있는 칼이란 달리는 없습니다.

형제가 여로보암의 군사로써 이 말을 들었다면 어떤 심경이었겠습니까? 사기가 땅에 떨어지고 전의를 상실하고 말았을 것입니다. 그러므로 결과는 유다의 40만으로 이스라엘의 군사 80만을 이겼는데 50만 명이 죽임을 당했다고 말씀합니다.

이는 아비얌이 선했기 때문이 아니라 "여호와께서 다윗을 위하여", 즉 다윗에게 세워주신 메시아언약을 위하여 예루살렘을 견고하게 해 주셨기 때문인 것입니다. "아비얌이 그의 조상들과 함께 자니 다윗성에 장사되고 그 아들 아사가 대신하여 왕이 되니라"(8) 합니다.

둘째 단원(9-24) 유다 왕 아사의 사적

"아사((3대)가 그의 조상 다윗같이 여호와 보시기에 정직하게 행하여"(11), 아비얌의 아들 아사는 몇 명이 안 되는 선한 왕 중의 한 사람입니다. "남색하는 자를 그 땅에서 쫓아내고 그의 조상들이 지은 모든 우상을 없애고 (심지어) 그의 어머니 마아가가 혐오스러운 아세라 상을 만들었으므로 태후의 위를 폐하고 그 우상을 찍어 기드론 시냇가에서 불살랐다"(12-13)하니 얼마나 경건한 왕이었습니까?

그런데 아사 왕 때에 여로보암 왕가를 멸절시키고 왕이 된 "바아사"가 유다를 공격해(17) 온 것입니다. 아사가 어떻게 했어야 마땅합니까? 아사의 아버지 아비얌은 선하지 못한 왕이었으나 "조상의 하나님 여호와를 의지"(대하 13:18)하여 여로보암이 거느린 80만 대군을 40만으로 대승을 거두는 것을 보았습니다. 그렇다면 아사 왕은 더욱 하나님을 의지했을 법하지 않습니까?

"아사가 여호와의 성전 곳간과 왕궁 곳간에 남은 은금을 모두 가져다가 그 신하의 손에 넘겨 다메섹에 거주하고 있는 아람의 왕 헤시온의 손자 다브림몬의 아들 벤하닷에게 보내며"(18), 벤하닷에게 도움을 청하였던 것입니다.

이때 선지자 하나니가 아사에게 나아와 "아람 왕을 의지하고 왕의 하나님 여호와를 의지하지 아니함"(대하 16:7)을 책망합니다. 아사 왕이 자신의 잘못을 깨닫고 회개했습니까? "아사가 노하여 선견자를 옥에 가두었다"고 말씀합니다. 아사 왕이 늙어 "발이 병들어 매우 위독했으나 병이 있을 때에 그가 여호와께 구하지 아니하고 의원들에게 구하였더라"(대하 16:10,12) 합니다.

역사서를 공부하면서 확인하게 되는 특성 중 하나는, 시작은 좋은 왕도 나중이 나쁘다는 점입니다. 그 대표적인 인물이 솔로몬이요, 아사도, 히스기야도, 요시야도 예외는 아니었습니다. 이것은 무엇을 말해주고 있는가? 인간의 행위로 하나님 앞에 의롭다함을 얻을 자가 한 사람도 없다는 자력구원의 불가능성입니다. 그럼에도 불구하고 하나님은 다윗의 왕위를 폐하시지 않으셨습니다. 도리어 "견고하게" 하셨습니다. 이를 보았기에 사도바울은 “사람은 다 거짓되되 하나님은 참되시다 할지어다”(롬 3:4)고 말했던 것입니다. “아사가 그의 조상들과 함께 자매 그의 조상들과 함께 그의 조상 다윗의 성읍에 장사되고 그의 아들 여호사밧(4대)이 대신하여 왕이되니라”(24).

셋째 단원(25-34) 북이스라엘 왕 나답의 사적

“유다의 아사 왕 둘째 해에 여로보암의 아들 나답이 이스라엘 왕이 되어 이 년 동안 이스라엘을 다스리니라”(25) 하고 앵글을 북이스라엘에 맞춥니다. “그가 여호와 보시기에 악을 행하되 그의 아버지의 길로 행하며 그가 이스라엘에게 범하게 한 그 죄 중에 행한지라(26), 바아사가 나답을 죽이고 대신하여 왕이 되었다”(28) 합니다. 15장에 나타난 남북왕조의 왕위 계승을 보면,

㉠ 남쪽 유다는 솔로몬-르호보암-아비얌-아사로 이어지고,
㉡ 북쪽 이스라엘은 여로보암-나답으로 이어지다 바아사가 모반하여 나답을 죽이고 왕이 됩니다.

이처럼 금송아지 우상을 섬기던 여로보암의 왕위는 2대만에 모반으로 인하여 망하고 바아사 왕가로 바뀌었으나, 다윗의 왕가는 끊어짐이 없이 계승되고 있다는 점입니다. 그런데 첫 단원에서도 언급한 대로 이는 유다 왕들이 이스라엘의 왕들 보다 선했기 때문이 아니라, 하나님께서 다윗에게 세워주신 메시아언약 즉 다윗의 자손으로 그리스도를 보내셔서 인류를 구원하시려는 하나님의 뜻을 이루시기 위해서였던 것입니다.

역사서를 통해서 이점에 확고해야 합니다. 본문에는 분명한 대조

가 나타납니다. 초대 왕 여로보암을 이어서 왕이 된 아들 나답은 이 년 만에 바아사의 모반에 의하여 죽임을 당하게 되는데(27), 그뿐만 이 아니라 "여로보암의 온 집을 쳐서 생명 있는 자를 한 사람도 남기지 아니하고 다 멸하였는데 여호와께서 그의 종 실로 사람 아히야를 통하여 하신 말씀과 같이 되었으니"(14:10, 15:29) 합니다.

그러나 유다에 대하여는 "아비얌이 그의 아버지가 이미 행한 모든 죄를 행하고 그의 마음이 그의 조상 다윗의 마음과 같지 아니하여 그의 하나님 여호와 앞에 온전하지 못하였으나"(3), 그래서 하나님이 여로보암 집과 같이 말갛게 쓸어버리셨다 합니까? "그의 하나님 여호와께서 다윗을 위하여 예루살렘에서 그에게 등불을 주시되 그의 아들을 세워(이스라엘은 씨를 말렸는데) 뒤를 잇게 하사 예루살렘을 견고하게 하셨으니"(4) 하는 차별화가 나타나는 것입니다.

역사서를 상고하면서 교훈만을 보고 이같이 이루어 오신 하나님의 주권적인 행사를 놓친다면 "은혜"를 놓치는 것이 되고 맙니다. 참되신 하나님을 찬양하십시다.

16장

여로보암의 길로 행하다

16장은 유다에 대한 언급은 없이 북쪽 이스라엘의 다섯 왕만이 등장합니다. 열왕기를 관찰하다 보면 두 대표, 두 표본(標本)이 등장하는 것을 발견하게 될 것입니다. 그중 한 표본은 "그 조상 다윗같이 여호와 보시기에 정직히 행하여"(15:11) 한 "다윗"이요, 다른 표본은 "네가 여로보암의 길로 행하며 내 백성 이스라엘에게 범죄하게 하여"(6:2) 한 "여로보암"입니다. "다윗과 여로보암", 이 두 인물을 열왕을 평가하는 잣대로 삼고 있습니다.

그러면 두 표본의 특성이 어떻게 다른 것인가? 이는 윤리 이전에 "메시아언약"을 보수했느냐 안 했느냐의 차이라는 점에 확고해야 합니다. 다윗에게는 하나님께서 세워주신 메시아언약이 있었습니다. 그러므로 다윗의 집을 배반함은 하나님의 언약을 배반하는 것이 되며 궁극적으로는 그리스도를 배반함이 되었던 것입니다. 반면 여로보암은 "금송아지"로 예표된 사탄의 추종자였던 것입니다. 그러므로 "여로보암의 길로 행하며 여로보암의 집을 본받아"라는 말은 사탄을 추종했다는 뜻과 같은 것입니다.

그런데 16장에 등장하는 이스라엘의 다섯 왕 곧 바아사·엘라·시므리·오므리·아합 등은 한결같이 "느밧의 아들 여로보암의 모든 길로 행하며, 이스라엘의 하나님 여호와를 노하시게 하였더라"(25)의 길로 행하였던 것입니다. 이를 단원을 나눔이 없이 함께 다루려고 합니다. 먼저 북 왕국의 왕위가 어떻게 이어지고 있는가를 살펴볼 필요가 있습니다.

1대 여로보암-2대 나답(바아사의 모반으로 죽음), 여로보암 왕조가 끊어짐.
3대 바아사-4대 엘라(시므리의 모반으로 죽음), 바아사 왕조가 끊어짐.
5대 시므리(오므리의 모반으로 칠 일만에 자살).
6대 오므리-7대 아합으로 이어져 내려옴.

이상에서 보는 바대로 북이스라엘의 왕위는 여로보암의 왕조로 시작하여, 바아사 왕조, 시므리 왕조, 오므리 왕조로 옮겨지고 있음을 봅니다. 그때마다 모반의 악순환을 통하여 왕권이 바뀌고 있는 것이 특징입니다.

이와는 대조적으로 남쪽 유다는 다윗 왕조가 바뀌거나 끊어짐이 없이 계승되고 있는 것입니다. 이는 그들이 북쪽보다 선했기 때문이 아니라 하나님께서 다윗에게 "네 집과 네 나라가 내 앞에서 영원히 보전되고 네 위가 영원히 견고하리라"(삼하 7:16) 하신 "언약" 때문임을 놓쳐서는 안 됩니다.

다윗에게 하신 언약(삼하 7장)에는 "견고하게 하리라"는 말씀이 세 번, "영원히"라는 말씀이 세 번 언급되고 있습니다. 인간사에는 "영원히 견고하게 하리라"는 없습니다. 이는 다윗의 위에 앉아서 영원히 왕 노릇하실 메시아 왕국을 지향하는 언약이었던 것입니다.

그런데 여로보암의 집은 이 언약을 배반하고 백성들을 잘못된 길로 인도하였던 것입니다. 그러므로 북이스라엘의 근본적인 치유는 그들이 얼마나 불의한 길에서 돌이켜 의로운 삶을 사느냐 하는 윤리적인 문제에 있는 것이 아니라, 근원적인 문제는 하나님의 언약을 배신하고 우상을 섬기는 데서 돌아서서 유월절 어린 양의 피로 구속하여 자기 백성으로 삼으신 하나님, 곧 다윗에게 세워주신 메시아언약으로 돌아오는 데 있다는 점입니다.

두 길, 두 표준

16장을 관찰해보면 반복적으로 언급하고 있는 말씀이 있는데, 그것은 "여로보암의 길로 행했다"는 말입니다. 다섯 번(2,7,19,26,31)이나 강조되어 있습니다. 이 말씀은 중대한 의미가 있는 것이며, 16장을 해석하는 열쇠와도 같은 말씀인 것입니다.

"여로보암의 길" 또는 "여로보암의 죄"란 무엇인가? 그것은 첫째가 다윗에게 세워주신 "메시아언약을 배반한 것"(12:19)이요, 둘째는 금송아지(12:28)를 만들어 세운 것입니다. 신앙에는 진공상태란 없습니다. 여로보암이 다윗의 집을 배반한 상태에 머물러 있었느냐하면 그렇지 않습니다. 그는 대신 금송아지 둘을 만들어 빈자리를 채웠던 것입니다. 이것이 우상숭배의 죄입니다. 주인과 소속이 없는 자는 한 사람도 없는 것입니다.

셋째로 16장에는 또 반복적으로 책망하고 있는 말씀이 있는데, "이스라엘을 범죄하게 하였다"는 말씀입니다. 네 번(2,13,19,26) 강조되어 있는데, 그러니까 자신만이 다윗의 집을 배반하고 자기 집만이 금송아지를 섬긴 것이 아니라 하나님의 백성 이스라엘을 범죄의 길로 이끌었다는 말씀입니다.

이 점에서 어찌하여 주님께서 당시의 지도자들에게 "화 있을진저 외식하는 서기관과 바리새인들이여"라고 그토록 진노하셨는가를 생각하게 됩니다. 이는 그들이 "천국 문을 사람들 앞에서 닫고 너희도 들어가지 않고 들어가려 하는 자도 들어가지 못하게 하였기"(마 23:13) 때문이었던 것입니다. 이는 다름 아닌 "다윗의 집"을 버리고 "여로보암의 길"로 행하고 있었다는 것이 됩니다. 역사는 반복된다고 하였던가요? 문제는 현대교회 지도자들은 어떠한가 하고 심각하게 반성하게 합니다.

그런데 오므리의 집이 왕권을 찬탈한 후로는 오므리와 아합이 "느밧의아들 여로보암의 죄를 따라 행하는 것을 오히려 가볍게 여기며 시돈 사람의 왕 엣바알의 딸 이세벨을 아내로 삼고 가서 바알을 섬겨 예배하고 사마리아에 건축한 바알의 신전 안에 바알을 위하여 제단을 쌓으며 또 아세라 상을 만들었으니 그는 그 이전의 이스라엘의 모든 왕보다 심히 이스라엘 하나님 여호와를 노하시게 하였더라"(31-33), 즉 누군가가 말했듯이 우상의 삼위인 "금송아지, 바알, 아세라"를 섬겼다 합니다. 사태는 더욱 비관적이며 악화일로로 치닫고 있었던 것입니다.

우상의 삼위

더욱 결정적인 죄악은 "그가 은 두 달란트로 세멜에게서 사마리아 산을 사고 그 산 위에 성읍을 건축하고 그 건축한 성읍 이름을 그 산 주인이었던 세멜의 이름을 따라 사마리아라 일컬었더라"(24)고,

"사마리아 성"을 건축하여 북이스라엘의 수도로 삼게(29) 한 일입니다. 이것은 예사로운 일이 아닙니다. 왜냐하면 사마리아는 남쪽 예루살렘 성을 대항하여 세운 성이기 때문입니다. 이는 마치 "바벨탑"을 쌓으면서 "우리 이름을 내자"한 것과 같은 것으로, 하나님께로 돌아오기는커녕 백성들을 영영 돌아가지 못하도록 견고한 자신의 왕국을 구축하고 있었다는 것이 되는 것입니다.

급기야 그들은 그곳 그리심 산에 성전을 세웠습니다. 그로부터 천년 가까운 세월이 흐른 뒤에 사마리아 여인이 한 말을 들어보십시오. "우리 조상들은 이 산에서 예배하였는데 당신들의 말은 예배할 곳이 예루살렘에 있다하더이다"(요 4:20)라고 말했습니다.

성경의 예민함을 보십시오. 사마리아 성을 건축했다는 이 문맥에서 "그 시대에 벧엘 사람 히엘이 여리고를 건축하였는데"하고 난데없이 여리고 성을 건축하다가, "눈의 아들 여호수아를 통하여 하신 말씀과 같이 되었더라"(34) 하고 저주가 임하였음을 말씀하는 의도가 무엇이겠습니까? 성령께서는 독자들로 하여금 사마리아 성을 건축함이 여리고를 건축하다가 저주를 받은 것과 같은 행위임을 깨닫기를 바라고 계시는 것입니다.

그러므로 16장을 좀 더 관찰해보면 또 반복적인 언급이 있는데 그것은 "여호와를 노엽게 하였다"는 말씀인데 다섯 번(2,7,13,26,33)이나 반복되고 있습니다. "노엽게 했다"는 번역은 약한 것이요, 이는 개역 본 같이 "격동"하게 했다는 뜻입니다.

하나님께서는 아브라함에 내가 지시하는 한 산 "거기서" 번제를 드리라 하시고, 다윗에게 오르난의 타작마당, "거기서" 번제를 드리라 하셨습니다. 또한 모세는 "유월절 제사를 네 하나님 여호와께서 네게 주신 각 성에서 드리지 말고 오직 네 하나님 여호와께서 자기의 이름을 두시려고 택하신 곳에서"(신 16:5-6)고 명합니다.

우리에게는 그리스도께서 육신을 입고 오셔서 "죽으시고 다시 사실" 하나님께서 택해놓으신 하나님의 성 하나로 족한 것입니다. 여리고 성을 복구한다는 것은 그 성을 무너뜨리신 하나님을 대적하는 행위로 용납될 수가 없었는데, 하물며 구속사역을 이루실 예루살렘을 대항하여 사마리아 성을 세우는 행위겠습니까?

그럼에도 불구하고 하나님은 그들을 어떻게 돌아보셨는가를 다음 장을 보게 될 것입니다.

> 그의 터전이 성산에 있음이여
> 여호와께서 야곱의 모든 거처보다 시온의 문들을 사랑하시는도다
> 하나님의 성이여 너를 가리켜 영광스럽다 말하는도다 (셀라)
> 나는 라합과 바벨론이 나를 아는 자 중에 있다 말하리라
> 보라 블레셋과 두로와 구스여 이것들도 거기서 났다 하리로다
> 시온에 대하여 말하기를 이 사람, 저 사람이 거기서 났다고 말하리니
> 지존자가 친히 시온을 세우리라 하는도다
> 여호와께서 민족들을 등록하실 때에는 그 수를 세시며
> 이 사람이 거기서 났다 하시리로다 (셀라)
> 노래하는 자와 뛰어 노는 자들이 말하기를
> 나의 모든 근원이 네게 있다 하리로다 (시 87편).

17장

진실한 여호와의 말씀

17장은 홀연히 엘리야 선지자가 나타나 아합에게 "내가 섬기는 이스라엘의 하나님 여호와께서 살아 계심을 두고 맹세하노니 내 말이 없으면 수년 동안 비도 이슬도 있지 아니하리라"(1)고 큰 가뭄이 있을 것을 예언하는 내용입니다. 그렇다면 17장의 주제는 무엇일까요? "내가 이제야 당신은 하나님의 사람이시요 당신의 입에 있는 여호와의 말씀이 진실한 줄 아노라"(24)고 고백하기에 이른 "진실한 여호와의 말씀"입니다.

왜냐하면 엘리야의 신분은 하나님의 선지자요, 사명은 하나님의 말씀의 대언자입니다. 문제는 그가 하나님의 선지자임과 그의 "입에 있는 여호와의 말씀"이 진실함을 믿느냐 믿지 않느냐에 있습니다. 이는 어느 시대를 막론하고 적실성이 있는 문제입니다.

그런데 아합과 그의 백성들은 믿지 않았습니다. 사르밧 과부도 죽은 아들을 살리는 것을 보고야 "당신은 하나님의 사람이시요 당신의 입에 있는 여호와의 말씀이 진실한 줄 아노라"고 고백하기에 이른 것입니다. 신약성경은 "성결의 영으로는 죽은 자들 가운데서 부활하사 능력으로 하나님의 아들로 선포되셨으니 곧 우리 주 예수 그리스도시니라"(롬 1:4)고 말씀합니다. 이를 세 단원으로 나누어 살펴보겠습니다.

첫째 단원(1-7) 숨은 하나님의 말씀
둘째 단원(8-16) 영접함을 받은 하나님의 말씀
셋째 단원(17-24) 확증된 하나님의 말씀

첫째 단원(1-7) 숨은 하나님의 말씀

"길르앗에 우거하는 자 중에 디셉 사람 엘리야가 아합에게 말하되 내가 섬기는 이스라엘의 하나님 여호와께서 살아 계심을 두고 맹세하노니 내 말이 없으면 수년 동안 비도 이슬도 있지 아니하리라"(1)고 엘리야가 홀연히 등장합니다. 이 점에서 우선적으로 생각할 점은, 엘리야가 어떤 시대적인 배경에서 등장하고 있는가 하는 점입니다. 엘리야는 아합이 이스라엘의 왕으로 있을 때 북쪽 이스라엘을 위하여 보냄을 받은 선지자입니다.

북이스라엘의 모든 왕들이 악하였으나, 아합은 악한 중에 악하여 "더욱 악한" 왕이었습니다. 이러한 암흑시대에 하나님께서는 그래도 그들을 생각하시어 돌아오게 하시고자 선지자 엘리야를 보내신 것입니다. 선지자란 평안한 때를 위해서가 아니라 악한 세대를 향하여 책망하고 경고하며 회개를 촉구하기 위하여 보냄을 받는 사람이 선지자인 것입니다.

그러므로 "내 말이 없으면 수년 동안 비도 이슬도 있지 아니하리라" 한 말을 엘리야 개인의 말로 여겨서는 안 됩니다. 그러므로 "너는 여기서 떠나 동쪽으로 가서 요단 앞 그릿 시냇가에 숨고"(3) 한 행동을 자연인 엘리야가 숨은 것으로 여겨서는 안 됩니다. 말씀의 대언자가 숨었다는 것은 하나님의 말씀이 숨은 것과 같은 것입니다.

암흑시대란 다름이 아니라 "하나님의 말씀"이 숨은 시대입니다. 제 아무리 악한 시대라 할지라도 외치는 하나님의 말씀이 들려지고 있는 시대는 아직 희망이 있는 시대입니다.

엘리 제사장 시대를 보십시오. "아이 사무엘이 엘리 앞에서 여호와를 섬길 때에는 여호와의 말씀이 희귀하여 이상이 흔히 보이지 않았더라"(삼상 3:1)고 당시의 시대상을 말씀합니다. 말씀이 숨으면 우로(雨露)가 내리지 않게 됩니다. 은혜의 단비는 말씀과 함께 임하기 때문입니다. 하나님께서는 자기 사람을 까마귀들을 사용하셔서 먹이게 하셨습니다. 우리는 첫째 단원을 통해서 어느 시대를 막론하고 말씀을 맡은 사역자들의 사명이 얼마나 중차대한가를 깨닫게 됩니다. 또한 하나님께서 자기의 사역자를 책임져 주심을 확신하게 됩니다.

둘째 단원(8-16) 영접함을 받은 하나님의 말씀

"여호와의 말씀이 엘리야에게 임하여 이르시되 너는 일어나 시돈에 속한 사르밧으로 가서 거기 머물라 내가 그곳 과부에게 명령하여 네게 음식을 주게 하였느니라"(8-9) 하십니다. 엘리야가 사르밧으로 가서 보니 "한 과부가 그곳에서 나뭇가지를 줍는지라 이에 불러 이르되 청하건대 그릇에 물을 조금 가져다가 내가 마시게 하라"(10) 합니다.

이 말은 "땅에 비가 내리지 아니하므로 얼마 후에 그 시내가 마르니라" 한 7절의 상황으로 볼 때, "네 피를 마시게 하라"는 말이나 다를 바가 없었던 것입니다. 그런데 그 과부는 순종하여 물을 가지러 가는 것이 아닌가? 엘리야는 그를 향하여 "네 손의 떡 한 조각을 내게로 가져오라"(11)고 한 가지를 더 부탁합니다.

과부는 말합니다. "당신의 하나님 여호와께서 살아 계심을 두고 맹세하노니 나는 떡이 없고 다만 통에 가루 한 움큼과 병에 기름 조금뿐이라 내가 나뭇가지 둘을 주워다가 나와 내 아들을 위하여 음식을 만들어 먹고 그 후에는 죽으리라"(12), 그래서 나무를 하고 있는 중이라는 것입니다.

이 점에서 생각할 것은, 첫째로 사르밧 과부는 하나님의 사람 엘리야를 영접했다는 점입니다. 18:10절을 보십시오. 아합 왕이 사람을 보내어 엘리야를 찾지 아니한 족속이나 나라가 없었다고 말합니다. 이런 상황에서 사르밧 과부는 엘리야를 자기 집으로 영접한 것입니다. 그의 행동은 기생 라합이 정탐꾼을 영접한 것과 같다고 하겠습니다.

둘째로 엘리야의 말을 믿었습니다. 엘리야가 "두려워하지 말라" 하면서 "이스라엘의 하나님 여호와의 말씀이나 여호와가 비를 지면에 내리는 날까지 그 통의 가루가 떨어지지 아니하고 그 병의 기름이 없어지지 아니하리라 하셨느니라"(14)고 말하매 "그가 가서 엘리야의 말대로 하였다"는 것은 믿었다는 증거입니다.

과부의 믿음은 결코 작은 믿음이 아니었습니다. 그녀와 아들이 마지막으로 먹고 죽으리라 마음먹었던 통에 한 움큼의 가루와 병에 기름 몇 방울을 엘리야에게 제공했다는 것은 자신들의 생명을 드림과 같았기 때문입니다.

이 점에서 본문에 대한 주님의 해설을 생각하게 합니다. "내가 참으로 너희에게 이르노니 엘리야 시대에 하늘이 삼 년 육 개월간 닫히어 온 땅에 큰 흉년이 들었을 때에 이스라엘에 많은 과부가 있었으되 엘리야가 그중 한 사람에게도 보내심을 받지 않고 오직 시돈 땅에 있는 사렙다의 한 과부에게 뿐이었다"(눅 4:25-26)고 말씀하는 의도가 무엇인가? 이상에서 살펴본 바와 같은 극한 상황에서도 이방인은 하나님의 보냄을 받은 선지자를 영접했으나 이스라엘 중에서는 영접하지도 않았고, 그의 말을 하나님의 진실한 말씀으로 믿은 사람이 한 사람도 없었다는 점을 지적하시는 것입니다. 그만큼 아합과 그의 백성들은 그리고 주님 당시의 종교지도자들은 악하였다는 것입니다. 이것이 "영접함을 받은 하나님의 말씀"입니다.

셋째 단원(17-24) 확증된 하나님의 말씀

"이 일 후에 그 집 주인 되는 여인의 아들이 병들어 증세가 심히 위중하다가 숨이 끊어진지라"(17) 합니다. 과부의 아들이 죽은 것입니다. 하나님의 사람 엘리야를 영접하고 공궤를 하고 있는 중에 어찌하여 그녀의 아들이 죽는단 말인가?

"여인이 엘리야에게 이르되 하나님의 사람이여 당신이 나와 더불어 무슨 상관이 있기로 내 죄를 생각나게 하고 또 내 아들을 죽게 하려고 내게 오셨나이까"(18)라고 원망합니다. 과부의 말을 신학적으로 해석한다면 엘리야를 "율법"으로 여기고 하는 말입니다. "죄"에게는 "법"이 가까이 있다는 것이 복이 아니라 화가 되는 것입니다. 왜냐하면 죄를 생각나게 하고 정죄하는 일을 하기 때문입니다. 과부는 아들이 죽은 것을 자신의 죄 때문으로 여기고 있는 것입니다.

엘리야가 "그 아이 위에 몸을 세 번 펴서 엎드리고 여호와께 부르짖어 이르되 내 하나님 여호와여 원하건대 이 아이의 혼으로 그의 몸에 돌아오게 하옵소서" 합니다. "아이 위에 몸을 세 번 펴서 엎드리고" 부르짖었다는 것은 죽은 아이에게 자신의 생명을 주어도 좋다는 그런 의미로 볼 수 있습니다. "여호와께서 엘리야의 소리를 들으시므로 그 아이의 혼이 몸으로 돌아오고 살아난지라"(21-22) 합니다.

그때 여인은 비로소 이렇게 고백합니다. "내가 이제야 당신은 하나님의 사람이시요 당신의 입에 있는 여호와의 말씀이 진실한 줄 아노라"(24). 이 점에서 우리의 "믿음"을 점검하게 합니다.

㉠ 이스라엘이 배척한 엘리야를 영접한 믿음

㉡ 그에게 살과 피와 같은 "물과 빵"을 대접한 믿음

㉢ 가루가 떨어지지 않으리라 하는 믿을 수 없는 엘리야의 말을 믿은 믿음

㉣ 그런데 이 모든 믿음을 초월하게 한 "내가 이제야 당신은 하나님의 사람이시요 당신의 입에 있는 여호와의 말씀이 진실한 줄 아노라" 한 믿음, 우리는 과연 어느 단계의 믿음에 머물러 있는 것인가?

엘리야가 죽은 아이를 살린 장면은 우리를 나사로의 무덤으로 인도해 줍니다. "이 말씀 하옵는 것은 둘러선 무리를 위함이니 곧 아버지께서 나를 보내신 것을 그들로 믿게 하려 함이니이다"(요 11:42) 하십니다. 이 표적은 예수님이 하나님의 보내심을 받은 하나님의 아들 그리스도이심이 확증하는 사건이었던 것입니다.

또한 베드로가 다비다를 살린 장면을 연상하게 합니다. 이 사건은 유대인들이 죽인 예수님이 죽은 자 가운데서 다시 살아나셨음을 확증해 주는 표적이었던 것입니다. 그리하여 "온 욥바 사람이 알고 많이 주를 믿더라"(행 9:42) 했습니다.

이스라엘에서 배척당한 하나님의 말씀은 이방인 과부에게 보냄을 받아 영접되었고, 그의 아들을 다시 살리심을 통해서 그의 입의 말이 "진실한 여호와의 말씀"임이 확증된 것입니다. 엘리야는 북이스라

엘을 그리고 과부의 가정을 죽이고 멸망시키려고 보내신 심판, 즉 율법이 아니라 구원하시려는 하나님의 은혜였던 것입니다. 이것이 "확증된 하나님의 말씀"입니다. 이처럼 확증된 하나님의 사람 엘리야와 "진실한 여호와의 말씀"을 아합과 그의 백성들은 영접할 것인가? 아니면 배척하다가 멸망 당할 것인가?

18장

그들의 마음으로 돌이키게 하시는 하나님

18장은 엘리야 선지자가 바알의 선지자들과 갈멜산에서 기도응답의 대결을 펼친 내용입니다. 그렇다면 이 사건에서 가장 핵심적인 요소가 무엇인가 하는 점인데, 우리는 지금 성경을 교훈이 아닌 구속사라는 맥락으로 관찰하고 있습니다. 이는 인간의 책임보다 하나님의 주권을 우선순위에 두고 있음을 의미합니다. 다시 말하면 사람이 무엇을 행했느냐? 또는 행하지 않았느냐 보다는 하나님께서 우리에게 무엇을 행해주셨는가가 먼저라는 말씀입니다. 그런 의미에서 18장은 구약성경 중에서 유명한 장이면서도, 중심적인 주제를 곡해하고 있는 장이기도 합니다.

17장에서 사르밧의 과부는 결정적인 고백을 하고 있는데, "내가 이제야 당신은 하나님의 사람이시요 당신의 입에 있는 여호와의 말씀이 진실한 줄 아노라"(24)고 했습니다. 그런데 18장에서 엘리야는 가장 중요한 시점에서 하나님을 "아브라함과 이삭과 이스라엘의 하나님"(36)으로 고백하고 있음을 봅니다. 그는 하나님을 "창조주 하나님, 전능하신 하나님" 등 다른 이름으로도 부를 수 있는데 절체절명의 순간에 어찌하여 하나님을 "아브라함과 이삭과 이스라엘의 하나님"으로 고백하고 있는 것인가? 그것은 분명합니다. 엘리야는 하나님께서 조상들에게 세워주신 "언약의 하나님"으로 고백하면서 그 언약을 붙잡고 언약을 성취하여주실 하나님께 기도를 드리고 있는 것입니다. 이보다 하나님의 뜻대로 하는 기도, 힘 있는 기도는 달리는 없는 것입니다.

그러면 "아브라함과 이삭과 이스라엘의 하나님"은 18장에서 무엇을 원하고 계시는가? 이를 세 단원으로 나누어 상고하겠습니다.

첫째 단원(1-15) 너는 가서 아합에게 보이라
둘째 단원(16-29) 어느 때까지 두 사이에서 머뭇머뭇 하려느냐
셋째 단원(30-46) 여호와 그는 하나님이시로다

첫째 단원(1-15) 너는 가서 아합에게 보이라

"많은 날이 지나고 제 삼년에 여호와의 말씀이 엘리야에게 임하여 이르시되 너는 가서 아합에게 보이라 내가 비를 지면에 내리리라"(1) 하십니다.

형제는 "너는 가서 아합에게 보이라"는 말씀과 "비를 지면에 내리리라"는 말씀 중 어느 것이 보다 더 중요하다고 여기고, 둘 중 어느 것을 이 단원의 제목으로 삼으시겠습니까? 17장에서도 살펴본 바와

같이 "비를 내리리라" 하심과 숨었던 하나님의 선지자에게 "아합에게 보이라" 하심은 불가분의 관계인 것입니다. 선지자가 아합에게 보임으로 즉 하나님의 말씀이 그에게 나타남으로 비는 내리게 된다는 것입니다.

그러나 명심해야 할 점은 "비"라는 축복보다는 언제나 "엘리야"라는 하나님의 사람 즉 하나님의 "말씀"이 보다 더 귀중하다는 점입니다. 그래서 본 단원의 제목을 "너는 가서 아합에게 보이라"로 정한 것입니다.

이 점에서 아합의 궁내 대신 "오바댜"가 등장하는데 그는 "여호와를 지극히 경외하는 자라 이세벨이 여호와의 선지자들을 멸할 때에 오바댜가 선지자 백 명을 가지고 오십 명씩 굴에 숨기고 떡과 물을 먹였더라"(3-4) 합니다.

"오바댜가 길에 있을 때에 엘리야가 그를 만난지라 그가 알아보고 엎드려 말하되 내 주 엘리야여 당신이시니이까"(7) 하니, 엘리야가 "그러하다 가서 네 주에게 말하기를 엘리야가 여기 있다"(8)고 전하라 합니다. 오바다는 엘리야가 아합에게 보인다는 것은 자살행위와 같다는 점을 잘 알고 있었습니다. 그러므로 하나님께서 결코 엘리야를 아합에게 내어주지 않으시리라고 여겼기 때문에 "내가 무슨 죄를 범하였기에 당신이 당신의 종을 아합의 손에 넘겨 죽이게 하려 하시나이까"(9) 합니다. 무슨 뜻인가? "내가 당신을 떠나간 후에 여호와의 영이 내가 알지 못하는 곳으로 당신을 이끌어 가시리니"(12), 그러면 아합에게 거짓말한 것이 되어 죽게 되리라는 말입니다.

아닙니다. 우리를 구원하시려고 "자기 아들을 아끼지 아니하시고 우리 모든 사람을 위하여 내주신 이가"(롬 8:32) 북이스라엘을 돌이키기 위해서 "너는 가서 아합에게 보이라"고 엘리야도 내어주셨습니다.

엘리야는 "내가 섬기는 만군의 여호와께서 살아 계심을 두고 맹세하노니 내가 오늘 아합에게 보이리라"(15)고 단호하게 말합니다. 인간 엘리야로 볼 때는 아합에게 보인다는 것은 곧 죽음을 의미할 수 있었습니다. 그러나 엘리야는 "아버지의 원대로 하옵소서"하는 심정으로 순종했습니다. 왜냐하면 자신 한 사람이 죽어서 동족 이스라엘에게 "내가 그들에게 복을 내리고 내 산 사방에 복을 내리며 때를 따라 소낙비를 내리되 복된 소낙비(장맛비)를 내리리라"(겔 34:26)가 가능해진다면 무엇을 주저할 것입니까? 그래서 단호하게 말합니다. "여호와께서 살아 계심을 두고 맹세하노니 내가 오늘 아합에게 보이리라"!

둘째 단원(16-29) 어느 때까지 두 사이에서 머뭇머뭇 하려느냐

오바댜가 아합에게 가서 "엘리야가 여기 있다" 말하니 아합이 엘리야를 만나서 말하기를, "이스라엘을 괴롭게 하는 자여 너냐"(16-17) 합니다. 엘리야는 "내가 이스라엘을 괴롭게 한 것이 아니라 당신과 당신의 아버지의 집이 괴롭게 하였으니 이는 여호와의 명령을 버렸고 당신이 바알들을 따랐음이라"(18)고 직언합니다.

그리고 말하기를 "그런즉 사람을 보내 온 이스라엘과 이세벨의 상에서 먹는 바알의 선지자 사백오십 명과 아세라의 선지자 사백 명을 갈멜산으로 모아 내게로 나아오게 하소서"(19), 즉 누가 참 선지자이며 어느 신이 참신인가를 담판 내자고 제의합니다.

엘리야가 모든 백성에게 가까이 나아가 말하기를 "너희가 어느 때까지 둘 사이에서 머뭇머뭇 하려느냐 여호와가 만일 하나님이면 그를 따르고 바알이 만일 하나님이면 그를 따를지니라"(21) 하니 마음이 찔렸기 때문일까요, 아니면 완악해서인가? 백성이 한마디도 대답하지 않았다고 합니다.

엘리야는 팔백오십 명 거짓 선지자들에게 "너희는 너희 신의 이름을 부르라 나는 여호와의 이름을 부르리니 이에 불로 응답하는 신 그가 하나님이니라 백성이 다 대답하되 그 말이 옳도다"(24) 했다는 것입니다. "이같이 하여 정오가 지났고 그들이 미친 듯이 떠들어 저녁소제 드릴 때까지 이르렀으나 아무 소리도 없고 응답하는 자나 돌아보는 자가 아무도 없더라"(29), "아무 소리도, 아무 응답도, 돌아보는 자도 없는", 우상숭배란 한마디로 "허망"(롬 1:21, 엡 4:17) 그 자체인 것입니다.

셋째 단원(30-46) 여호와 그는 하나님이시로다

"엘리야가 모든 백성을 향하여 이르되 내게로 가까이 오라 백성이 다 그에게 가까이 오매 그가 무너진 여호와의 제단을 수축하되 야곱의 아들들의 지파의 수효를 따라 엘리야가 돌 열두 개를 취하고(30-31), 그 돌로 제단을 쌓고, 또 나무를 벌이고, 송아지의 각을 떠서 나무 위에 놓고, 물이 제단으로 두루 흐르고 도랑에도 물이 가득 차도록 붓게 했다"(32-35) 합니다.

그리고 기도의 첫 마디가 "아브라함과 이삭과 이스라엘의 하나님 여호와여"라고 불렀다는 것은 "아브라함·이삭·야곱"에게 세워주신 언약을 붙잡고 기도를 드렸다는 것을 의미합니다. 그리고 언약의 핵심은 아브라함에게 "네 씨로 말미암아 천하 만민이 복을 얻으리니" (창 22:18)하신 그리스도시라는 점입니다. 그런데 북이스라엘이 "금송아지 우상과 바알과 아세라 목상"을 숭배했다는 것은 메시아언약을 우상으로 바꿔치기 했다는 점을 의미하는데, 엘리야는 이점을 드러내고 있는 것입니다.

이점이 엘리야의 기도에 나타나는데 "주께서 이스라엘 중에서 하나님이신 것과 내가 주의 종인 것과 내가 주의 말씀대로 이 모든 일을 행하는 것을 오늘 알게 하옵소서 여호와여 내게 응답하옵소서 내게 응답하옵소서 이 백성에게 주 여호와는 하나님이신 것과 주는 그들의 마음을 되돌이키심을 알게 하옵소서"(36-37)라고 간구했습니다.

㉠ 여호와가 하나님이시라는 것과
㉡ 자신이 하나님께서 보내신 종이요, 하나님의 말씀을 대언하고 있다는 점을 알게 해달라고 간구합니다.
㉢ 핵심은 하나님은 "그들의 마음이 돌아오기를 원하신다"는 점을 알게 해달라는 데 있는 것입니다.
㉣ 그러자 "이에 여호와의 불이 내려서 번제물과 나무와 돌과 흙을 태우고 또 도랑의 물을 핥은지라"(38)한 "불"은 무엇에 대한 응답인가? 중요한 것은 불입니까? 백성들의 마음이 하나님께로 돌아오기를 그토록 바라시는 하나님의 사랑의 마음입니까? 우리가 간구해야 할 점은 불을 내려달라는 것입니까? 회개입니까? "그렇다 나 여호와 하나님은 너희의 마음이 바알을 따르는 데서 돌아오기를 원한다"는 표적이었던 것입니다.

모든 백성이 보고 엎드려 말하되 "여호와 그는 하나님이시로다 여호와 그는 하나님이시로다"고 외쳤다 합니다. 엘리야가 아합에게 "올라가서 먹고 마시소서 큰비 소리가 있나이다"(41) 라고 말합니다. 그렇다고 비가 즉시로 내린 것은 아닙니다. 하나님을 진노하게 한 원인인 바알의 선지자들을 제거한 후에 엘리야가 "땅에 꿇어 엎드려 그 얼굴을 무릎 사이에 넣고" 간절히 구하였을 때에야 비로소 삼년 반이나 그쳤던 큰비는 내렸던 것입니다.

"여호와의 능력이 엘리야에게 임하매 그가 허리를 동이고 이스르엘로 들어가는 곳까지 아합 앞에서 달려갔더라"(46)는 이 장면을 영상으로 그려보십시오. "그가 허리를 동이고"는 겸손의 자세요, 힘을 얻고 분발하는 모습입니다. 하나님께서는 자신의 선지자로 하여금 허리를 동이고 왕 앞에서 선도(先導)하게 하심으로 아합이 하나님의 말씀을 따르기를 기대하셨습니다.

엘리야는 무엇을 생각하면서 달렸을까요? "그래도 하나님은 당신을 사랑합니다. 지금도 당신을 사랑합니다" 하면서 달리지 않았을까요? 마차 앞에서 달려가고 있는 엘리야를 바라보면서 아합은 무엇을 생각했겠습니까?

자! 이 표적을 통해서 "여호와가 하나님"이시라는 점은 입증된 것입니다. 그렇다면 "그들의 마음"도 바알로부터 하나님께로 돌아서야만 할 것이 아닙니까? 누구보다도 아합의 마음이 하나님께로 돌아왔어야 하지 않겠습니까!!

19장

네가 어찌하여 여기 있느냐

19장은 선지자 엘리야가 선을 행하다가 낙망하고 있는 모습을 보여주고 있습니다. 하나님께서는 엘리야에게 두 번이나 "네가 어찌하여 여기 있느냐"(9,13)고 책망 어린 말씀을 하십니다. 이는 참으로 안타깝기 그지없는 장면입니다. 왜냐하면 18장에서 하나님께서는 "잃어버린 백성"을 찾으시기 위해서 엘리야를 보내시는 것을 보았습니다. 그런데 19장에서는 하나님께서 도리어 엘리야를 찾고 계시기 때문입니다. 말하자면 하나님은 그의 선지자를 잃어버리신 셈입니다. 이것이 우리의 모습은 아닌지요?

"네가 어찌하여 여기 있느냐"하고 물으십니다. 엘리야가 현재 있는 "여기"는 그가 있어야 할 자리가 아니라는 뜻이 내포되어있는 말씀입니다. 엘리야는 자기 위치를 이탈한 것입니다. 그렇다면 그의 위치는 어디고 그의 사명은 무엇이란 말인가?

이런 맥락에서 19장의 주제는 "네가 어찌하여 여기 있느냐"가 될 수 있습니다. 이를 세 단원으로 나누어 살펴보겠습니다.

첫째 단원(1-8) 하나님의 산 호렙으로
둘째 단원(9-14) 세미한 소리로 임하신 하나님
셋째 단원(15-21) 새로운 사명

첫째 단원(1-8) 하나님의 산 호렙으로 인도하심

"아합이 엘리야가 행한 모든 일과 그가 어떻게 모든 선지자를 칼로 죽였는지를 이세벨에게 말하니"(1), 아합은 이세벨의 심경의 변화를 기대한 것이었을까요? 아합은 21장에 나오는 나봇의 포도원 사건에서 보는 바대로 아내 이세벨의 조정을 받는 심약한 자로 여겨집니다. 그렇지 않았다면 이세벨에게 보고하듯 말할 것이 아니라 자신이 결단했어야 합니다.

아합이 결단을 한다는 것은 "우리가 다윗과 무슨 관계가 있느냐"(12:16)하고 배신했던 다윗 언약으로 돌아가는 것을 의미합니다. 그러므로 결단에는 엄청난 희생이 따르기 마련입니다. 한마디로 북이스라엘과 자신의 왕권을 포기해야 합니다. 왜냐하면 두 나라, 두 왕이 있을 수 없기 때문입니다. 그러므로 결단은 언제나 쉬운 일이 아닙니다. 이세벨의 반응이 무엇인가? 더욱 포악해집니다. 사자를 엘리야에게 보내어 내일 이맘때까지 반드시 복수할 것을 통보합니다.

엘리야는 "이 형편을 보고 일어나 자기의 생명을 위해 도망하여 유다에 속한 브엘세바에 이르러 자기의 사환을 그곳에 머물게 하고 자기 자신은 광야로 들어가 하룻길쯤 가서 한 로뎀 나무 아래에 앉아서 자기가 죽기를 원하여 이르되 여호와여 넉넉하오니 지금 내 생명을 거두시옵소서 나는 내 조상들보다 낫지 못하니이다"(3-4) 라고 말합니다.

이는 18장과는 상반되는 모습입니다. 엘리야는 18장에서 "내가 섬기는 만군의 여호와께서 살아 계심을 두고 맹세하노니 내가 오늘 아합에게 보이리라"(18:15)고 담대히 말했습니다. 그렇습니다. "그가 이 형편을 보고"(3상) 했는데, "형편"을 보지 말고 하나님을 바라보아야 했습니다. 그러나 엘리야는 환경을 바라보고 생명의 위협을 느끼자 얼마나 두려워했으면 북쪽 갈멜산으로부터 저 남쪽 브엘세바를 지나 광야로 도망을 치고 말았겠습니까?

"여호와여 넉넉하오니 지금 내 생명을 거두시옵소서"(4하) 하는데, 엘리야가 이처럼 낙망하는 이유가 무엇입니까? 첫째로 엘리야는 갈멜산의 대결을 통해서 아합은 물론 이세벨과 온 백성이 회개하게 될 즉 뒤집어지리라고 기대했을 것입니다. 그러나 "형편"은 정반대로 전개되고 있었기 때문에 낙망하고 있는 것입니다.

이것입니다. 사역자들이 어찌하여 "선을 행하다가 낙망"하는가? 자신이 설교하기만 하면 가슴을 치면서 "형제들아 우리가 어찌할꼬"하고 회개하리라고 기대했으나 냉담함을 보이게 될 때 피곤해지게 되고 낙망하게 되는 것입니다. 그런데 하나님은 에스겔 선지자에게 "그러나 이스라엘 족속은 이마가 굳고 마음이 굳어 네 말을 듣고자 아니하리니 이는 내 말을 듣고자 아니함이니라" 하시면서, "보라 내가 그들의 얼굴을 마주 보도록 네 얼굴을 굳게 하였고 그들의 이마를 마주 보도록 네 이마를 굳게 하였으되 네 이마를 화석보다 굳은 금강석같이 하였으니 그들이 비록 반역하는 족속이라도 두려워하지 말며 그들의 얼굴을 무서워하지 말라"(겔 3:7-9) 하십니다.

둘째로 낙망하게 되는 것은 18장에서 불로 임하셨던 하나님은 19장에서는 이세벨이 자신을 죽이려고 하는 상황에서도 침묵하고 계시는 듯했기 때문입니다.

셋째로 이 점에서 유념하게 되는 것은 엘리야가 "나는 내 열조보다 낫지 못하니이다"(4하) 라고 한 말입니다. 이제까지 엘리야는 너무나 완벽한 사역자로 묘사되었습니다. 그러나 아무도 전천후 인간이란 없는 것입니다. 엘리야라고 하나님 앞에서 연약함을 들어냈던 아브라함·이삭·야곱·모세·다윗 같은 열조보다 나은 것은 아닙니다. "사람은 다 거짓되되 오직 하나님은 참되시다 할지어다"(롬 3:4)뿐인 것입니다.

"로뎀 나무 아래에 누워 자더니 천사가 그를 어루만지며 그에게 이르되 일어나서 먹으라 하는지라 본즉 머리맡에 숯불에 구운 떡과 한 병 물이 있더라 이에 먹고 마시고 다시 누웠더니 여호와의 천사가 또다시 와서 어루만지며 이르되 일어나 먹으라 네가 갈 길을 다 가지 못할까 하노라 하는지라"(5-6), 그렇습니다. 일어나서 먹어야만 육신의 힘도 얻고 일어나서 생명의 양식을 먹어야만 영적인 힘도 얻어 임무를 수행할 수 있는 것입니다.

"이에 일어나 먹고 마시고 그 음식물의 힘을 의지하여 사십 주 사십 야를 가서 하나님의 산 호렙에 이르니라"(8) 합니다. 하나님께서는 피곤하여 낙망하고 있는 하나님의 사람을 "하나님의 산 호렙"(8)으로 인도하셨습니다. 갈멜산은 사마리아 인근에 있어 바알을 섬기는 산이 되었으나 호렙산은 "하나님의 산"이었던 것입니다.

둘째 단원(9-14) 세미한 소리로 임하신 하나님

"엘리야가 그곳 굴에 들어가 거기서 머물더니 여호와의 말씀이 그에게 임하여 이르시되 엘리야야 네가 어찌하여 여기 있느냐"(9) 하십니다. 성경은 이제도 말씀하십니다(롬 4:3, 11:2). 그러므로 "네가 어찌하여 여기 있느냐" 하시는 것은 바로 지금 나에게 하시는 말씀으로 받아야 하는 것입니다.

이는 자신을 성찰(省察)하게 하는 말씀입니다. 사제들의 의무사항 중 "피정"이란 것이 있습니다. 1년 또는 3년에 한 번은 반드시 피정을 해야 하는데 피정이란 피세정념(避世靜念)의 준말로 복잡한 세상을 피하여 고요히 생각에 잠긴다는 뜻입니다. 그러니까 하나님께서는 엘리야에게 자신을 돌아볼 수 있도록 "피정"을 시키신 셈입니다. 누가복음 5:16절에 "예수는 물러가사 한적한 곳에서 기도하시니라"하는데 이것이 피정인 셈입니다. 영성훈련 가운데 이 "물러감"은 중요한 요점입니다.

엘리야는 하나님의 선지자입니다. 이것이 엘리야의 신분입니다. 하나님께서는 엘리야에게 "너는 가서 아합에게 보이라"(18:1)고 그를 보내셨습니다. 여기가 엘리야의 위치입니다. 그리고 아합과 이세벨에게 하나님의 말씀을 대언해야 했습니다. 이것이 엘리야의 사명입니다.

그런데 엘리야는 "광야" 로뎀나무 아래서 죽기를 구하고 있습니다. 또한 호렙산 굴에 숨어있는 것입니다. 하나님은 낙망하고 있는 하나님의 종을 광야로 찾아오셨습니다. 떡과 물로 기운을 차리게 하십니다. 그리고 하나님의 산 호렙으로 부르십니다. 재충전하게 하시고 새로운 사명을 주셔서 파송하시려는 것입니다.

신약성경도 "아버지께서 나를 보내신 것같이 나도 너희를 보내노라"(요 20:21) 하시는데, 그러나 제자들은 사람을 낚으러 간 것이 아니라 디베랴 바다로 물고기를 잡으러 갔습니다. 주님은 그들을 찾아가셔서 떡과 생선으로 차린 조반을 먹이시고 말씀하십니다. "네가 나를 사랑하느냐", 그렇다면 "내 어린양을 먹이라"!

네가 어찌하여 여기 있느냐

"내가 만군의 하나님 여호와께 열심이 유별하오니 이는 이스라엘 자손이 주의 언약을 버리고 주의 제단을 헐며 칼로 주의 선지자들을 죽였음이오며 오직 나만 남았거늘 그들이 내 생명을 찾아 빼앗으려 하나이다"(10)라고 대답합니다.

같은 말씀이 14절에서도 반복되고 있는데 대체로 선을 행하다가 낙망에 빠지는 자들의 특성 중 하나가 "열심이 유별나다"는 점입니다. 그 열심에 비하여 열매가 빈약하게 될 때 낙망하게 되는 것입니다.

"오직 나만 남았거늘", 엘리야의 말이 다 맞는다고 해도 이것은 틀린 말입니다. 자기만 남은 것은 아니었기 때문입니다. "그에게 하신 대답이 무엇이냐 내가 나를 위하여 바알에게 무릎을 꿇지 아니한 사람 칠천 명을 남겨두었다 하셨으니 그런즉 이와 같이 지금도 은혜로 택하심을 따라 남은 자가 있느니라"(롬 11:4-5)고 말씀합니다.

그런데 자신만 남은 줄로 알고 낙망하는 것은 엘리야만은 아닙니다. 바울도 그러했습니다. 메시아를 고대하던 동족 유대인이 메시아를 배척하고 저주받게 됨을 생각할 때 큰 근심과 그치지 않는 고통, 즉 낙망이 바울에게도 있었습니다. 그러나 바울은 깨달았습니다. "그러나 하나님의 말씀이 폐하여진 것 같지 않도다 이스라엘에게서 난 그들이 다 이스라엘이 아니요(롬 9:6), 이제도 은혜로 택하심을 따라 남은 자가 있다"(롬 11:5)는 점을 깨달았던 것입니다. 엘리야, 바울뿐만이 아니라 모든 시대의 주의 신실한 사역자들에게 하시는 위로와 격려의 말씀이 이것입니다. "이제도 남은 자가 있느니라"!

하나님은 "너는 나가서 여호와 앞에서 산에 서라" 하십니다.

㉠ “여호와께서 지나가시는데 여호와 앞에 크고 강한 바람이 산을 가르고 바위를 부수나 바람 가운데에 여호와께서 계시지 아니하며”,

㉡ “바람 후에 지진이 있으나 지진 가운데에도 여호와께서 계시지 아니하며”,

㉢ “또 지진 후에 불이 있으나 불 가운데에도 여호와께서 계시지 아니하더니”, 엘리야는 하나님께서, “산을 가르고 바위를 부수는 바람 가운데에, 지진 가운데서, 불 가운데서” 역사하여 주시기를 기대했을 것입니다. 그렇게 해주시지 않는 것이 못내 불만이었을 것입니다.

㉣ 그런데 “불 후에 세미한 소리가 있는지라”(11-12), 그러나 하나님은 세미(細微)한 소리로 찾아오셨습니다. “소리가 그에게 임하여 이르시되”, 하나님의 임재를 느낀 엘리야는, “듣고 겉옷으로 얼굴을 가리고 나가 굴 어귀에 서매 엘리야야 네가 어찌하여 여기 있느냐”(13) 라고 재차 물으십니다.

엘리야의 두 가지 의혹은 치료를 받은 셈인데, 첫째는 오직 나만 남은 것이 아니라 하나님께서는 어느 시대를 막론하고 “남겨두신 자”가 있다는 것과, 둘째는 하나님은 갈멜산에서 역사하셨던 기사와 이적이 아니라 말씀과 함께 역사하신다는 불변의 진리입니다.

셋째 단원(15-21) 새로운 사명

“여호와께서 그에게 이르시되 너는 네 길을 돌이켜 광야를 통하여 다메섹에 가서”, 재충전을 받은 엘리야는 새로운 사명을 받고 다시 파송을 받습니다. “하사엘에게 기름을 부어 아람의 왕이 되게 하고 너는 또 님시의 아들 예후에게 기름을 부어 이스라엘의 왕이 되게 하고 또 아벨므홀라 사밧의 아들 엘리사에게 기름을 부어 너를 대신

하여 선지자가 되게 하라”(15-16) 하는 새로운 임무가 주어집니다.

이는 “하사엘의 칼을 피하는 자를 예후가 죽일 것이요 예후의 칼을 피하는 자를 엘리사가 죽이리라”(17)는 말씀대로 앞으로 행하실 심판에 대한 예고인 것입니다. “엘리야가 거기서 떠나 사밧의 아들 엘리사를 만나니 그가 열두 겨릿소를 앞세우고 밭을 가는데 자기는 열두째 겨릿소와 함께 있더라 엘리야가 그리로 건너가서 겉옷을 그의 위에 던졌더니”(19), 이는 엘리야의 사명을 엘리사에게 계승시키는 것을 의미합니다.

엘리야! 하면 세 가지를 묻게 됩니다.

① 어찌하여 삼년 육개월 동안 비가 오지 않다가 큰비가 내리게 되었는가?

② 사르밧 과부의 통에 가루와 병의 기름은 어떻게 다하지 않았는가?

③ 갈멜산의 단에 임한 불은 무엇에 대한 표징인가?

우리의 심령에도, 가정에도, 사업에도, 교회에도 하늘은 닫히고 비가 내리지 않을 수 있다는 점을 인식해야 합니다. 원인은 분명합니다. 성경은 “너희가 우리 안에서 좁아진 것이 아니라 오직 너희 심정에서 좁아진 것이니라 내가 자녀들에게 말하듯 하노니 보답하는 양으로 너희도 마음을 넓히라”(18:18 고후 6:12-13) 하십니다. 원인은 언제나 우리 안에 있습니다. 하나님과 우리 사이에 가로막힌 것이 있다는 것입니다. 팔백오십 명 거짓선지자들을 제거하였을 때에 큰비는 내렸던 것입니다.

어떻게 하면 우리의 심령에서도 다함이 없는 생수의 강이 흘러날(요7:38) 수 있는가? 17:24절이 답변이 될 것입니다. “내가 이제야 당신은 하나님의 사람이요 당신의 입에 있는 여호와의 말씀이 진실한 줄 아노라” 한 언약에 대한 믿음입니다. 예수 그리스도를 영접하고 깨어지고 부서져서 그 말씀을 전적으로 신뢰하는 일입니다.

결론은 불이 내려왔다는 그 자체가 중요한 것이 아니라 중요한 것은 교제와 교통입니다. 불은 "여호와는 하나님이신 것과 주는 그들의 마음으로 돌이키게 하시는 것" 18:37절에 대한 응답이었을 뿐입니다. 이를 깨닫고 마음과 뜻을 다하여 하나님께로 돌아올 때 하나님과의 교제는 좁아지거나 막힘이 없게 되는 것입니다. - 아멘 -

20장

너는 내가 여호와인 줄 알리라

20장의 내용은 아람 왕 벤하닷이 2차에 걸쳐서 북이스라엘을 침공했다가 모두 대패하는 내용입니다. 이를 통해서 무엇을 계시하시고자 하는가? 이점을 본문은 분명히 밝히고 있는데, "네가 이 큰 무리를 보느냐 내가 오늘 그들을 네 손에 넘기리니 너는 내가 여호와인 줄을 알리라 하셨나이다"(13) 하십니다. "여호와인 줄 알리라" 는 말씀이 2차 침공 때에도 주어지는데, "내가 이 큰 군대를 다 네 손에 넘기리니 너희는 내가 여호와인 줄을 알리라"(28) 하십니다.

하나님께서는 18장에서 선지자 엘리야를 아합에게 보내시어 갈멜산의 영적 대결을 통하여, "이 백성으로 주 여호와는 하나님이신 것과 주는 그들의 마음으로 돌이키게 하시는 것을 알게"(18:37) 하시고자 하셨습니다. 그러나 19장에서 도리어 엘리야를 죽이고자 하는 것을 봅니다. 그들에게 20장에서는 전쟁을 통해서 하나님을 알게 하시려는 것입니다. 이것이 하나님의 마음이요, 사랑입니다. 그러므로 20장의 주제가 "너는 내가 여호와인 줄 알리라"가 될 수 있습니다. 네 단원으로 나누어 살펴보겠습니다.

첫째 단원(1-12) 아람 왕 벤하닷의 1차 침공
둘째 단원(13-21) 약한 것을 들어 강한 것을 치심으로 알리심
셋째 단원(22-30) 적은 떼와 땅에 가득한 떼를 통하여 알리심
넷째 단락(31-43) 그러나 하나님의 뜻을 거역한 아합

첫째 단원(1-12) 아람 왕 벤하닷의 1차 침공

"아람의 벤하닷 왕이 그의 군대를 다 모으니 왕 삼십이 명이 그와 함께 있고 또 말과 병거들이 있더라 이에 올라가서 사마리아를 에워싸고 그 곳을 쳤다"(1)고 말씀합니다. 역사서는 모든 역사적 사건을 빠짐없이 다 기록한 책이 아닙니다. 크고 작은 사건 중에서 하나님의 마음과 의도를 나타내시고 보여주기 위해서 선별적으로 기록한 것입니다. 그렇다면 본문을 통하여 나타내시고자 하는 하나님의 마음은 무엇일까요?

아람 왕 벤하닷은 사신을 보내어 "네 은금은 내 것이요 네 아내들과 네 자녀들의 아름다운 자도 내 것이니라"(30) 합니다. 이는 악(아합)보다 더욱 악한 폭군의 횡포입니다. 아합이 나라의 장로들을 모아놓고 "그가 내 아내들과 내 자녀들과 내 은금을 빼앗으려고 사람을 내게 보냈으나 내가 거절하지 못하였노라"(7) 합니다.

본문의 벤하닷은 15장에서 아사 왕이 이스라엘의 침략을 막기 위

하여 "여호와의 성전 곳간과 왕궁 곳간에 남은 은금을 모두 벤하닷에게 보내며"(15:18) 도움을 청했던 벤하닷의 아들(20:34)입니다. 당시 선견자 하나니는 아사 왕에게 "아람 왕을 의지하고 왕의 하나님 여호와를 의지하지 아니한 고로 아람 왕의 군대가 왕의 손에서 벗어났나이다"(대하 16:7)고 견책한 바 있습니다. 그렇다면 이제 아합 왕은 누구를 의지할 것인가?

둘째 단원(13-21) 약한 것을 들어서 강한 자를 치심으로 알리심

하나님께서는 한 선지자를 아합 왕에게 보내시어 "여호와의 말씀이 네가 이 큰 무리를 보느냐 내가 오늘 그들을 네 손에 넘기리니 너는 내가 여호와인 줄을 알리라"(13) 하십니다.

아합 : 누구를 통하여 그렇게 하시리이까?

선지자 : 여호와의 말씀이 각 지방 고관의 청년(소년)들로 하리라 하셨나이다 (14).

아합 : 누가 싸움을 시작하리이까?

선지자 : 왕이니이다(14) 합니다.

여기 성경의 예민함을 보십시오. "큰 무리 대 소년", 어찌하여 소년들을 들어 치시겠다 하시는가? "약한 것을 들어서 강한 자를 치심으로 여호와이심을 알리기" 위해서 인것입니다.

그렇습니다. "그러나 하나님께서 세상의 미련한 것들을 택하사 지혜 있는 자들을 부끄럽게 하려 하시고 세상의 약한 것들을 택하사 강한 것들을 부끄럽게 하려 하시며 하나님께서 세상의 천한 것들과 멸시 받는 것들과 없는 것들을 택하사 있는 것들을 폐하려 하시나니" 하십니다. 왜 이렇게 하시는가? "이는 아무 육체도 하나님 앞에서 자랑하지 못하게 하려 하심이라"(고전 1:27-29) 합니다.

"각 지방 고관의 청년(소년)들과 그들을 따르는 군대가 성읍에서 나가서 각각 적군을 쳐 죽이매 아람 사람이 도망하는지라 이스라엘이 쫓으니 아람 왕 벤하닷이 말을 타고 마병과 더불어 도망하여 피하니라 이스라엘 왕이 나가서 말과 병거를 치고 또 아람 사람을 쳐서 크게 이겼더라"(19-21), 소년병으로 대승을 거둔 것입니다. 아합은 이를 통해서 "네가 나를 여호와인 줄 알리라" 하신 대로, 여호와가 하나님이심을 알고 회개하고 마음을 바알로부터 돌이켰어야 마땅합니다.

셋째 단원(22-30) 적은 떼와 땅에 가득한 떼를 통하여 알리심

"아람 왕의 신하들이 왕께 아뢰되 그들의 신은 산의 신이므로 그들이 우리보다 강하였거니와 우리가 만일 평지에서 그들과 싸우면 반드시 그들보다 강할지라"(23) 합니다. 고대에는 전쟁을 신들의 전쟁으로 여겼는데, 이스라엘의 신은 "산의 신"이기 때문에 평지에서 싸우면 이길 것이라고 말합니다.

해가 바뀌니 "벤하닷이 아람 사람을 소집하고 아벡으로 올라와서 이스라엘과 싸우려 하매"(26), 2차로 침공을 해온 것입니다. "이스라엘 자손도 소집되어 군량을 받고 마주 나가서 그들 앞에 진영을 치니 이스라엘 자손은 두 무리의 적은 염소 떼와 같고 아람 사람은 그 땅에 가득하였더라"(27) 합니다. 이번에는 산지가 아니라 그들 말대로 평지요, 골짜기입니다. 여기서도 "두 무리의 적은 염소 떼와 그 땅에 가득함"을 대조시켜 보여줍니다.

하나님께서는 또 선지자를 보내셔서 “여호와의 말씀에 아람 사람이 말하기를 여호와는 산의 신이요 골짜기의 신은 아니라 하는도다 그러므로 내가 이 큰 군대를 다 네 손에 넘기리니 너희는 내가 여호와인 줄을 알리라”(28)고 말씀하십니다.

“진영이 서로 대치한지 칠일이라 일곱째 날에 접전하여 이스라엘 자손이 하루에 아람 보병 십만 명을 죽이매 그 남은 자는 아벡으로 도망하여 성읍으로 들어갔더니 그 성벽이 그 남은 자 이만칠천 명 위에 무너지고 벤하닷은 도망하여 성읍에 이르러 골방으로 들어가니라”(29-30) 합니다. 이제는 아합과 백성들이 “주 여호와는 하나님이신 것과 주는 저희 마음으로 돌이키게 하시는 것을” 알게 되었단 말인가?

넷째 단원(31-43) 하나님의 뜻을 거역한 아합

벤하닷의 신하들이 골방에 숨어있는 왕에게 “우리가 들은즉 이스라엘 집의 왕들은 인자한 왕이라 하니 만일 우리가 굵은 베로 허리를 동이고 테두리를 머리에 쓰고 이스라엘의 왕에게로 나아가면 그가 혹시 왕의 생명을 살리리이다”(31)고 말합니다.

아합도 인자한 왕이란 말인가? 이에 대한 대답으로 다음 21장의 나봇의 포도원 강탈사건은 기록되었습니다. 아합은 대적의 간교한 궤계에 속아 넘어가 “그래 나는 인자한 왕이다 그렇고 말고, 마음이 바다같이 넓은 왕이지” 하는 교만한 마음으로 “그가 아직도 살아 있느냐 그는 내 형제이니라”(32)고 말하면서, “내가 이 조약으로 인해 당신을 놓으리라 하고 이에 더불어 조약을 맺고 그를 놓았더라”(34) 합니다.

하나님께서 아합에게 두 번의 전쟁을 통해서 불가사의한 승리를 주셨음에도 여호와가 하나님이심을 알지를 못했고, 하나님께 영광을 돌리지도 아니하고 영광을 자신이 차지하고 말았던 것입니다.

하나님께서는 선지자에게 역할극을 하게 하시는데, "이 사람을 지키라 만일 그를 잃어버리면 네 생명으로 그의 생명을 대신하리라"(39) 한 "행위계시"를 통해서 아합 왕에게 선고를 내리십니다. "여호와의 말씀이 내가 멸하기로 작정한 사람을 네 손으로 놓았은즉 네 목숨은 그의 목숨을 대신하고 네 백성은 그의 백성을 대신하리라"(42) 하십니다.

기억하십니까? 사울 왕이 진멸하라 하신 아각 왕을 살려주었던 사실을! 그때 하나님께서는 "내가 사울을 왕으로 세운 것을 후회하노니 그가 돌이켜서 나를 따르지 아니하며 내 명령을 행하지(이루지) 아니하였음이니라"(삼상 15:11) 하셨습니다. 순종이 제사보다 나은 것입니다. 사울은 "명령을 이루지 아니한 자"가 되었던 것입니다.

명심하십시오. 이 싸움은 육적 싸움이 아니라 "여자의 후손은 네 머리를 상하게 하리라"(창 3:15)고 선언하신 동일 선상에서 전개되고 있는 영적 싸움인 것입니다. 그렇다면 하나님께서 "멸하기로 작정한 사람"을 놓아준 자는 아군입니까? 적군입니까?

"거역하는 것" 즉 불순종은 우상에게 절하는 죄와 같다(삼상 15:23) 하십니다. 무슨 뜻입니까? 그것은 곧 사탄을 추종하는 것이라는 말씀입니다. 주님은 말씀하십니다. "나와 함께 아니하는 자는 나를 반대하는 자요 나와 함께 모으지 아니하는 자는 헤치는 자니라"(눅 11:23), 아합 왕은 반대하는 편, 헤치는 편에 선 것입니다. 이것이 "하나님의 뜻을 거역한 아합"입니다. 우리는 어떠합니까?

21장

아합 집에 심판을 선고하신 하나님

21장은 아합이 나봇의 포도원을 탐하자 그의 아내가 궤계로 나봇을 죽이고 포도원을 빼앗는 내용입니다. 포도원 사건이 기록된 의도가 무엇일까요? 포도원 사건은 앞 장에서 "우리가 들은즉 이스라엘 집의 왕들은 인자한 왕이라"(20:31) 한 말에 대응하여, 아합이 그리고 인간이 얼마나 악할 수 있는가를 고발하는 것으로 등장합니다. "예로부터 아합과 같이 스스로 팔려 여호와 보시기에 악을 행한 자가 없음"(25)을 단적으로 들어내고 있는 것입니다.

하나님께서는 아합에게 여러 번 회개할 기회를 주시고 오래 참으셨건만 끝내 "내가 재앙을 네게 내려 너를 쓸어버리겠다"(21)고 선고하십니다. 이를 세 단원으로 나누어 상고하겠습니다.

첫째 단원(1-6) 무엇과도 바꿀 수 없는 여호와의 기업
둘째 단원(7-19) 죽이고 빼앗음
셋째 단원(20-29) 스스로 팔려 악을 행한 아합

첫째 단원(1-6) 무엇과도 바꿀 수 없는 여호와의 기업

21장은 "그 후에 이 일이 있으니라 이스르엘 사람 나봇에게 이스르엘에 포도원이 있어 사마리아의 왕 아합의 왕궁에서 가깝더니"(1) 하고 시작됩니다. 이는 아합의 별궁을 가리키는 말로 "상아 궁"(22:39)이었을 것입니다. 그런데 이 포도원이 아합의 눈에 띈 것입니다. 그가 어떤 반응을 보일 것인가 하나님은 지켜보고 계시는 것입니다

"아합이 나봇에게 말하여 이르되 네 포도원이 내 왕궁 곁에 가까이 있으니 내게 주어 채소밭을 삼게 하라 내가 그 대신에 그보다 더 아름다운 포도원을 네게 줄 것이요 만일 네가 좋게 여기면 그 값을 돈으로 네게 주리라"(2)고 말합니다.

성경이 말씀하는 "포도원"은 하나님께서 베푸신 기업을 가리키는 것으로 "포도원"은 백성들이 누리는 평화를 상징합니다. 이런 맥락에서 본문에서 아합은 하나님이 주신 "기업과 평화"를 빼앗고 파괴하려는 자로 나봇은 하나님께서 허락하신 기업과 평화(축복)를 지키려는 자로 등장합니다. 다시 말하면 아합은 "죽이고 멸망시키려는" 자의 대리자로 나봇은 목숨을 걸고 이를 지키려는 모든 경건한 자들의 대표로 등장하고 있다는 말씀입니다.

아합은 왕이고 나봇은 농부입니다. 아합에게는 재물과 권세와 모든 것이 있습니다. 그러나 나봇에게는 포도원이 유일한 기업으로 여

겨집니다. 그런 아합이 가난한 농부의 유일한 기업인 포도원을 탐하고 있는 것입니다.

"내게 주어 채소밭을 삼게 하라 내가 그 대신에 그보다 더 아름다운 포도원을 네게 줄 것이요 만일 네가 좋게 여기면 그 값을 돈으로 네게 주리라"(2)는 여기에 하나님 백성들의 갈등이 있는 것입니다. 아합은 "더 아름다운 포도원"을 네게 주겠다고 말합니다. 만일 네가 원한다면 "그 값을 돈으로"(묵시적으로는 시세보다 비싸게) 주겠다는 것입니다. 부동산 투기자들은 군침을 흘릴 만합니다. 이런 경우 형제라면 어떻게 하였겠습니까?

그러나 나봇의 대답은 단호합니다. "내 조상의 유산(유업)을 왕에게 주기를 여호와께서 금하실지로다"(3)고 거절합니다.

㉠ 내 열조의 유업이라고 말합니다.

㉡ 왕에게 주기를 "여호와께서 금하실지로다"(3) 합니다.

무슨 뜻인가? 이 말이 암시하고 있는 것은 자신은 그렇게 하고 싶지만 하나님의 법이 금하고 있기 때문에 내 마음대로 할 수 없다는 뜻입니다. 레위기 25:23절에서 "토지를 영영히 팔지 말 것은 토지는 다 내 것임이라 너희는 나그네요 우거하는 자로서 나와 함께 있느니라" 하신 말씀을 염두에 두고 하는 말입니다. 소유주는 하나님이요, 자신은 관리자에 불과하다는 말입니다.

그렇다면 이제 생각해야 할 점은, 나봇 가문에게는 이 포도원이 언제부터 유업으로 주어져서 조상 대대로 계승하여 내려온 것인가 하는 점입니다. 그 대답은 분명합니다. 여호수아가 가나안을 정복한 후에 여호와의 명에 의하여 땅을 각 지파 족속에게 분배하여주었을 때 받은 기업이요, 그때부터 대대로 지켜 내려온 유업이었던 것입니다.

이점을 구속사의 맥락에서 볼 때 가나안 복지를 기업으로 주심은, "썩지 않고 더럽지 않고 쇠하지 아니하는 유업을 잇게 하시나니 곧 너희를 위하여 하늘에 간직하신 것이라"(벧전 1:4)에 대한 예표요, "찬송하리로다 하나님 곧 우리 주 예수 그리스도의 아버지께서 그리스도 안에서 하늘에 속한 모든 신령한 복을 우리에게 주시되"(엡 1:3) 한 영원한 기업에 대한 약속어음과도 같은 포도원이었던 것입니다.

희년의 규례나 기업 무를 자란 이런 뜻에서 의미가 있는 것입니다. 죄 값에 팔린 인간은 사탄의 종이 됨과 함께 기업도 잃어버리고 빼앗기고 말았던 것입니다. 복음은 희년의 선포요, 예수 그리스도는 포로 된 자를 자유하게 하시고 잃었던 기업을 회복시켜주실 기업 무를 자로 오신 것입니다.

이런 맥락에서 문제의 포도원은 나봇 마음대로 팔아도 되고 다른 것과 바꿔도 되는 그런 포도원이 아니었던 것입니다. 다시 말하면 이 기업은 팥죽 한 그릇과 바꿔도 되는 그런 것이 아니라는 말씀입니다. 성경은 말씀하기를 "혹 한 그릇 음식을 위하여 장자의 명분을 판 에서와 같이 망령된 자가 없도록 살피라"(히 12:16) 합니다.

나봇이 내 조상의 유산을 "왕께 줄 수 없다"(4) 하므로 아합이 근심하고 답답하여 왕궁으로 돌아와 침상에 누워 얼굴을 돌리고 식사하지 않았다는 것입니다. 일국의 왕이 포도원 하나에 집착하여 이처럼 고심하고 있는 데서 인간의 어리석은 한 단면을 보게 됩니다. 이처럼 유약한 아합이 희대에 악한 왕이 된 것은 "그 아내 이세벨에게 충동되었다"(25), 즉 이세벨의 조정을 받았기 때문이라 합니다.

둘째 단원(7-19) 죽이고 빼앗음

"그의 아내 이세벨이 그에게 이르되 왕이 지금 이스라엘 나라를 다스리시나이까 일어나 식사를 하시고 마음을 즐겁게 하소서 내가 이스르엘 사람 나봇의 포도원을 왕께 드리리이다"(7) 하고는 간계를 꾸밉니다.

불량자 두 사람을 거짓 증인으로 세워 나봇이 "하나님과 왕을 저주하였다"(10) 하는 누명을 씌워 "돌로 쳐 죽이라"(10) 합니다. 선량한 백성을 죽이되 하나님의 이름을 팔아 합법을 가장하여 죽이고, 하나님의 기업을 빼앗는 데서 사탄의 하수인이라는 특성이 나타납니다.

"이세벨이 아합에게 이르되 일어나 그 이스르엘 사람 나봇이 돈으로 바꾸어 주기를 싫어하던 나봇의 포도원을 차지하소서 나봇이 살아 있지 아니하고 죽었나이다"(15)라고 말합니다. 아합은 나봇이 죽었다 함을 듣고 "곧 일어나 이스르엘 사람 나봇의 포도원을 차지하러 그리로 내려갔더라"(16) 합니다.

일 개 포도원에 애착을 갖고 근심하고 답답해하는 아합 왕과 여호와의 말씀을 목숨을 걸고 지키려 한 농부 나봇! 누가 진정 강한 자이며 승리자인가? 나봇은 여로와의 말씀을 지키다가 죽임을 당한 순교자로 기록될 만합니다. 이 지점에서 무고히 재판받아 죽임을 당한 또 한 분의 모습을 상기하게 합니다.

> 그들이 까닭 없이 나를 잡으려고 그들의 그물을 웅덩이에 숨기며
> 까닭 없이 내 생명을 해하려고 함정을 팠사오니,
> 불의한 증인들이 일어나서 내가 알지 못하는 일로 내게 질문하며,
> 내게 선을 악으로 갚아 나의 영혼을 외롭게 하나,

무릇 그들은 화평을 말하지 아니하고 오히려
평안히 땅에 사는 자들을 거짓말로 모략하며,
또 그들이 나를 향하여 입을 크게 벌리고
하하 우리가 목격하였다 하나이다.
여호와여 주께서 이를 보셨사오니 잠잠하지 마옵소서
주여 나를 멀리하지 마옵소서 (시 35:7-22).

하나님께서 선지자 엘리야에게 이르시기를 "너는 일어나 내려가서 사마리아에 있는 이스라엘의 아합 왕을 만나라" 그리고 말하라 "여호와의 말씀이 네가 죽이고 또 빼앗았느냐, 여호와의 말씀이 개들이 나봇의 피를 핥은 곳에서 개들이 네 피 곧 네 몸의 피도 핥으리라"(17-19)고 선고하십니다. "죽이고 빼앗는" 것은 사탄의 특성입니다.

아합에게 심판을 선고하시는 17-28절에는 "여호와의 말씀"이 여섯 번(17,19,19,21,23,28)이나 강조되어 있는 것을 보게 됩니다. 아합은 나봇을 대적한 것이 아니라 "여호와께서 금하실지로다" 한 여호와의 말씀을 거역하고 대적한 것입니다. 반면 나봇은 목숨을 내어줄지언정 하나님이 금하신 규례를 범하지 않았고, 조상의 유업을 바꾸거나 팔지를 않고 정절을 지킨 증인으로 기록이 될 만합니다.

셋째 단원(20-29) 스스로 팔려 악을 행한 아합

"아합이 엘리야에게 이르되 내 대적자여 네가 나를 찾았느냐"(20) 하자, 엘리야는 "내가 찾았노라"고 말하면서 아합을 가리켜 "네가 네 자신을 팔아" 즉 스스로 팔려 악을 행하는 자"(20,25)라고 선언합니다. "스스로 팔린 자", 이것은 아담의 후예들의 비극적인 인간상입니다. 바울 사도는 로마서 7:14절에서 "우리가 율법은 신령한 줄 알거니와 나는 육신에 속하여 죄 아래 팔렸도다"고 탄식하고 있습니다. 그러므로 "스스로 팔린 자"란 아합뿐만이 아닌 우리 모두의 죄명인 것입니다.

오므리의 아들 아합! 그가 무엇이기에 16:29절에서 시작하여 22장에 이르도록 장장 일곱 장에 걸쳐서 기록할 가치가 있단 말인가? 아합에 대하여 편애하신다 할 정도로 오래 참으시고 관용을 베푸시던 하나님께서는 기어코 심판을 선고하시는 것입니다. "여호와의 말씀이 내가 재앙을 네게 내려 너를 쓸어버리되 네게 속한 남자는 이스라엘 가운데에 매인 자나 놓인 자를 다 멸할 것이요"(21), 이세벨에게 대하여도 "여호와께서 말씀하여 이르시되 개들이 이스르엘 성읍 곁에서 이세벨을 먹을지라"(23) 하십니다. 20-24절에 걸쳐 선고된 심판은 듣는 자의 귀가 울릴 정도로 두렵고 떨리는 것이었습니다.

"아합이 이 모든 말씀을 들을 때에 그의 옷을 찢고 굵은 베로 몸을 동이고 금식하고 굵은 베에 누우며 또 풀이 죽어 다니더라"(27). 하나님은 엘리야에게 "아합이 내 앞에서 겸비함을 네가 보느냐 그가 내 앞에서 겸비하므로 내가 재앙을 저의 시대에는 내리지 아니하고 그 아들의 시대에야 그의 집에 재앙을 내리리라 하셨더라"(29) 하시는 것이 아닌가?

아! 하나님은 아합의 회개를 그리고 우리들의 회개를 얼마나 보고 싶으셨으면, 이 정도의 아합의 모습을 보시고도 감격이라도 하신 듯이 말씀하시면서 또 참으신단 말인가?

실로 우리 하나님은 우리의 "회개에 목이 마르시다" 할 수밖에 없습니다. "내가 너희에게 이르노니 이와 같이 죄인 한 사람이 회개하면 하늘에서는 회개할 것 없는 의인 아흔아홉으로 말미암아 기뻐하는 것보다 더하리라"(눅 15:7) 하십니다. 이것이 "아합 집에 심판을 선고하신 하나님"입니다.

22장

누가 아합을 꾀어 죽게 할꼬

22장은 아합이 아람과의 싸움에서 전사하게 되는 내용입니다. 우리는 21장 끝에서 행보도 천천히 하는 아합의 겸비한 모습을 보았는데, 그러나 22장에서 그의 겸비가 "아침 구름이나 쉬 없어지는 이슬"(호 6:4)같이 일시적이요, 믿을 만한 것이 되지 못함을 보게 됩니다. 하나님께서는 아합을 심판하시기로 작정하셨습니다.

"여호와께서 말씀하시기를 누가 아합을 꾀어 그를 길르앗 라못에 올라가서 죽게 할꼬"(20) 하십니다. 본문은 이를 중심으로 해석되어야 하는데, 그리하여 많은 거짓 선지자와 한 사람 "미가야"라는 참 선지자와의 대결이 벌어지게 됩니다. 그렇다면 이를 통해서 말씀하시려는 바가 무엇인가? 이를 세 단원으로 나누어 상고하겠습니다.

첫째 단원(1-4) 여호사밧의 영적 우매
둘째 단원(5-28) 400 대 1의 대결
셋째 단원(29-53) 여호와의 말씀과 같이 됨

첫째 단원(1-4) 여호사밧의 영적 우매

"아람과 이스라엘 사이에 전쟁이 없이 삼년을 지냈더라 셋째 해에 유다의 여호사밧 왕이 이스라엘의 왕에게 내려가매"(2) 합니다. 여호사밧은 43절에서 언급하고 있는 대로 참으로 선한 왕이었습니다. 너무 선했기 때문일까요? 하나님의 뜻에 대한 분별력이 부족한 듯이 보입니다. 여호사밧은 북쪽 이스라엘과 전쟁없이 우호적으로 지냈습니다. 우호적인 것만이 아니라 사돈을 맺었습니다. 아합의 딸을 며느리로 맞이한 것입니다.

그러나 이것이 후일에 영육 간에 얼마나 큰 비극과 불행을 가져오게 되리라는 점을 분별하지 못했던 것입니다. 2절에서 "여호사밧 왕이 이스라엘의 왕에게 내려가매"(2) 한 것도 격이 맞지 않는 처사입니다. "내려가야"하는 것이 아니라, 아합이 하나님의 성전이 있는 예루살렘으로 "올라왔어야" 마땅한 것입니다. 여호사밧이 내려가자 아합은 "당신은 나와 함께 길르앗 라못으로 가서 싸우시겠느냐"하고 동맹을 제의합니다. 왜냐하면 20장에서 아람 왕 벤하닷이 이스라엘에게 대패하자 부친 때 빼앗은 도성들을 반환하겠다는 약조로 목숨을 건졌는데(20:34) 그러나 벤하닷은 숨을 돌리게 되자 길르앗 라못을 반환하지 않았던 것입니다.

이 점에서 우선순위를 생각해야 합니다. "나와 함께 싸우겠느냐"가 먼저가 아니라, 아합이 금송아지 우상을 버리고 다윗 언약 안으로 들어오는 것이 먼저라는 점입니다. 이점을 신약성경에서는 "우리가 다 하나님의 아들을 믿는 것과 아는 일에 하나가 되어"(엡 4:13) 라고 말씀합니다. 오늘날도 "연합"이 먼저가 아닙니다. "믿는 것과 아는 일" 즉 진리로 하나가 되는 것이 먼저인 것입니다. 그렇지 않게 되면 여호사밧과 같은 잘못을 범하게 되는 것입니다.

그런데 여호사밧은 "나는 당신과 같고 내 백성은 당신의 백성과 같고 내 말들도 당신의 말들과 같으니이다"(4)라고 말하는 것이 아닌가? "당신과 같다"는 말을 세 번이나 반복적으로 강조하고 있다는 점을 유념하시기 바랍니다. 이는 정신 나간 사람의 말입니다. 다윗에게 세워주신 메시아언약이 있는 유다와 이를 배반하고 나가서 금송아지를 자신들을 애굽에서 인도하여 낸 신으로 숭배하고 있는 북쪽 이스라엘이 어떻게 "같다"고 말한단 말입니까? 그런 아합에게 유다의 기업을 그야말로 통째로 내어주겠다는 말인 것입니다.

이 점에서 성경의 예민함을 보십시오. 아합은 "당신은 나와 함께 길르앗 라못으로 가서 싸우시겠느냐"(4)라고 말하나, 하나님께서는 "누가 아합을 꾀어 그를 길르앗 라못에 올라가서 죽게 할꼬"(20) 하십니다. 길르앗 라못은 아합이 죽으러 가는 무덤, 즉 아합을 심판하시기 위해서 마련된 교수대입니다. 이런 시점에 여호사밧이 왜 아합왕에게 내려가며 어찌하여 "나는 당신과 같다" 하면서 길르앗 라못으로 함께 가려 한단 말입니까?

둘째 단원(5-28) 400 대 1의 대결

"여호사밧이 또 이스라엘의 왕에게 이르되 청하건대 먼저 여호와의 말씀이 어떠하신지 물어보소서"(5) 합니다. 이점이 택함을 받은 자와 유기당한 자의 차이입니다. 택함을 받은 자도 실수하고 넘어지고 흔들릴 때가 있습니다. 그러나 나침반의 바늘이 흔들리다가도 정북을 가리키듯이 "먼저 여호와의 말씀이 어떠하신지 물어보소서" 하고 하나님의 뜻을 생각하게 되는 것입니다.

그리하여 선지자 400인쯤 모으고 "내가 길르앗 라못에 가서 싸우랴 말랴"하고 묻습니다. 그들은 한 입처럼 "올라가소서 주께서 그 성읍을 왕의 손에 넘기시리이다"(6)고 말합니다. 시드기야라는 자는 철로 뿔들을 만들고 말하기를 "여호와의 말씀이 왕이 이것들로 아람 사람을 찔러 진멸하리라 하셨다"(11)고 "여호와"의 이름까지 들먹이며 아부합니다.

여호사밧은 이들의 진실성에 의문을 제기합니다. "이 외에 우리가 물을만한 여호와의 선지자"(7)가 여기 없느냐고 말하자, 아합은 아직 미가야라 하는 한 사람이 있으나 "그는 내게 대하여 길한 일은 예언하지 아니하고 흉한 일만 예언하기로 내가 그를 미워하나이다"(8)고 말합니다.

이리하여 미가야 선지자가 출두하게 되는데 이는 400:1의 대결이었던 것입니다. 이 400명은 바알 선지자와는 구별되는 여호와의 이름으로 말하는 거짓 선지자들입니다. 미가야는 먼저 아합의 주의를 환기시키기 위해서 거짓 선지자들이 말한 것처럼 "올라가서 승리를 얻으소서 여호와께서 그 성을 왕의 손에 붙이시리이다"(15)고 비꼬듯 말을 한 후에야 진실을 말합니다. "내가 보니 온 이스라엘이 목자 없는 양 같이 산에 흩어졌는데"(17), 즉 아합이 죽게 되리라 합니다.

그러나 미가야의 참말은 거부되고 뺨을 맞고 투옥당하게 됩니다. 이러한 거짓 선지자는 아합 때만 그리고 사마리아에만 있었던 것은 아닙니다. 예언서들을 보십시오. 많은 거짓 선지자들과 그들에게 핍박받으며 고군분투하는 소수의 참 선지자들을 보게 됩니다. 어느 때나 거짓 선지자들은 환영받게 되는 반면, 참 선지자들은 배척당했던 것입니다.

주님은 말씀하십니다. "모든 사람이 너희를 칭찬하면 화가 있도다 그들의 조상들이 거짓 선지자들에게 이와 같이 하였느니라"(눅 6:26). 어째서 거짓 선지자들이 환영받게 되는가? 길한 것(회중에게 영합함)을 말하기 때문입니다. 어찌하여 많은 사람이 미혹받게 되는가? 거짓 선지자들은 언제나 주의 이름으로 말하기 때문입니다. "많은 사람이 내 이름으로 와서 이르되 나는 그리스도라 하여 많은 사람을 미혹하게 하리라"(마 24:5) 하십니다. 때로는 "큰 표적과 기사를 보여 할 수만 있으면 택하신 자들도 미혹하게 하리라"(마 24:24) 하십니다.

이 점에서 거짓 선지자들은 자신이 거짓 선지자임을 알면서 사람들을 미혹하고 있는가 하는 점입니다. 여기에 빛을 비춰주는 말씀이 "내가 나가서 거짓말하는 영이 되어 그의 모든 선지자들의 입에 있겠나이다 여호와께서 이르시되 너는 꾀겠고 또 이루리라"(22) 하십니다. "거짓말하는 영"이 무엇인가? 주님은 "너희는 너희 아비 마귀에게서 났으니…이는 그가 거짓말쟁이요 거짓의 아비가 되었음이니라"(요 8:44) 하십니다. 누구를 향하여 이렇게 말씀하셨는가? 주님 당시의 종교 지도자들을 가리켜서 하신 말씀입니다.

그들은 자신이 악한 영에 의하여 지배받고 있다는 점을 꿈엔들 생각했겠습니까? 추종자들은 물론 본인 자신도 하나님의 참 종이라고 확신하고 있다는 데 문제의 심각성이 있는 것입니다.

시드기야가 미가야의 빰을 치며 "여호와의 영이 나를 떠나 어디로 가서 네게 말씀하시더냐"(24) 합니다. 거짓 선지자들은 다른 사람을 미혹하기에 앞서 자신이 먼저 미혹 당하고 있는 자들인 것입니다. 아합도 "이놈을 옥에 가두고 내가 평안히 돌아올 때까지 고생의 떡과 고생의 물을 먹이라"(27)고 말합니다.

이 점에서 "그날에 보리라"(25), 즉 그날에 참과 거짓이 드러나리라고 말하는 미가야의 말을 명심해야 합니다. 주님은 말씀하십니다. "그날에 많은 사람이 나더러 이르되 주여주여 우리가 주의 이름으로 선지자 노릇하며 주의 이름으로 귀신을 쫓아내며 주의 이름으로 많은 권능을 행하지 아니하였나이까 하리니 그 때에 내가 그들에게 밝히 말하되 내가 너희를 도무지 알지 못하니 불법을 행하는 자들아 내게서 떠나가라 하리라"(마 7:22-23) 하십니다.

사도 바울은 "각 사람의 공적이 나타날 터인데 그날이 공적을 밝히리니 이는 불로 나타내고 그 불이 각 사람의 공적이 어떠한 것을 시험할 것임이라"(고전 3:130 합니다. 지금이 아닙니다. "그날에 보리라" 합니다.

셋째 단원(29-53) 여호와의 말씀과 같이 됨

"이스라엘의 왕과 유다의 여호사밧 왕이 길르앗 라못으로 올라가니라"(29), 여호사밧도 미가야의 말을 듣지 아니하고 함께 올라간 것입니다. 그러면 참 선지자와 거짓이 무엇으로 분별되는가? "평화를 예언하는 선지자는 그 예언자의 말이 응한 후에야 그가 진실로 여호와께서 보내신 선지자로 인정받게 되리라"(렘 28:9) 합니다. 그런데 결과는 어찌 되었는가?

셋째 단원에서는 하나님의 말씀이 하나도 땅에 떨어짐이 없이 그대로 응하여짐을 보여주고 있습니다.

① 아합은 변장하고 꾀를 부렸으나 심판의 활을 피하지 못하고 말씀하신 대로 전사합니다.

② "그 병거를 사마리아 못에서 씻으매 개들이 그 피를 핥았으니(38), 여호와께서 하신 말씀과 같이 되었더라(21:19) 합니다.

③ "주인이 없으니 각각 평안히 자기의 집으로 돌아갈 것이니라 하셨나이다"(17) 한 경고대로, 아합이 죽자 "각기 성읍으로 또는 각기 본향으로 가라"(36)고 뿔뿔이 퇴각하고 말았던 것입니다.

이점을 역대하에서는 자세히 해설해주고 있는데, 하나님의 돌보심으로 목숨을 부지하고 돌아오는 여호사밧 왕(대하 18:31)을 선견자 예후가 맞이하여, "왕이 악한 자를 돕고 여호와를 미워하는 자를 사랑하는 것이 가 하니이까 그러므로 여호와께로부터 진노하심이 왕에게 임하리이다"(대하 19:2)고 경고합니다.

그럼에도 불구하고 "여호사밧이 다시스의 선박을 제조하고 오빌로 금을 구하러 보내려 하였더니 그 배가 에시온게벨에서 파선하였으므로 가지못하게 되매"(48) 합니다. 왜 "파선"하게 되었는가? 아합이 죽은 후에 여호사밧이 아합의 아들과 서로 연합하고 배를 만들어 다시스로 보내고자 했기 때문에 하나님께서 깨쳐버리신 것입니다. "아하시야는 심히 악을 행하는 자였더라"(대하 20:35-37) 합니다. 분별력! 이는 영적 지도자에게는 필요불가결한 지도력입니다. 여호사밧은 선한 왕이었으나 영적으로 우매하였습니다.

그리스도와의 만남

참 선지자 미가야로 하신 "내가 보니 온 이스라엘이 목자 없는 양같이 산에 흩어졌다"(17상) 한 것을 구속사라는 맥락으로 보면 어떤 의미가 되는가? 1차적으로는 아합이 죽음으로 겪게 되는 혼란을 뜻합니다. 그러나 양 떼들이 "흩어진" 것은 이때가 처음도 아니요, 마지막도 아니라는 점입니다.

구약시대는 세 부류의 기름 부음을 받은 자(메시아)에 의하여 주도된 시대입니다. 모세오경은 제사장이, 역사서는 왕이 그리고 예언서는 선지자에 의해 주도되었습니다. 그러므로 그들(제사장·왕·선지자)은 당시의〈목자〉들이요, 모두 메시아의 사명을 담당하고 있는 예표적 인물들인 것입니다.

하나님께서 그들을 세우신 목적은 장차 오실 메시아의 심정으로 백성들을 돌아보게 하기 위해서입니다. 열왕기상 12:7절을 보십시오. "왕이 만일 오늘날 이 백성을 섬기는 자(종)가 되어 그들을 섬기고 좋은 말로 대답하여 이르시면 그들이 영영히 왕의 종이 되리이다" 합니다. 바로 이것입니다. 하나님께서는 아합 왕에게 뿐만 아니라 모든 왕과 제사장과 선지자들에게 이렇게 하기를 기대하고 계시는 것입니다.

그러나 그들은 하나님의 뜻대로 행하지 않고 역리(逆理)로 행하였던 것입니다. 그러므로 제사장과 왕과 선지자들이 있어도 백성들에게는 "내가 보니 온 이스라엘이 목자 없는 양같이 산에 흩어졌는데"의 상태였던 것입니다.

성경은 말씀합니다. "목자가 없으므로 그것들이 흩어지고 흩어져서 모든 들짐승의 밥이 되었도다 내 양 떼가 모든 산과 높은 멧부리에마다 유리되었고 내 양 떼가 온 지면에 흩어졌으되 찾고 찾는 자가 없었도다"(겔 34:5-6) 하십니다. 그래서 짐승(바벨론)에게 물려갔던 것입니다.

하나님께서는 "내가 한 목자를 그들 위에 세워 먹이게 하리니 그는 내 종 다윗이라 그가 그들을 먹이고 그들의 목자가 될지라"(겔 34:23) 하십니다. 말씀하신 대로 목자 없는 자기 백성들을 찾아 구원하시기 위하여 다윗의 자손으로 그리스도를 목자로 보내주신 것입니다.

신약성경은 말씀합니다. "무리를 보시고 불쌍히 여기시니 이는 그들이 목자 없는 양과 같이 고생하며 기진함이라"(마 9:36). 그러므로 주님은 말씀하십니다. "나는 선한 목자라 선한 목자는 양들을 위하여 목숨을 버리거니와(요 10:11), 인자의 온 것은 잃어버린 자를 찾아 구원하려 함이니라"(눅 19:10).

이처럼 "내가 보니 온 이스라엘이 목자 없는 양같이 산에 흩어졌는데"를 통해서도 참 목자 되시는 그리스도를 발견하고 만나야 하는 것입니다. 그리고 우리에게 기대하시는 작은 목자로서의 사명을 바르게 감당해야 하는 것입니다.

구속사의 관점에서 본

구약성경 파노라마

열왕기하

OLD TESTAMENT PANORAMA

열왕기하 파노라마

주제 : 여호와께서 그의 종 다윗을 위하여 유다
멸하기를 즐겨하지 아니하셨으니 이는 그와
그의 자손에게 항상 등불을 주겠다고
말씀하셨음이더라(8:19).

열왕기하는 크게 두 부분으로 나누어집니다. 1-17장까지는 열왕기상에서 분열된 왕국이 계속되다가 북쪽 이스라엘이 앗수르에 패망하게 되는 내용이고, 18-25장까지는 잔존 왕국인 남쪽 유다 왕국의 역사인데, 북 왕국이 패망한 이후로 130년 동안 계속되다가 그들도 결국 바벨론에 패망하는 것으로 끝이 납니다.

① 열왕기 상하를 주목해 보면 북쪽 이스라엘과 남쪽 유다를 교차적으로 또는 대조적(對照的)으로 기록하고 있다는 점입니다. 얼른 보기에는 중심점(中心點)이 북쪽 이스라엘에 있지 아니한가 싶을 정도로 이스라엘의 역사를 먼저 언급한 후에 유다의 역사를 말씀하곤 합니다.

㉠ 이렇게 하는 것은 북 왕국을 중시하기 때문이 아니라, 북쪽 이스라엘의 타락과 패망을 거울삼아 남쪽 유다가 회개하기를 바라셨기 때문입니다.

② 17장에 이르러 기어코 북이스라엘이 앗수르에 의하여 패망하고 맙니다. 패망하게 된 원인(原因)을 "여호와께서 그들의 조상들과 더불어 세우신 언약과 경계하신 말씀을 버리고, 자기들을 위하여 두 송아지 형상을 부어 만들고 또 아세라 목상을 만들고 하늘의 일월성신을 경배하며 또 바알을 섬겼기"(17:15-16) 때문이라고 말씀합니다.

㉠ 멸망한 후에도 "이와 같이 그들이 여호와도 경외하고 또한 어디서 부터 옮겨왔든지 그 민족의 풍속대로 자기의 신들도 섬겼더라"(17:33)고 혼합(混合)종교가 되었다고 말씀합니다. 이점도 현대교회에 경종이 됩니다.

㉡ 문제는 "여호와께서 이스라엘에게 심히 노하사 그들을 그의 앞에서 제거하시니 오직 유다 지파 외에는 남은 자가 없으니라" 하시는데 여기서 그치는 것이 아니라 "유다도 그들의 하나님 여호와의 명령을 지키지 아니하고 이스라엘 사람들이 만든 관습을 행하였다"(17:18-19), 즉 북이스라엘이 심판받는 것을 보면서도 정신을 차리지 못했다는 말씀입니다.

㉢ 하나님께서 예레미야로 말씀하시기를 "내게 배역한 이스라엘이 간음을 행하였으므로 내가 그를 내쫓고 그에게 이혼서까지 주었으되 그의 반역한 자매 유다가 두려워 아니하고 자기도 가서 행음함을 내가 보았노라"(렘 3:8) 하십니다. 하나님은 그러한 유다에게 북쪽 이스라엘이 망한 후에도 약 130년이나 참고 기다리시면서 회개할 기회를 주셨건만 돌아오지 않다가 끝내 바벨론에게 패망하고 맙니다.

③ 열왕기하에서 주목해야 할 점은 역사서의 두 중심주제(主題)인 "언약과 왕위"가 어떤 도전을 받았으며 하나님은 이를 어떻게 보존

하셨는가를 주목하는 일입니다.

㉠ 11장에 의하면 다윗의 왕위(王位)에 심각한 위기가 있었음을 보게 됩니다. 7대에 아달랴라고 하는 여왕(女王)이 6년을 왕위에 있었는데, 그녀는 다윗의 혈통이 아니라 북이스라엘의 아합과 이세벨 사이에 태어난 딸로서 여호람(요람)의 왕비가 되었던 아합의 혈통입니다.

㉡ 이는 열왕기상에서 언급한 여호사밧 왕이 아합 집과 정략적으로 통혼을 했기 때문에 일어난 일입니다. 그러니까 "한 사람으로 말미암아 세상에 죄가 들어왔듯"이 다윗 왕가에 "뱀의 후손"이 침입을 한 셈입니다. 그리하여 남편인 여호람 왕과 아들 아하시야 왕까지 바알을 숭배하게 함으로, "그가 이스라엘 왕들의 길로 행하여 아합의 집과 같이 하였으니 이는 아합의 딸이 그의 아내가 되었음이라 그가 여호와 보시기에 악을 행하였으나"(8:18) 합니다.

④ 아달랴의 간계는 여기서 그친 것이 아니라 아들 아하시야 왕이 죽자 "일어나 왕의 자손(씨)을 멸절"(11:1)하고 왕위(王位)에 오름으로 다윗의 왕위를 찬탈하려 했던 것입니다. "왕의 씨"란 다름 아닌 친손자들로서 다윗의 왕위를 계승할 자들입니다.

㉠ 그러나 하나님은 이를 묵과하시지 않으시고 아하시야의 누이이자 대제사장의 아내인 여호세바를 들어서 어린 왕자 요아스를 왕자들의 죽임을 당하는 중에서 구출하여 여호와의 전에 6년을 숨겨 양육하게 하셨습니다. 하나님은 이들을 들어서 "언약과 왕위"를 보존(保存)해 주셨던 것입니다.

㉡ 아달랴의 행위를 구속사라는 맥락으로 보면 메시아언약에 대한 중대한 도발이었던 것입니다. 하나님께서는"내 종 다윗이 항상 내 앞에서 등불을 가지고 있게 하리라"(왕상 11:36) 하시고 "한 등불"을 남겨주셨는데 아달랴는 반대로 "한 등불"을 끄려고 대적했으니, 이는 다윗의 혈통을 통하여 메시아를 보내시려는 구원계획을 파괴하려는 사탄의 음모라고 볼 수밖에 없는 것입니다.

㉢ 이 점에서 "요아스가 여호와의 전에 육년을 숨어 있는 동안에 아달

랴가 나라를 다스렸더라"(11:3) 한 표현은 의미심장합니다. 다윗의 왕위는 끊어지고 왕의 보좌에 멸망의 가증한 것이 앉아 있는 듯이 보이는 이 시기에도 그러나 왕위가 끊어진 것이 아니라 다만 진정한 왕은 "여호와의 전에 보전되어 있는 기간"이었을 뿐이라는 말씀이기 때문입니다.

ⓡ 여호야다가 육년 동안 숨겨 두었던 "왕자(王子)를 인도하여 내어 면류관을 씌우며 율법 책을 주고 기름을 부어 왕을 삼으매 무리가 박수하며 왕의 만세를 부르니라"(11:12)고 말씀합니다. 우리도 하나님 우편에 계시는 왕이 나타나시는 날 "박수하며 왕의 만세"를 부르게 될 것입니다.

⑤ 16장에는 구약에 나타난 "다른 복음"이라 할 수 있는 사건이 있는데, 아하스 왕이 수리아의 다메섹에 갔다가 거기 있는 단(壇)을 보고 그 구조와 식양을 그려 대제사장 우리야에게 보냈다는 것입니다. 대제사장 우리야는 이를 거부했어야 마땅합니다. 왜냐하면 성전 식양은 그리스도에게서 성취될 모형으로 하나님이 정해주신 식양이었기 때문입니다.

㉠ 그러나 "우리야가 아하스 왕이 다메섹에서 보낸 모든 것대로 단을 만든지라"(16:11) 합니다. 그 위에 제사를 드리고 "여호와의 앞에 있는 놋단(번제단)을 옮기고, 물두멍 받침의 옆 판을 떼어내고" 옮기는 것을 보게 됩니다. 이는 성막식양을 통해서 그리스도의 구속사역을 계시하신 것을 변개(變改)한 구약에 나타난 "다른 복음"이었던 것입니다. 우리야는 대제사장으로 세움을 받았으면서도 복음을 보수하지 못했다는 것이 됩니다.

⑥ 히스기야 왕 때에 앗수르의 대군이 침략해 왔습니다. 하나님께서는 "내가 나와 나의 종 다윗을 위하여 이 성을 보호하여 구원하리라" 하시고, "이 밤에 여호와의 사자가 나와서 앗수르 진에서 군사 십팔만오천을 친지라 아침에 일찍이 일어나 보니 다 송장이 되었더

라"(19:35)고 "언약과 왕위"를 보존하셨습니다.

㉠ 히스기야 왕이 병들어 죽게 되었을 때에 그에게 15년의 수한을 더하여 주셨는데, 그 기간에 출생한 것이 "므낫세"입니다. 그러니까 히스기야에게 15년의 수한을 연장시켜주신 것은 왕위가 끊어지지 않게 하시려는 섭리라 할 수 있습니다.

그런데 그런 은총 중에 태어난 므낫세는 왕위에 오르자 "여호와의 성전에 (우상의) 제단들을 쌓고 또 여호와의 성전 두 마당에 하늘의 일월성신을 위하여 제단들을 쌓고 또 자기가 만든 아로새긴 아세라 목상을 성전에 세웠더라"(21:4-7) 하고, 유다 열왕 중에 가장 악한 왕이 되고 말았던 것입니다. "사람은 다 거짓되되 오직 하나님은 참되시다 할지어다"(롬 3:4) 라고 말할 것밖에 없는 것입니다.

㉡ 그런가 하면 므낫세의 손자 요시야는 "그 조상 다윗의 모든 길로 행하고 좌우로 치우치지 아니하였더라"(22:2)고 가장 선한 왕이 되었습니다. 북 왕국 이스라엘에는 선한 왕이 단 한 사람도 없었으나, 남왕국 유다에는 간간히 선한 왕을 일으키시어 선왕이 훼손시킨 성전을 보수하고 다시 일으키게 하심으로 메시아언약과 다윗의 왕위를 보존(保存)시켜 나가셨던 것입니다.

⑦ 열왕기 상하에서 주목해야 할 단어가 있는데, 그것은 "산당"(山堂)이라는 말입니다. 성전이 세워지기 전 솔로몬은 기브온에 있는 산당에 가서 일천 번제를 드렸습니다. 그러나 그것은 잠정적으로 허용하신 과도기적인 일이었던 것입니다.

㉠ 그런데 성전이 세워진 후에도 백성들은 산당에서 제사를 드리는 구습을 버리지 못했던 것입니다. 이는 "다른 터, 다른 복음"과 같은 것으로 용납될 수 없는 것입니다. 그래서 "오직 산당은 없이 하지 아니하니라"(왕상 15:14, 22:43, 왕하 12:3, 14:4, 15:4,35) 하고, 이점을 계속적으로 지적하고 있는 것을 보게 됩니다.

㉡ 그런데 히스기야 왕 때에 이르러서야 "그가 여러 산당을 제거하며 주상을 깨뜨리며 아세라 목상을 찍으며 모세가 만들었던 놋뱀을 이스라엘 자손이 이때까지 향하여 분향하므로 그것을 부수고"(18:4) 하는 것을 보게 됩니다.

㉢ 그런데 므낫세 왕이 산당을 다시 세웁니다. 이를 손자 요시야가 왕위에 오르자 "각 성읍에 지어서 여호와의 노를 격발한 산당을 요시야가 다 제하고 산당의 제사장들을 죽였다"(21:3, 23:19-20)고 말씀합니다. 이 점에서 심각하게 물어야 할 점은 오늘의 산당이 무엇인가 하는 점입니다. 열심만 있으면 되는 것은 아닙니다. 진리에 입각한 열심(롬 10:2)이어야만 하는 것입니다.

⑧ 열왕기하는 두 왕국이 다 패망하는 것을 보여주고 있으나 남북 왕조사이에는 뚜렷한 대조점이 있습니다.

㉠ 남 유다가 20대에 이르도록 왕조가 바뀜이 없이 다윗의 왕위(王位)가 계승되어 내려온 반면,

㉡ 북이스라엘은 19대의 왕위가 아홉 번이나 왕조가 바뀌면서 반역(叛逆)과 피 흘림으로 얼룩져 있다는 점입니다. 이처럼 다윗의 왕위가 이어져 내려왔다는 것은 하나님께서 다윗에게 세워주신 약속을 지키시어 그 혈통에서 메시아를 탄생시키시려는 하나님의 주권적인 섭리라 할 수 있습니다.

⑨ 25장에는 유다 왕국이 바벨론에 의하여 멸망하는 것이 나옵니다. "시드기야의 아들들을 그의 눈앞에서 죽이고 시드기야의 두 눈을 빼고 놋사슬로 결박하여 바벨론으로 끌어갔더라"(7) 하는 말씀을 통해서 "또 죽기를 무서워하므로 일생에 매어 종노릇하는 모든 자들"(히 2:15), 즉 타락한 아담의 후예들의 모습을 보게 됩니다.

㉠ 열왕기서는 영화롭게 세워진 통일 왕국이 분열 왕국이 되었다가 패망하는 것으로 끝이 납니다. 이를 통해서 보여주시려는 바는 "인간의 행위로는 그의 앞에 의롭다함을 얻을 자가 없다"는 자력구원의 불가능

성입니다.

⑩ 그러나 형제여! 여호와의 신실하심을 믿으시기 바랍니다. 엘리야 선지자가 "오직 나만 남았거늘 그들이 내 생명을 찾아 취하려 하나이다" 한 절망적인 상황에서도 하나님은 바알에게 무릎을 꿇지 아니한 자 칠천 인을 남겨 놓았다고 말씀하십니다. 성경은 "이제도 은혜로 택하심을 따라 남은 자가 있느니라"(롬 11:5)고 말씀하십니다.

㉠ 또한 유다가 패망하고 왕과 백성들이 사로잡혀간 70년 포로기간도, 그리고 신구약 중간(中間)시대의 침묵(沈黙) 기간에도 왕위가 끊어진 기간이 아니라, 다만 "여호와의 전에 숨어 있는" 기간이었던 것입니다.

㉡ 호세아 3장에는 "이스라엘 자손들이 많은 날 동안 왕도 없고 지도자도 없고 제사도 없고 주상도 없고 에봇도 없고 드라빔도 없이 지내다가 그 후에 이스라엘 자손들이 돌아와서 그들의 하나님 여호와와 그들의 왕 다윗을 찾고 마지막 날에는 여호와를 경외하므로 여호와와 그 은총으로 나아가리라"(호 3:4-5)고 예언되어 있습니다. 죽은 지 400년이나 되는 "다윗 왕을 찾으리라"는 말씀은 다윗의 위에 오르실 메시아에 대한 명백한 예언인 것입니다.

㉢ 형제여, 성경은 우리를 향해서도 "복스러운 소망과 우리의 크신 하나님 구주 예수 그리스도의 영광이 나타나심을 기다리게 하셨으니"(딛 2:13) 라고 말씀하십니다. "하나님 우편"에 계시는 우리 왕께서 두 번째 나타나실 날이 다가오고 있습니다. 그때 우리도 "박수하며 왕의 만세"(11:12)를 부르게 될 것입니다.

1장

이스라엘에 하나님이 없음이냐

열왕기하는 아합의 대를 이어 왕위에 오른 “아하시야가 사마리아에 있는 그의 다락 난간에서 떨어져 병들었다”(1:2)는 말로 시작되어, “왕이 엘리야가 전한 여호와의 말씀대로 죽었다”(17)는 말로 끝나고 있습니다.

아하시야가 다락 난간에서 떨어져 병이 들었다는 것은 우연한 일이 아니라 회개할 기회로 주어졌다고 보아야 합니다. 그런 후에 병이 든 그가 어떻게 반응할 것인가를 하나님은 지켜보고 계셨던 것입니다. 이점이 본문을 통해서 분명히 나타나고 있습니다. 그러나 아하시야는 사자를 에그론으로 보내어 “바알세붑에게 이 병이 낫겠나 물어 보라”(2) 합니다. 이때 하나님의 실망은 얼마나 크셨을 것인가? 결국 아하시야는 후계자도 없이 죽고 맙니다.

그러므로 1장의 주제는 “이스라엘에 하나님이 없음이냐”(16)가 될 수 있습니다. 이를 세 단원으로 나누어 관찰하겠습니다.

첫째 단원(1-8) 네가 반드시 죽으리라
둘째 단원(9-14) 내가 하나님의 사람이면
셋째 단원(15-18) 여호와의 말씀대로 죽으니라

첫째 단원(1-8) 네가 반드시 죽으리라

"아하시야가 사마리아에 있는 그의 다락 난간에서 떨어져 병들매 사자를 보내며 그들에게 이르되 가서 에그론의 신 바알세붑에게 이 병이 낫겠나 물어보라"(2) 합니다. 서론에서 언급한 대로 이는 오래 참으시는 하나님께서 회개할 기회를 주신 긍휼이었던 것입니다.

그런데 아하시야는 어떤 자인가? "그가 여호와 앞에서 악을 행하여 그의 아버지의 길과 그의 어머니의 길과 이스라엘에게 범죄하게 한 느밧의 아들 여로보암의 길로 행하며 바알을 섬겨 그에게 예배하여 이스라엘의 하나님 여호와를 노하시게 하기를 그의 아버지의 온갖 행위같이 하였더라"(왕상 22:52-53) 한 인물입니다.

하나님께서는 엘리야를 바알에게 물으러 가는 왕의 사자에게 보내시어 "이스라엘에 하나님이 없어서 너희가 에그론의 신 바알세붑에게 물으러가느냐"(3)고 책망하게 하십니다. 이는 참으로 하나님의 탄식과도 같은 말씀입니다. 1장에는 강조되는 말이 세 번 등장하는데, 첫째는 "이스라엘에 하나님이 없어서"라는 말이 세 번(3,6,16) 등장합니다. 이처럼 반복해서 "이스라엘이 하나님이 없어서" 바알에게 물으러 가느냐 하심은 하나님의 오래 참으심을 나타냅니다. 그러나 아하시야는 끝끝내 "그 아버지(아합)의 길과 그 어머니(이세벨)의 길과 여로보암의 길"(왕상 22:52)로 행했던 것입니다.

두 번째로 강조하고 있는 말씀은 "그러므로 여호와의 말씀이 네가 올라간 침상에서 내려오지 못할지라 네가 반드시 죽으리라 하셨다 하라"(4) 한 "네가 반드시 죽으리라"는 말씀입니다. 역시 세 번 (4,6,16) 등장하는데, 이는 하나님께서 아담에게 "네가 먹는 날에는 반드시 죽으리라" 하신 선언과 상통합니다. 하나님을 믿지 아니하고 하나님의 말씀을 거역한다면 "반드시 죽으리라" 하심은 만고불변의 죄 값인 것입니다.

아하시야는 "너희를 만나 이 말을 너희에게 한 그 사람은 어떤 사람이더냐"(7)고 묻습니다. "그는 털이 많은 사람인데 허리에 가죽 띠를 띠었더이다 하니 왕이 이르되 그는 디셉 사람 엘리야로다"(8) 합니다.

둘째 단원(9-14) 내가 하나님의 사람이면

"이에 오십 부장과 그의 군사 오십 명을 엘리야에게로 보내매 그가 엘리야에게로 올라가 본즉 산꼭대기에 앉아 있는지라 그가 엘리야에게 이르되 하나님의 사람이여 왕의 말씀이 내려오라 하셨나이다"(9) 합니다.

그러므로 1장에서 세 번째로 강조하고 있는 말씀은 "하나님의 사람"이라는 말인데, 무려 다섯 번(9,10,11,12,13)이나 등장합니다. 아하시야가 엘리야를 진정 하나님의 사람으로 인정하고 믿고 있단 말인가? 엘리야를 "하나님의 사람"으로 인정하고 믿는다는 증거가 무엇인가? 그러나 아하시야는 "하나님의 사람"에게가 아니라 바알세붑에게 물으러 보내고 있는 것입니다. 엘리야는 아하시야에게 자신이 진정 하나님의 사람임을 보여주려고 합니다.

그래서 엘리야가 오십 부장에게 대답하기를 "내가 만일 하나님의 사람이면 불이 하늘에서 내려와 너와 너의 오십 명을 사를지로다"하니, 불이 곧 하늘에서 내려와 그와 그의 군사 오십 명을 살랐더라(10) 합니다. 이런 말씀을 대할 때 사람들은 우선적으로 "오십 명을 죽였다"는데 초점을 맞추어 그럴 수 있느냐고 항변합니다. 이는 타락으로 말미암아 사고방식이 인간 중심적으로 변했기 때문입니다. 어찌하여 천벌을 받아 마땅한 아하시야와 자기 자신들의 죄와 소행은 보지 못하고 있단 말인가?

이를 통해서 보여주시려는 바가 무엇입니까? 과연 이스라엘에 하나님이계시다는 것과 엘리야는 하나님의 사람이요, 그의 입에 있는 하나님의 말씀은 진실하다는 것을 깨닫게 하시려는 것입니다. 그것도 한 번이면 우연이라고 말할 것이기 때문이었을까요? 두 번씩이나 말입니다. 그리하여 하나님을 버리고 금송아지를 섬기며 하나님께 묻지 아니하고 바알세붑에게 물으러 보낸다는 것이 얼마나 어리석고 미련하며 큰 죄악인가를 통회 자복하고 하나님께로 돌아오기를 바라시는 것입니다.

이런 점에서 열왕기하 1장은 열왕기상 18장에 상응한다고 하겠습니다. 열왕기하 1장의 불이 "이스라엘에 하나님이 계시다는 것과 엘리야가 하나님의 사람"임을 알게 하려는 불이라면, 열왕기상 18장의 불도 "이 백성으로 주 여호와는 하나님이신 것과 주는 그들의 마음으로 돌이키게 하시는 것을 알기를"(왕상 18:36-37) 원하시는 불이었기 때문입니다.

하나님께서는 약 100년 후에 임할 이스라엘의 패망을 내다보시면서 선지자들을 보내셔서 그들을 권고하고 계시는 것이 본문의 문맥인 것입니다. 이스라엘의 패망을 지켜봐야 했던 호세아 선지자로 하신 말씀이 1장을 이해하는데 도움이 될 것입니다. "선지자들이 그들을 부를수록 그들은 점점 멀리하고 바알들에게 제사하며 아로새긴 우상 앞에서 분향하였느니라"(호 11:2), "내 백성이 끝끝내 내게서 물러가나니 비록 그들을 불러 위에 계신 이에게로 돌아오라 할지라도 일어나는 자가 하나도 없도다" 하십니다.

그런 자들을 향해서 "에브라임이여 내가 어찌 너를 놓겠느냐 이스라엘이여 내가 어찌 너를 버리겠느냐 내가 어찌 너를 아드마 같이 놓겠느냐 어찌 너를 스보임 같이 두겠느냐 내 마음이 내 속에서 돌이키어 나의 긍휼이 온전히 불붙듯 하도다"(호 11:2,7-8) 하십니다. 이것이 하나님의 마음입니다.

이런 맥락에서 그것은 불이 아니었습니다. "나의 긍휼히 온전히 불붙듯하도다" 하신 하나님의 불타는 사랑이었던 것입니다. 그 사랑의 마음이 갈멜산 상에도 임하였고 이제 열왕기하 1장에서도 임하고 있음을 깨달아야 하는 것입니다.

셋째 단원(15-18) 여호와의 말씀대로 아하시야가 죽으니라

"여호와의 사자가 엘리야에게 이르되 너는 그를 두려워하지 말고 함께 내려가라 하신지라 엘리야가 곧 일어나 그와 함께 내려와 왕에게 이르러 말하되 여호와의 말씀이 네가 사자를 보내 에그론의 신 바알세붑에게 물으려 하니 이스라엘에 그의 말을 물을 만한 하나님이 안 계심이냐 그러므로 네가 그 올라간 침상에서 내려오지 못할지라 네가 반드시 죽으리라 하셨다"(15-16)고 선언합니다.

본 단원의 핵심은 "여호와의 말씀"입니다. 16절과 17절에 등장하는데, "왕이 엘리야의 전한 여호와의 말씀대로 죽었다"(17) 합니다. 아하시야의 죽음과 오십 명을 사른 불은 무엇에 대한 표징이 되었습니까?

㉠ 이스라엘에 하나님이 계시다는 것과
㉡ 엘리야가 하나님의 사람이라는 것과
㉢ 하나님의 사람의 입에 두신 여호와의 말씀은 진실하시다는 것을 증언하는 표징이었던 것입니다.

2장

엘리야를 승천케 하신 하나님

2장의 중심점은 엘리야의 승천에 있습니다. 좀 더 정확하게 표현한다면 왕이 파송한 대사를 소환하듯이 하나님께서 선지자로 파송하셨던 엘리야를 하늘로 불러올리신 것이 됩니다. 그것도 특별한 방법으로 말입니다.

이 사건을 구속사라는 맥락으로 본다면 어떤 의미가 있는가? 그들은 선지자 엘리야로 하신 하나님의 말씀을 받아드리지 않고 배척했습니다. 그러면 하나님의 말씀이 땅에 떨어져 그들에게 밟히게 되었단 말인가? 아닙니다. 하나님께서는 엘리야를 불 수레와 불 말의 호위 아래 승천하게 하심으로 엘리야가 전한 "하나님의 말씀"을 높이셨다는 것이 되는 것입니다. 이를 세 단원으로 나누어 관찰하겠습니다.

첫째 단원(1-11) 갑절의 영감을 구한 엘리사
둘째 단원(12-18) 엘리야의 영감이 엘리사에게 임함
셋째 단원(19-25) 갑절의 영감을 받은 엘리사의 사명

첫째 단원(1-11) 갑절의 영감을 구한 엘리사

"여호와께서 회오리 바람으로 엘리야를 하늘로 올리고자 하실 때에 엘리야가 엘리사와 더불어 길갈에서 나가더니"(1) 합니다. 먼저 하나님께서 선지자 엘리야를 특별한 방법으로 승천하게 하신 데는 어떠한 의미가 있는가를 추구해 보아야 합니다.

① 첫째는 예수 그리스도의 승천에 대한 예표로 주어졌다 할 수 있습니다. 구약시대에 기름 부음을 받은 세 부류의 직분이 있는데, 제사장과 왕과 선지자입니다. 이들은 모두가 메시아를 예표하는 인물들이요, 그러므로 그들의 사명은 메시아적 사명이었던 것입니다. 그런 중에도 대표성이 있는데, 대제사장 중에서는 아론이 메시아를 예표한 대표자요, 왕들 중에서는 다윗이 메시아를 예표한 대표자요, 선지자들 중에서는 엘리야가 메시아를 예표하는 대표자로 세움을 받았던 것입니다.

선지자의 생도 50인이 멀리 서서 바라보고 있는 가운데 승천하는 광경은 그리스도께서 제자들이 바라보는 가운데 승천하시는 장면(행 1:9)을 연상하게 합니다.

② 둘째로 "하나님의 말씀"을 영화롭게 하신 것입니다. 우리는 하나님께서 엘리야에게 "요단 앞 그릿 시냇가에 숨으라"(왕상 17:3) 하심을 상고하면서, 그것은 자연인 엘리야가 숨은 것이 아니라 하나님의 선지자 곧 "하나님의 말씀"이 숨은 것이라고 했습니다.

그동안 아합과 백성들이 특별 섭리로 역사하시는 하나님의 능력을 목격하고서도 엘리야를 배척한 것은 개인 엘리야를 배척한 것이 아니라, 하나님의 말씀을 배척함이었던 것입니다. 동일한 맥락에서 불 수레와 불 말들을 보내셔서 엘리야를 영광 중에 승천하게 하심은 그들이 배척한 "하나님의 말씀"을 영화롭게 하신 것이라고 보아야 합니다.

③ 셋째로 "선지자의 제자"들에게 용기를 주기 위해서였던 것입니다. 하나님은 엘리야를 단번에 올리신 것이 아니라, 길갈을 출발한 엘리야와 엘리사를 벧엘로, 여리고로 그리고 "요단으로 보내시느니라"고 말하는 것을 보게 됩니다. 이렇게 하시는 의도가 무엇인가? 이를 관찰해보면 보내심을 받은 곳마다 "선지자의 제자"들이 등장하고 있다는 것입니다. "벧엘에 있는 선지자의 제자들"(3) "여리고에 있는 선지자의 제자들"(5), 요단강가에 있는 "선지자의 제자 오십 명이 가서 멀리 바라보매 그 두 사람이 요단 가에 서 있더니"(7) 합니다.

그리고 더욱 분명한 점은 "벧엘에 있는 선지자의 제자들이 엘리사에게로 나아와 그에게 이르되 여호와께서 오늘 당신의 선생을 당신의 머리 위로 데려가실 줄을 아시나이까"(3) 라고 엘리야가 승천하게 될 것을 알고 있다는 점입니다. 이는 주의 영이 이를 알려주셨음을 의미합니다.

여리고에 있는 선지자의 제자들도 "엘리사에게 나아와 이르되 여호와께서 오늘 당신의 선생을 당신의 머리 위로 데려가실 줄을 아시나이까 하니 엘리사가 이르되 나도 아노니 너희는 잠잠하라"(5) 합니다. 이처럼 주 성령께서 사전에 알게 하신 것은 선지자의 제자들에게 엘리야를 승천하게 하는 장면을 보여주시기를 원하셨기 때문일 것입니다. 그렇다면 보여주시기를 원하신 의도가 무엇일까요?

야곱의 기사가 이점에 빛을 비춰준다고 하겠습니다. 야곱은 죽은 줄로 알고 있던 요셉이 살아 있다는 말과 애굽의 총리가 되었다는 말을 듣고 "믿지 못하여 어리둥절"하다가 "요셉이 자기를 태우려고 보낸 수레를 보고서야 기운이 소생한지라"(창 45:27) 합니다. 바로 이것입니다. 엘리사는 물론 이들 선지자의 제자들이 엘리야가 불 수

레와 불 말들에 호위되어 승천하는 것을 목격하면서 얼마나 큰 위로와 용기를 얻었겠습니까? 기운이 소생했을 것이 분명합니다. 그리고 담대함을 가지고 하나님의 말씀을 선포하게 되었을 것입니다.

본문에는 또 하나 주목할 말씀이 있는데, 그것은 "엘리야가 엘리사에게 이르되 청하건대 너는 여기 머물라 여호와께서 나를 벧엘로 보내시느니라" 하는 "여기 머물라"는 말입니다. 세 번(2,4,6) 반복적으로 강조되어 있습니다. 그런데 엘리사는 그 때마다 "여호와께서 살아 계심과 당신의 영혼이 살아 있음을 두고 맹세하노니 내가 당신을 떠나지 아니하겠나이다"(2,4,6) 라고 말합니다. 엘리야의 말은 역설적으로 "떠나지 말라"는 뜻이 됩니다. 주님은 "사도와 함께 모이사 그들에게 분부하여 이르시되 예루살렘을 떠나지 말고 내게서 들은바 아버지께서 약속하신 것을 기다리라"(행 1:4) 하십니다.

엘리야는 엘리사에게 "나를 네게서 데려감을 당하기 전에 내가 네게 어떻게 할지를 구하라"고 말합니다. "엘리사가 이르되 당신의 성령이 하시는 역사가 갑절이나 내게 있게 하소서"(9) 하자, 엘리야는 "나를 네게서 데려가시는 것을 네가 보면 그 일이 네게 이루어지려니와 그렇지 아니하면 이루어지지 아니하리라"(10) 합니다. 무슨 뜻인가? 자신이 떠나가면 성령이 너에게 임할 것이요, 떠나가지 않으면 성령이 임하지 않을 것이라는 뜻입니다.

주님은 "그러나 내가 너희에게 실상을 말하노니 내가 떠나가는 것이 너희에게 유익이라 내가 떠나가지 아니하면 보혜사가 너희에게로 오시지 아니할 것이요 가면 내가 그를 너희에게로 보내리니"(요 16:7) 하십니다.

"두 사람이 길을 가며 말하더니 불 수레와 불 말들이 두 사람을 갈라놓고 엘리야가 회오리바람으로 하늘로 올라가더라"(11) 합니다.

둘째 단원(12-18) 엘리야의 영감이 엘리사에게 임함

엘리사가 엘리야의 승천하는 것을 보고 “내 아버지여 내 아버지여 이스라엘의 병거와 그 마병이여”(12) 라고 소리를 질렀다고 합니다. 무슨 뜻인가? 우리를 두고 가시면 어찌합니까? 하는 그런 뜻입니다. 주님의 제자들도 그러했던 것입니다. 말씀(엘리야)이 승천하고 나면 그들은 고아같이 버려둠을 당하게 될 것인가? 엘리야는 승천하면서 무엇을 주고 갔는가?

“엘리야의 몸에서 떨어진 겉옷을 주워가지고 돌아와 요단 언덕에 서서”(13), “겉옷”을 떨어뜨려 주고 갔다 합니다. “엘리야의 몸에서 떨어진 그의 겉옷을 가지고 물을 치며 이르되 엘리야의 하나님 여호와는 어디 계시니이까 하고 그도 물을 치매 물이 이리저리 갈라지고 엘리사가 건너니라”(14), 엘리야가 행함과 동일하게 요단강이 갈라졌다는 것입니다. 이는 엘리야와 함께 하셨던 성령이 엘리사에게 임하셨다는 증거인 것입니다.

주님은 말씀하십니다. “내가 진실로 진실로 너희에게 이르노니 나를 믿는 자는 내가 하는 일을 그도 할 것이요 또한 그보다 큰일도 하리니 이는 내가 아버지께로 감이라”(요 14:12). 또 말씀하시기를, “내가 너희를 고아와 같이 버려두지 아니하고 너희에게로 오리라”(요 14:18) 하십니다.

주님께서 승천하시면서 보내주신 성령은 “불의 혀같이” 임하셨습니다. 그러나 성령은 불이 아니라 “영”이십니다. 그 영이 엘리야 때는 “엘리야의 몸에서 떨어진 겉옷”으로 나타났고, 오순절에는 “불의 혀” 같은 표상을 통하여 임하심을 나타내 보여주신 것뿐입니다.

여리고에 있는 선지자의 제자들이 요단강이 갈라지는 것으로 보며 말하기를 "엘리야의 성령이 하시는 역사가 엘리사 위에 머물렀다" 하고, 가서 그에게로 나아가 땅에 엎드려 그에게 경배했다고 말씀합니다. 엘리사가 아닙니다. 베드로가 아닙니다. 그들과 함께 하시는 "성령"입니다. 엘리사는 소 두 겨리로 밭을 갈던 농부요, 베드로는 갈릴리에서 고기 잡던 어부였습니다.

이제부터는 "엘리야의 하나님"이 아니라 "엘리사의 하나님"이 되신 것입니다(참고, 신 31:3). 그것은 겉옷에 신통력이 있었던 것이 아닙니다. 엘리야와 함께 하셨던 영이 엘리사에게 임하사 함께 하셨기 때문이요, 이제부터는 엘리야의 입에 두셨던 하나님의 말씀이 엘리사의 입에 있게 된 것입니다. 형제여, 형제에게도 주님께서 승천하시면서 보내주신 성령이 갑절이나 임하였음을 확신하게 되기를 기원합니다.

셋째 단원(19-25) 갑절의 영을 받은 엘리사의 사명

"그 성읍 사람들이 엘리사에게 말하되 우리 주인께서 보시는 바와 같이 이 성읍의 위치는 좋으나 물이 나쁘므로 토산이 익지 못하고 떨어지나이다"(19) 하고 문제를 제시합니다. 본 단원에는 엘리야가 승천한 후에 갑절의 영감을 받고 이 땅에 남아있게 된 엘리사가 행한 두 가지 사역이 기록되어 있습니다.

첫째 사역은 "물이 나쁘므로 토산이 익지 못하고 떨어지나이다" 하는 호소를 듣고 "엘리사가 물 근원으로 나아가서 소금을 그 가운데에 던지며 이르되 여호와의 말씀이 내가 이 물을 고쳤으니 이로부터 다시는 죽음이나 열매 맺지 못함이 없을지니라"(21)고 선포하자, "그 물이 엘리사가 한 말과 같이 고쳐져서 오늘에 이르렀더라"(22)

합니다. “고쳤다”는 말이 두 번 나오는데, 이는 익지 못하고 떨어지던 것을 결실하게 하는 죽음을 생명으로 바꾸는 치료의 사역이었습니다.

둘째 기사는 이와는 반대로 엘리사를 조롱하는 젊은 아이들을 “여호와의 이름으로 저주하매 곧 수풀에서 암곰 둘이 나와서 아이들 중에 사십 이명을 찢었더라”(24) 합니다. 이는 심판사역입니다. 갑절의 영을 받고 여호와의 말씀을 대언해야 하는 주의 종의 사역에는 “구원과 심판”이라는 양면성이 있는 것입니다.

승천하시기 전 주님은 제자들에게 말씀하십니다. “아버지께서 나를 보내신 것 같이 나도 너희를 보내노라, 너희가 누구의 죄든지 사하면 사하여질 것이요 누구의 죄든지 그대로 두면 그대로 있으리라”(요 20:21,23). 복음 전도자는 이 두 가지를 함께 가지고 나가서 함께 전해주어야 합니다. 종들에게는 취사 선택할 권한이 없는 것입니다. 이 구원의 복음을 받으면 생명이요, 배척하면 죽음입니다. 이것이 “갑절의 영을 받은 엘리사의 사명”입니다.

3장

여호와의 말씀이 그에게 있도다

엘리야가 승천한 후에 갑절의 영감을 받은 엘리사가 2장에서 치료하는 사역을 행하는 것을 보았습니다. 3장에서는 하나님의 말씀이 엘리야에게 있음같이 이제는 하나님의 영이 엘리사와 함께 하심으로 하나님의 말씀이 엘리사에게 있다는 것, 여기에 3장의 중심점이 있습니다.

"여호사밧이 이르되 우리가 여호와께 물을 만한 여호와의 선지자가 여기 없느냐" 하자, 신하 중의 한 사람이 "전에 엘리야의 손에 물을 붓던 사밧의 아들 엘리사가 여기 있나이다 하니", 여호사밧은 "여호와의 말씀이 그에게 있도다"(11-12) 합니다. 3장은 엘리사의 "말씀" 사역입니다. 이를 세 단원으로 나누어 상고하겠습니다.

첫째 단원(1-12) 여호와의 선지자가 여기 없느냐
둘째 단원(13-20) 당신과 무슨 상관이 있나이까
셋째 단원(21-27) 이스라엘에게 격노함이 임함

첫째 단원(1-12) 여호와의 선지자가 여기 없느냐

"유다의 여호사밧 왕 열여덟째 해에 아합의 아들 여호람이 사마리아에서 이스라엘을 열두 해 동안 다스리니라"(1) 합니다. "여호람"은 아하시아가 후사가 없이 죽었기 때문에(1:17) 왕위에 오르게 된 아합의 다른 아들입니다.

"그가 여호와 보시기에 악을 행하였으나 그의 부모와 같이 하지는 아니하였으니 이는 그가 그의 아버지가 만든 바알의 주상을 없이하였음이라 그러나 그가 느밧의 아들 여로보암이 이스라엘에게 범하게 한 그 죄를 따라 행하고 떠나지 아니하였더라"(2-3) 합니다.

무슨 뜻이냐 하면 바알 우상은 타파하였으나 여로보암이 만든 금송아지 우상은 숭배했다는 것입니다. 왜냐하면 이것이 통치수단이었기 때문입니다. 생각해보십시오. "금송아지" 우상을 타파하면 백성들이 예배하기 위하여 예루살렘 즉 유다로 갈 것이 아니겠는가? 그런데 백성들은 아론의 때와 같이 "금송아지 우상"을 좋게 여겼다니 답답한 노릇이요, 지금도 그러하니 한심한 일이 아닐 수 없는 것입니다.

통일왕국이 분열 왕국이 된 이후로 남쪽 유다는 다윗의 왕위가 끊어짐이 없이 계승되어 내려온 반면, 북쪽 이스라엘은 반역의 악순환이 계속되어 여러 번 왕조가 바뀌게 되고 선한 왕이 한 사람도 없습니다. 무슨 차이인가? 남쪽 유다에는 "메시아언약"이 있고 북쪽 이스라엘은 다윗에게 세워주신 메시아언약을 배반했기 때문입니다. 그리고 유념해야 할 점은 메시아언약을 배반한 그 자리가 공백으로 있는 것이 아니라, 여로보암이 만들어 세운 "금송아지"가 차지하고 있다는 점입니다. 이것이 성경이 계속적으로 보여주기를 원하는 "여로보암의 길로 행했다"는 의미입니다.

"여로보암의 길"로 행하는 동안에 하나님께서는 저 유명한 엘리야와 엘리사 선지자를 북이스라엘에 보내신 것입니다. 그리고 많은 기사와 이적을 나타내셨습니다. 하나님께서 선지자를 그들에게 보내신 목적과 원하심이 무엇입니까? 그들이 행하고 있는 "느밧의 아들 여로보암의 길"에서 돌아서서 "메시아언약" 안으로 돌아오기를 원하셨기 때문입니다.

아합이 죽은 후로 북이스라엘이 약하여진 틈을 타서 조공을 바치던 모압 왕이 배반을 했다(5)는 것입니다. 그러자 여호람은 유다 왕 여호사밧에게 사신을 보내 "모압 왕이 나를 배반하였으니 당신은 나와 함께 가서 모압을 치시겠느냐" 하고 동맹을 요청한 것입니다. 여호사밧은 "내가 올라가리이다 나는 당신과 같고 내 백성은 당신의 백성과 같고 내 말들도 당신의 말들과 같으니이다"(7) 했다는 것입니다. 이런 정신 나간 말은 아합에게도 한 적이 있습니다(왕상 22:4).

유다 왕 여호사밧은 아합과 사돈을 맺고 동맹하여 길르앗 라못을 치려다가 죽을 지경에서 하나님의 도우심으로 생명을 부지할 수 있었으며, 이로 인하여 선견자 예후를 통하여 엄한 책망을 받았습니다(대하 19:2). 그러나 그 후에도 아합의 아들 아하시야와 무역을 같이 하려고 선박을 제조하였으나 하나님께서 이를 기뻐 아니 하사 파선하게 하셨는데(왕상 22:48 대하 20:37), 그가 죽자 이제 또 아합의 다른 아들인 여호람 왕과 동맹을 맺고 있는 것입니다.

어떤 생각이 드십니까? 북쪽 이스라엘 왕은 악하여 여로보암의 길로 행하고 남쪽 유다 왕 여호사밧은 선하기는 하였으나 분별력과 결단이 부족하여 여로보암의 길로 행하고 있는 그들과 계속적으로 교제하고 있으니 참으로 답답한 일이 아닐 수 없습니다.

"이스라엘 왕과 유다 왕과 에돔 왕이 가더니 길을 둘러 간지 칠 일에 군사와 따라가는 가축을 먹일 물이 없는지라"(9), 또 곤경에 처하게 된 것입니다. 이럴 경우 이스라엘 왕 여호람 혼자였다면 어떻게 하였을까요? 그래도 여호사밧 왕은 "우리가 여호와께 물을 만한 선지자가 여기 없느냐"(11) 하고 선지자 곧 하나님을 찾고 있음을 봅니다.

여호사밧이 "악한 자를 돕고 여호와를 미워하는 자를 사랑하는 것"(대하 19:2) 그 자체는 잘못한 일이지만, 그럼에도 불구하고 모든 것을 합력하여 선을 이루시는 하나님께서는 여호사밧을 통하여 이스라엘의 왕 여호람으로 하여금 "선지자 엘리사"를 만나게 하시려는 것입니다.

여호와의 선지자가 "여기 없느냐"고 물었을 때 "여기는 없습니다"가 아니라 "엘리사가 여기 있나이다" 하는 이것이 얼마나 큰 하나님의 자비요, 오래 참으심입니까? "여호와의 선지자가 여기 있다"면 아직은 소망이 있는 것입니다. 왜냐하면 "여호와의 말씀이 그에게 있기"(12상) 때문입니다. 그리하여 이스라엘 왕이 여호사밧과 에돔 왕으로 더불어 "그에게로 내려 가니라"(12하) 합니다.

둘째 단원(13-20) 당신과 무슨 상관이 있나이까

엘리사가 이스라엘 왕에게 이르되 "내가 당신과 무슨 상관이 있나이까 당신의 부친의 선지자들과 당신의 모친의 선지자들에게로 가소서"(13상) 합니다. 이는 자신의 소행을 돌아보게 하고 자신의 잘못을 깨닫게 하려는 견책이었던 것입니다. 그러자 이스라엘 왕이 그에게 이르되 "그렇지 아니하니이다 여호와께서 이 세 왕을 불러 모아 모압의 손에 넘기려 하시나이다"(13하) 하고 다급해지자 "여호와"를 찾고 있는 것이 아닌가?

엘리사는 "내가 섬기는 만군의 여호와께서 살아 계심을 두고 맹세하노니 내가 만일 유다의 왕 여호사밧의 얼굴을 봄이 아니면 그 앞에서 당신을 향하지도 아니하고 보지도 아니하였으리이다"(14) 합니다. 이 말은 액면 그대로의 의미일 수도 있고 아닐 수도 있습니다. 여로보암의 길로 행하고 있는 이스라엘 왕이 하나님의 선지자를 부른 것이 아니라, 직접 찾아왔다는 자체가 기적과도 같은 일입니다. 엘리사는 이 기회를 얼마나 바라고 있었을까요? 그러므로 여호람 왕에게 충격을 주어서 회개를 촉구하기 위하여 이와 같이 말했을 것입니다.

엘리사는 말합니다. "여호와의 말씀이 이 골짜기에 개천을 많이 파라 하셨나이다 여호와께서 이르시기를 너희가 바람도 보지 못하고 비도 보지 못하되 이 골짜기에 물이 가득하여 너희와 너희 가축과 짐승이 마시리라 하셨나이다"(16-17) 하고 "여호와의 말씀, 여호와께서 이르시기를" 강조합니다.

그리고 "이것은 여호와께서 보시기에 작은 일이라 여호와께서 모압 사람도 당신의 손에 넘기시리니 당신들이 모든 견고한 성읍과 모든 아름다운 성읍을 치고 모든 좋은 나무를 베고 모든 샘을 메우고 돌로 모든 좋은 밭을 헐리이다"(18-19) 하는 것이 아닌가? 물만 얻게 된 것이 아니라 승리까지도 주시겠다는 말씀입니다. 이는 하나님의 풍성하신 자비와 긍휼입니다. 오래 참으심입니다.

말씀하신 대로 "아침이 되어 소제 드릴 때에 물이 에돔 쪽에서부터 흘러와 그 땅에 가득하였더라"(20) 합니다. 이후로 이스라엘의 왕 여호람은 "여로보암의 길과 다윗의 길" 중 어느 길로 행할 것인가? 부친과 모친의 선지자들에게 물을 것인가? 하나님의 선지자 엘리사에게 물을 것인가?

셋째 단원(21-27) 이스라엘에 격노함이 임함

"이스라엘 사람이 일어나 모압 사람을 쳐서 그들 앞에서 도망하게 하고 그 지경에 들어가며 모압 사람을 치고"(24), 대승하게 됩니다. 그런데 "모압 왕이 전세가 극렬하여 당하기 어려움을 보고, 이에 자기 왕위를 이어 왕이 될 맏아들을 데려와 성 위에서 번제를 드렸다"(26,27)는 것입니다.

이를 목격하게 된 "이스라엘에게 크게 격노함이 임하매" 합니다. "격노함이 임했다"는 뜻이 무엇일까요? 학자들은 이를 놓고 고심합니다. 형제가 그 끔찍한 광경을 목격했다면 어떠한 마음이 들었겠습니까? 틀림없이 "격노하게" 되었을 것입니다.

전쟁도 사람을 상대(相對)로 하는 싸움입니다. 그런데 자기 아들을 불사르는 극악무도한 자들과는 전쟁조차도 할 마음이 없었던 것은 아니겠습니까? 그리하여 "그들이 떠나 각기 고국으로 돌아갔더라"(27하) 합니다.

이 점에서 중요한 것은 이 사건이 이스라엘에 주는 의미인데, 이스라엘 군사들이 각기 고국으로 돌아가면서 무엇을 생각했을까? 왕세자를 번제로 드렸다 함은 그들이 숭배하는 그모스 신에게 자식을 제물로 드림을 의미합니다. 이것이 얼마나 악한 행위며 가증한 일입니까? 그런데 솔로몬 왕이 “모압의 가증한 그모스를 위하여 예루살렘 앞산에 산당을 지었다”(왕상 11:7)는 말을 대하게 됩니다.

이런 맥락에서 유다나 이스라엘에는 이와 유사한 우상숭배의 뿌리가 깊게 박혀 있었음을 짐작하게 합니다. 이스라엘의 왕 여호람과 그의 백성들이 여로보암의 길로 행하여 금송아지를 섬기고 있다는 점이 모압이 그모스를 섬김과 다를 바가 무엇이 있단 말인가?

하나님께서는 이스라엘 백성들로 하여금 모압 왕이 맏아들을 취하여 성 위에서 번제를 드림을 바라보면서 자신들의 죄에 대한 “격노함”이 있기를 원하셨을 것입니다. 이것이 “이스라엘에게 격노함이 임했다”는 뜻입니다.

4장

하나님의 사람, 여호와의 말씀

4장은 엘리사가 조금 남은 기름으로 여러 그릇에 가득 채우게 한 일, 죽은 수넴 여인의 아들을 살리는 일, 독이 든 국을 해독시킨 일, 떡 20개로 100명을 먹이게 한 이적 등의 내용입니다. 중심점은 이렇게 행한 "하나님의 사람"에 있는데 열한 번이나 등장합니다. 우리는 "하나님의 사람"이란 말을 예사로 생각하는 경향이 있습니다만 엘리사가 어떤 사람입니까? "엘리사를 만나니 그가 열두 겨릿 소를 앞세우고 밭을 가는데"(왕상 19:19) 한 것을 보면 그는 제사장도 아니요, 지도자도 아닌 평범한 농부에 지나지 않았습니다. 선지자 아모스의 말대로 "나는 선지자가 아니며 선지자의 아들도 아니라 나는 목자요 뽕나무를 배양하는 자로서 양 떼를 따를 때에"(암 7:14), 그렇습니다. 하나님께서는 그런 농부인 엘리사가 소를 따를 때에 "기름을 부어 너를(엘리야) 대신하여 선지자가 되게 하라"(왕상 19:16)고 부르셔서 "하나님의 사람"이 되게 하셨던 것입니다.

그런데 핵심은 "여호와의 말씀"(43)에 있습니다. "하나님의 사람"이란 "여호와의 말씀"을 대언하는 자입니다. 그러므로 중심점은 "하나님의 사람"이지만, 핵심은 "여호와의 말씀"에 있는 것입니다. 여호사밧 왕은 "여호와의 말씀이 그에게 있도다"(3:12)고 바로 보았던 것입니다. "여호와의 말씀이 없는 하나님의 사람"이란 존재 이유가 없는 것입니다. 이를 세 단원으로 나누어 상고하겠습니다.

첫째 단원(1-7) 믿음대로 되는 말씀
둘째 단원(8-37) 죽은 자를 살리시는 말씀
셋째 단원(38-44) 생명의 떡인 말씀

첫째 단원(1-7) 믿음대로 되는 말씀

"선지자의 제자들의 아내 중의 한 여인이 엘리사에게 부르짖어 이르되 당신의 종 나의 남편이 이미 죽었는데 당신의 종이 여호와를 경외한 줄은 당신이 아시는 바니이다 이제 빚 준 사람이 와서 나의 두 아이를 데려가 그의 종을 삼고자 하나이다"(1)고 호소합니다.

이 본문을 다룰 때 어떤 이는 이적을, 어떤 이는 축복을, 다른 이는 교훈을 보려고 할 것입니다. 그러나 구속사의 관점에서 볼 때는 중심점이, "하나님의 사람"이 대언한 "여호와의 말씀"에 있는 것입니다. 문제는 "여호와의 말씀"에 대해 믿느냐 믿지 않느냐 하는 반응입니다. 왜냐하면 엘리사 당시나 오늘날이나 하나님의 사람이 대언하는 "여호와의 말씀"을 믿지 않는 불신의 시대이기 때문입니다.

엘리사는 그에게 "네 집에 무엇이 있느냐"고 묻습니다. "기름 한 그릇 외에는 아무것도 없나이다"(2) 하자 "너는 밖에 나가서 모든 이웃에게 그릇을 빌리라 빈 그릇을 빌리되 조금 빌리지 말고 너는 네 두 아들과 함께 들어가서 문을 닫고 그 모든 그릇에 기름을 부어서 차는 대로 옮겨 놓으라"(3-4)고 말합니다.

하나님의 사람 엘리사는 그에게 돈이나 물질을 준 것이 아닙니다. 심지어 이적을 행하여 기름을 준 것도 아닙니다. 오직 그에게 있는 "여호와의 말씀"을 준 것입니다. 그 여인은 돈을 구했습니다. 그러나 "하나님의 사람"에게는 "금이나 은"은 없었습니다. "내게 있는 것으로 네게 주노니" 곧 "여호와의 말씀"을 준 것입니다. 이럴 경우 어떻게 반응할 것인가?

"유대인은 표적을 구하고 헬라인은 지혜를 찾으나 〈우리는 십자가에 못 박힌 그리스도를 전하니〉유대인에게는 거리끼는 것이요 이방인에게는 미련한 것이로되 오직 부르심을 받은 자들에게는 유대인이나 헬라인이나 그리스도는 하나님의 능력이요 하나님의 지혜니라"(고전 1:22)고 말씀합니다. 그렇습니다. 엘리사의 말은 상식적으로나 인간의 이성으로 생각할 때는 어리석고 미련한 일로 여겨졌을 것입니다.

그러므로 하나님의 사람 엘리사는 그에게 "여호와의 말씀"에 대한 "믿음"을 요구한 것입니다. 이점이 "빈 그릇을 빌되 조금 빌지 말라" 한 말에 나타납니다. 어찌하여 조금 빌지 말고 많이 빌라 하는가? 믿음에도 정도의 차이가 있을 수 있습니다. 그것이 "믿음의 분량"입니다.

㉠ 첫째로 선지자의 제자의 아내는 믿고 말씀대로 순종할 것인가?

㉡ 둘째는 선지자의 제자의 아내는 빈 그릇을 얼마나 빌었을까요?

"여인이 물러가서 그의 두 아들과 함께 문을 닫은 후에 그들은 그릇을 그에게로 가져오고 그는 부었더니 그릇에 다 찬지라 여인이 아들에게 이르되 또 그릇을 내게로 가져오라 하니 아들이 이르되 다른 그릇이 없나이다 하니 기름이 곧 그쳤더라"(5-6) 합니다. 그때에야 여인은 이럴 줄 알았으면 좀 더 빌었을 걸 하지는 않았을까요?

빌려온 그릇은 그녀의 믿음의 분량입니다. 준비된 크고 작은 모든 그릇들에는 말씀하신 대로 가득가득 채워졌습니다. 이 점에서 선지자 엘리사는 예수 그리스도를 예표합니다. 그리고 이 장면은 주님께서 "항아리에 물을 채우라, 이제는 떠서 연회장에게 갖다 주라"하신 물로 포도주가 되게 하신 표적을 연상하게 합니다.

"말씀"이 육신을 입고 오셔서 우리의 죄 값을 대속하여주신 분이 예수 그리스도십니다. 만일 믿음으로 살지를 않는다면 "죄 값에 팔린" 인간은 "빚준 사람이 와서 나의 두 아이를 데려가 그의 종을 삼고자 하나이다"(1) 한대로 영원한 사탄의 종이 되고야 말 것입니다.

"너는 가서 기름을 팔아 빚을 갚고 남은 것으로 너와 네 두 아들이 생활하라"(7).

둘째 단원(8-37) 죽은 자를 살리시는 말씀

"하루는 엘리사가 수넴에 이르렀더니 거기에 한 귀한 여인이 그를 간권하여 음식을 먹게 하였으므로 엘리사가 그 곳을 지날 때마다 음식을 먹으러 그리로 들어갔더라"(8) 합니다. 첫째 단원을 통해서 접근할 준비가 되어있음으로 본 단원을 해석하는데 어려움이 없을 것입니다. 수넴 여인은 엘리사를 가리켜 "이 사람은 하나님의 거룩한 사람인 줄을 내가 아노니"(9) 하고 엘리사가 누구인 줄을 알았다는 점입니다. 그러므로 그는 "하나님의 사람"을 영접한 것입니다.

이 점에서 "하나님의 사람과 여호와의 말씀"이라는 두 주제의 불가피성을 상기할 필요가 있습니다. 첫째로 수넴 여인은 엘리사가 "하나님의 사람"이라는 점을 알고 영접했습니다. 아합은 엘리야를 가리켜 "이스라엘을 괴롭게 하는 자여 네냐"(왕상 18:17), "나의 대적이여 네가 나를 찾았느냐"(왕상 21:20)라고 말했습니다. 이러한 시대적인 배경에서 엘리야를 또는 엘리사를 "하나님의 사람"으로 인정하고 영접한다는 것은 작은 믿음이 아닌 것입니다.

여리고의 기생 라합이 정탐꾼을 영접한 것을 성경은 그리스도를 영접한 것으로 여김을 받아 의롭다 함을 얻었다(약 2:25)고 말씀합니다. 그렇다면 수넴 여인은 자연인 엘리사가 아니라 구원계획을 이루시는데 쓰임받고 있는 하나님의 사람 곧 구속 주되시는 그리스도를 영접한 것이 되는 것입니다.

뿐만이 아니라 그가 엘리사를 영접한 동기가 자신의 목적을 이루기 위한 수단으로 삼고 있지 않다는 점입니다. 이점이 엘리사가 "네가 이같이 우리를 위하여 세심한 배려를 하는도다 내가 너를 위하여 무엇을 하랴 왕에게나 사령관에게 무슨 구할 것이 있느냐"고 물었을 때 "나는 내 백성 중에 거주하나이다" 즉 아무 구할 것이 없고 이대로 족하다는 말에 나타납니다. 다시 말하면 아들이 없는 그가 아들을 얻을까 하여 하나님의 사람을 영접한 것이 아니었다는 점입니다. 이 믿음이 하나님께서 욥을 칭찬하실 때 말씀하신 "순전"(純全)한 신앙인 것입니다.

그런데 하나님께서는 그가 아들이 없는 것을 아시고 구하지 않은 아들을 선물로 주셨습니다. 그런데 웬일인가? 그 아들이 죽은 것입니다. 여인은 "내가 내 주께 아들을 구하더이까"(28), 아들은 왜 주셨다가 취해 가심으로 이 고통을 당하게 하십니까? 라는 뜻입니다.

엘리사가 죽은 자를 살리어 "네 아들을 데리고 가라" 하니 "여인이 들어가서 엘리사의 발 앞에서 땅에 엎드려 절하고 아들을 안고 나가니라"(36-37) 합니다.

이렇게 하신 여기에 두 번째 주제인 "여호와의 말씀"이 대두되는 것입니다. 엘리사를 "하나님의 사람인 줄을 알고"(9) 영접한 여인에게 이번에는 그의 입에 있는 "여호와의 말씀이 진실한 줄을" 깨닫게 하시려는 것입니다.

이는 사르밧 과부의 아들이 죽었다가 살아난 사건을 통해서도 나타나고 있는데, "여인이 엘리야에게 이르되 내가 이제야 당신은 하나님의 사람이시오 당신의 입에 있는 여호와의 말씀이 진실한 줄 아노라"(왕상 17:24)고 고백합니다.

그렇습니다. 이 사건을 통하여 성경이 계시하고자 하는 바는 엘리사가 "하나님의 사람"이라는 것과 그의 입에 있는 "여호와의 말씀"이 진실하다는 것을 드러내게 하시려는 것입니다. 그리고 하나님의 의도는 "선지자의 제자의 아내나 수넴 여인"에 국한된 것이 아니라 이스라엘의 왕 여호람과 백성들이 알고 깨닫고 "여로보암의 길"에서 돌아오기를 바라시는 데 있는 것입니다.

또한 기록된 말씀이 선포되는 그 시대 시대마다 깨닫고 잘못된 길에서 하나님께로 돌아오기를 원하기는 데 있습니다. 이 점에서 주님께서 죽은 나사로를 살리신 의도를 생각하게 합니다. 주님은 "이 말씀 하옵는 것은 둘러선 무리를 위함이니 곧 아버지께서 나를 보내신 것을 그들로 믿게 하려 함이니이다"(요 11:42) 하십니다.

그러나 엘리사 시대 사람들도 주님 당시도 이런 표적을 보고도 믿지 않았던 것입니다. 그렇다면 오늘의 시대를 살아가는 사람들과 우리는 어떠냐고 묻게 됩니다.

셋째 단원(38-44) 생명의 떡인 말씀

엘리사가 다시 길갈에 이르니 그 땅에 흉년이 들었는데 엘리사가 두 가지 표적을 행합니다. 첫째는 사환에게 "큰 솥을 걸고 선지자의 제자들을 위하여 국을 끓이라"(38) 합니다. 한 사람이 "들 호박을 따서 썰어 국 끓이는 솥에 넣었는데"(39), 그것은 먹을 수 없는 독이 있는 식물이었습니다.

이를 모르고 "무리에게 먹게 하였더니 무리가 국을 먹다가 그들이 외쳐 이르되 하나님의 사람이여 솥에 죽음의 독이 있나이다"(40) 합니다. 이것이 문제입니다. 엘리사가 그러면 가루를 가져오라 하여 솥에 던지고 "퍼다가 무리에게 주어 먹게 하라 하매 이에 솥 가운데 독이 없어지니라"(41) 합니다.

두 번째 표적은 어떤 사람이 "보리떡 이십 개와 또 자루에 담은 채소를 하나님의 사람에게 드린지라 그가 이르되 무리에게 주어 먹게 하라"(42)하니 "어찌 이것을 백 명에게 주겠나이까"합니다. 엘리사는 "여호와의 말씀이 그들이 먹고 남으리라 하셨느니라"(43) 합니다. "그가 그들 앞에 주었더니 여호와께서 말씀하신 대로 먹고 남았더라"(44) 합니다.

본문을 다룰 때 조심해야 할 점은 엘리사에게 초점을 맞추어 그를 추켜세우거나 어떤 물질 축복을 이끌어내려 해서는 안 된다는 점입니다. 주님께서 "이 성경이 곧 내게 대하여 증언하는 것이로다"(요 5:39) 하신 말씀은 구약성경을 해석하는 원리가 됩니다.

그러므로 엘리사의 사역에서 장차 예수 그리스도께서 행하실 예표적인 사역을 보게 되는 것은 자연스런 일입니다. 이는 요셉의 사역에서도 보는 바인데, 흉년에 저장해 놓았던 양식을 풀어서 먹인 것은 양식이 없어서 기근이 아니라 하나님의 말씀을 듣지 못해 기근이라 하신 대로 생명의 떡으로 먹여주실 그리스도에 대한 예표였던 것입니다. 요셉은 말합니다. "당신들이 나를 이곳에 팔았다고 해서 근심하지 마소서 한탄하지 마소서 하나님이 생명을 구원하시려고 나를 당신들보다 먼저 보내셨나이다"(창 45:5).

그러므로 본 단원이 우리에게 주시는 메시지는 의문(儀文)은 죽이는(독) 것이지만, 은혜는 살리는 것이라는 것과 "여호와의 말씀"은 생명의 양식이요, 생명의 떡이라는 불변의 진리입니다.

4장을 마치기 전에 다시 한번 상기해야 할 점은 "하나님의 사람과 여호와의 말씀"의 중요성입니다. 하나님께서는 어느 시대나 "여호와의 말씀"을 전하기 위하여 "하나님의 사람"을 세우시기 때문입니다. 당시 북쪽 이스라엘에 "하나님의 사람" 엘리야와 엘리사를 보내셨습니다. 이들을 보내신 목적은 기사이적을 행하라고 보내신 것이 아닙니다. 여로보암의 길에서 돌이켜 하나님께로 돌아오라는 "여호와의 말씀"을 전하기 위해서인 것입니다.

갈멜산에서 엘리야는 "이 백성으로 주 여호와는 하나님이신 것과 주는 그들의 마음으로 돌이키게 하시는 것을 알게 하옵소서"라고 기도했습니다. 그때 하나님께서는 "그래 내가 바라는 것이 그것이다" 하는 표적으로 불로 응답하셨던 것입니다.

그러므로 "하나님의 말씀"이 숨거나 혼잡 된 시대는 암흑시대(暗黑時代)인 것입니다. 그 시대 시대마다 세움을 받아 "하나님의 말씀"을 대언하는 "하나님의 사람들"의 사명이란 얼마나 영광스러운 것입니까? 또한 얼마나 중한 책임입니까? 이를 불신한다는 것은 얼마나 큰 죄악입니까? 이것이 "하나님의 사람, 여호와의 말씀"입니다.

5장

이스라엘 외에는 온 천하에 신이 없는 줄을 아나이다

5장은 아람 왕의 군대장관 나아만이 엘리사를 찾아와서 나병을 고침받는 내용입니다. 이 사건이 주는 메시지는 분명합니다. 이방인 나아만은 "하나님의 사람" 엘리사에게 있는 "여호와의 말씀"을 믿었으나, 선민 이스라엘은 믿지 않았다는 데 있습니다.

나병을 고침받은 나아만은 이렇게 고백합니다. "내가 이제 이스라엘 외에는 온 천하에 신이 없는 줄을 아나이다"(15). 이것이 5장의 중심점입니다. 하나님께서는 이방인의 입을 통하여 "이스라엘 외에는 온 천하에 신이 없는 줄을 아나이다"라고 고백하게 함으로 이를 모르고 여전히 "여로보암의 길" 즉 금송아지 우상을 섬기고 있는 선민 이스라엘을 부끄럽게 하셨던 것입니다.

주님은 말씀하십니다. "선지자 엘리사 때에 이스라엘에 많은 나병 환자가 있었으되 그중의 한 사람도 깨끗함을 얻지 못하고 오직 수리아 사람 나아만 뿐이었느니라"(눅 4:27). 이를 네 단원으로 나누어 상고하겠습니다.

첫째 단원(1-7) 선지자 앞에 계셨으면 좋겠나이다
둘째 단원(8-14) 선지자가 있는 줄을 알리이다
셋째 단원(15-19) 다만 여호와께 드리겠나이다
넷째 단원(20-27) 지금이 어찌 은을 받을 때냐

첫째 단원(1-7) 선지자 앞에 계셨으면 좋겠나이다

5장은 "아람 왕의 군대 장관 나아만은 그의 주인 앞에서 크고 존귀한 자니 이는 여호와께서 전에 그에게 아람을 구원하게 하셨음이라 그는 큰 용사이나 나병 환자더라"(1) 하고 시작되는데 이것이 제기된 문제입니다. 이에 대한 해답이 무엇인가?

"전에 아람 사람이 떼를 지어 나가서 이스라엘 땅에서 어린 소녀 하나를 사로잡으매 그가 나아만의 아내에게 수종들더니"(2) 합니다. 성경이 독자들로 하여금 깨닫기를 원하는 예민함을 보십시오. 아람 사람이 이스라엘의 "어린 소녀" 즉 "작은 계집아이 하나"를 사로잡아 갔다는 것입니다. "큰 용사 나아만과 작은 소녀"의 대조, 얼마나 보잘것없는 존재입니까? 그런데 이 "작은 계집아이 하나"가 세상을 변화시키며 복음의 씨앗으로 쓰임 받을 줄을 누가 알았겠는가?

그러므로 이를 인간중심으로 보면 "어린 소녀 하나가 사로잡혀간 것"이 되지만, "한 사람을 앞서 보내셨음이여 요셉이 종으로 팔렸도다"(시 105:17)라고 진술하는 하나님 중심으로 보면 이때를 위하여 "한 소녀"를 앞서 보내신 것이 되는 것입니다. 그 소녀가 여주인에게 말하기를 "우리 주인이 사마리아에 계신 선지자 앞에 계셨으면 좋겠나이다 그가 그 나병을 고치리이다"(3)라는 기쁜 소식을 전합니다.

만일 나아만이 이 "어린 소녀"를 만나지 못하였다면, 만났어도 그 소녀가 기쁜 소식을 전해주지 않았다면, 복음을 전해주었어도 받아들이지를 않았다면 군대 장관이라는 고위직에 있었다고 해도 나아만은 일평생을 비참한 삶을 살게 되었을 것이요, 그의 이름이 성경에 기록되어야 할 이유도 의미도 없었을 것입니다. 문제는 무명의 "어린 소녀"가 선지자 엘리사를 알고 있었다면, 왕과 방백들과 온 백성들은 더욱 엘리사를 알고 있었을 것이 아니겠는가? 그러나 그들은 "하나님의 사람"의 입에 있는 "여호와의 말씀"을 인정하지 않고 있는 반면 이 작은 소녀는 믿고 있었다는 것입니다. 믿을 뿐만이 아니라 확신을 가지고 증언까지 하고 있는 것입니다. 놀라운 사실입니다. 우리는 지금 한 작은 소녀를 만나고 있는 것이 아니라 주 성령께서 파송하신 "복음의 사신"을 만나고 있는 것입니다.

하나님께서 엘리야에게 "내가 이스라엘 가운데에 칠천 명을 남기리니다 바알에게 무릎을 꿇지 아니하고 다 바알에게 입 맞추지 아니한 자니라"(왕상 19:18)고 말씀하셨을 때, 우리는 그들이 누구일 것이라고 생각했습니까? "크고 잘난 사람들"을 상상하지는 않았는지요. 우리는 지금 의외의 장소에서 불행한 일을 당한 뜻밖의 인물을 통해서 하나님께서 "남겨 놓으신 자", 한 사람을 만나고 있는 것입니다.

"우리 주인이 사마리아에 계신 선지자 앞에 계셨으면 좋겠나이다"(3). 자신은 사로잡혀 끌려온 몸이지만 하나님을 원망하거나 심지어 자신이 "놓였으면 좋겠나이다"라고 말하고 있지도 아니합니다. 그보다는 "우리 주인이 선지자 앞에 계셨으면 좋겠나이다". 오직 이렇게만 되면 좋겠다는 것입니다. "선지자 앞에" 선다는 것은 그에게 주신 "하나님의 말씀 앞에" 선다는 것을 의미합니다. 그의 소원은 얼마나 깨끗합니까? 순수합니까? 아름답습니까?

하나님의 사신인 어린 소녀

당시 이스라엘의 왕은 아합의 아들 여호람입니다. 그는 아버지 아합이 엘리야에 대하여 그러했듯이 하나님의 사람 "엘리사의 머리가 오늘 그 몸에 붙어있으면 하나님이 내게 벌 위에 벌을 내리실지로다"(6:31) 라고 엘리사를 적대시하고 죽이려하고 있는 자입니다. 그렇다면 이 무명의 소녀는 나아만이 아니라 "여호람 왕이 사마리아에 있는 선지자 앞에 계셨으면 좋겠나이다"를 얼마나 바라고 있었겠습니까!

형제여, 나아만이나 여호람 뿐만이 아닙니다. 아직도 하나님을 모르고 있는 "부모님도 예수 그리스도 앞에 계셨으면 좋겠나이다"요, "남편도, 자녀들도" 예배에 참석하여 복음의 말씀을 들었으면 "좋겠나이다". 이것이 복음 전함을 먼저 받은 자들의 소원이어야 합니다.

성경에서 나병은 자주 죄악의 상징으로 등장하는데 영적 나병이 온 몸에 퍼진 자들이 선지자 앞 곧 하나님의 말씀 앞에 선다는 것은 최고의 복을 받는 길인 것입니다. 왜냐하면 "그가 그의 말씀을 보내어 그들을 고치시고 위험한 지경에서 건지시는도다"(시 107:20) 한 치료의 능력이 "말씀"에 있기 때문입니다.

나아만은 아람 왕이 이스라엘 왕에게 보내는 "내가 내 신하 나아만을 당신에게 보내오니 이 글이 당신에게 이르거든 당신은 그의 나병을 고쳐 주소서"(6) 한 친서를 가지고 이스라엘 왕을 찾아옵니다. 이는 나아만과 함께 이스라엘 왕을 "어린 소녀"가 증언하고 있는 선지자 엘리사 앞으로 인도하시려는 기회를 주심이었던 것입니다. 이스라엘 왕의 반응이 무엇인가?

"이스라엘 왕이 그 글을 읽고 자기 옷을 찢으며 이르되 내가 사람을 죽이고 살리는 하나님이냐 그가 어찌하여 사람을 내게로 보내 그의 나병을 고치라 하느냐 너희는 깊이 생각하고 저 왕이 틈을 타서 나와 더불어 시비하려 함인 줄 알라"(7)고 말할 뿐 "이스라엘에 선지자가 있다"는 사실을 생각하지 않으니 어이 하랴!

둘째 단원(8-14) 선지자가 있는 줄을 알리이다

"하나님의 사람 엘리사가 이스라엘 왕이 자기의 옷을 찢었다 함을 듣고 왕에게 보내 이르되 왕이 어찌하여 옷을 찢었나이까 그 사람을 내게로 오게 하소서 그가 이스라엘 중에 선지자가 있는 줄을 알리이다"(8) 합니다.

엘리사의 말 속에는 많은 의미를 함의하고 있는데, 첫째로 이스라엘에 하나님이 없기 때문에 옷을 찢었느냐 하는 그의 불신앙을 책망하는 말입니다. 이 점에서 "왕과 소녀"의 대조를 보십시오. 소녀는 나아만을 사마리아로 인도하였습니다. 그러나 왕은 옷을 찢고 있는 것입니다. 무슨 차이입니까? 믿음과 불신앙의 차이입니다

둘째로 "그가 이스라엘 중에 선지자가 있는 줄을 알리이다" 한 것은 문제는 나아만이 아니라 중요한 것은 이스라엘 왕이 그리고 모든 백성들이 알기를 원한다는 그런 뜻이 있는 것입니다. 이것이 이 사건을 통한 하나님의 의도인 것입니다.

1장에서는 아합의 아들 아하시야가 난간에서 떨어져 병이 들매 신하를 하나님의 보내심을 받은 사람 엘리야에게가 아니라 바알세붑에게 보내어 병이 낫겠나 물어보라 했습니다. 이에 대하여 하나님께서는 "이스라엘에 하나님이 없어서 너희가 에그론의 신 바알세붑에게 물으러 가느냐"(왕하 1:1-3) 하셨습니다.

지금도 같은 상황인 것입니다. "왕이여 이스라엘에 하나님이 없어

서 옷을 찢었나이까, 그가 이스라엘에 선지자 있는 줄을 알리이다. 왕께서도 이번 기회에 이스라엘 중에 선지자가 있는 줄을 아시게 되기를 원하나이다"라고 말하고 있는 셈입니다.

"나아만이 이에 말들과 병거들을 거느리고 이르러 엘리사의 집 문에 서니"(9), 엘리사는 내다보지도 않고 사환을 보내어 "너는 가서 요단강에 몸을 일곱 번 씻으라 네 살이 회복되어 깨끗하리라"(10) 하는 것이 아닌가? 명심하십시다. 엘리사는 오직 "말씀"만을 주었다는 점입니다. 4장에서도 선지자의 제자의 아내에게 기름이 아니라 "말씀"만을 주는 것을 보았습니다.

그러나 나아만은 "말씀"만으로는 족하게 여기지 않았습니다. 엘리사 보기를 원했습니다. 만져주기를 원하고 있습니다. 어떤 무속적인 방법을 요구하고 있는 것입니다. 이것이 사악한 인간의 불신앙입니다. 오늘날도 보기를 원합니다. 만져주기를 바라고 있습니다. 어떤 신령한 방법을 기대하고 있습니다. "말씀"만으로는 만족하지를 못하는 것입니다.

이점이 "나아만이 노하여 물러가며 이르되 내 생각에는 그가 내게로 나와 서서 그의 하나님 여호와의 이름을 부르고 그의 손을 그 부위 위에 흔들어 나병을 고칠까 하였도다"(11) 한 말에 나타납니다. 이 점에서 종들이 "선지자가 당신에게 큰일을 행하라 말하였더면 행하지 아니하였으리이까 하물며 당신에게 이르기를 씻어 깨끗하게 하라 함이리이까"(13) 한 말은 신약적인 구원의 방도를 말씀하고 있다 하겠습니다.

씻어 깨끗하게 하라

하나님께서는 "모세에게 이르시되 불 뱀을 만들어 장대 위에 매달아라 물린 자마다 그것을 보면 살리라(민 21:8), 내 말이 네가 믿으면 하나님의 영광을 보리라 하지 아니하였느냐"(요 11:40) 하십니다.

모세는 "내가 오늘 네게 명령한 이 명령은 네게 어려운 것도 아니요 먼 것도 아니라"(신 30:11)고 말씀합니다. 사도 바울은 이 말씀을 인용하여 복음을 설명하기를 "그러면 무엇을 말하느냐 말씀이 네게 가까워 네 입에 있으며 네 마음에 있다 하였으니 곧 우리가 전파하는 믿음의 말씀이라"(롬 10:8) 합니다. 구원은 어려운 것도 먼데 있는 것도 아닙니다. 네게 가까워 네 입에 있다고 말씀합니다. 구원을 얻기 위하여 인간이 해야 할 것은 "하나님의 말씀"을 믿고 입으로 시인하기만 하면 된다는 것입니다.

그렇습니다. 나병이 낫기만 한다면 이보다 몇 만 배 어려운 일도 할 터인데 "하물며 당신에게 이르기를 씻어 깨끗하게 하라 함이리이까", 얼마나 쉽습니까? 이것도 못하십니까? 예수 그리스도의 피로 이룬 샘물에 씻기만 하면 깨끗하여지는 것입니다. 단 이렇게 하기 위해서는 군대 장관이라는 군복을 벗어버리고 나병을 그대로 드러내는 회개가 선행되어야 한다는 점을 명심하시기 바랍니다.

문제는 나아만이 아닙니다. 하나님의 백성 이스라엘입니다. 그리고 이 말씀 앞에 있는 이 시대의 우리가 문제인 것입니다. 나아만의 병 고침을 통하여 이스라엘이 회개하고 돌아오기를 하나님은 원하고 계시는 것입니다. 그리고 이 말씀을 읽는 자와 듣는 자로 하여금 회개하고 돌아오기를 하나님은 기다리고 계시는 것입니다.

엘리야나 엘리사는 북쪽 이스라엘을 위하여 하나님께서 보내신 선지자임을 유의한다는 것은 중요한 요점이 됩니다. 그리고 북쪽 이스라엘은 메시아언약을 버리고 금송아지 우상을 섬기고 있는 자들인 것입니다. 이점을 놓치게 되면 곁길로 빠지게 되는 것입니다.

"요나"도 이스라엘 왕 여로보암 2세 때 세움 받은(왕하 14:25) 선지자입니다. 그러므로 요나서에 있어서도 니느웨가 문제의 핵심이 아니라 이스라엘인 것입니다. 이방 니느웨가 선지자의 말씀을 듣고 회개하는 것을 통해서, 선민 이스라엘이 회개하고 돌아오기를 원하시는 것이 요나서를 통한 하나님의 마음인 것입니다.

"나아만이 이에 내려가서 하나님의 사람의 말대로 요단강에 일곱 번 몸을 잠그니 그의 살이 어린 아이의 살 같이 회복되어 깨끗하게 되었더라"(14) 합니다. 요단강 물에 어떤 효험이 있었던 것이 아닙니다. "하나님의 사람의 말대로" 한 "말씀"에 능력이 있는 것입니다. 어찌하여 "일곱 번"인가? 이는 말씀에 대한 전적인 복종, 온전한 믿음을 요구하는 의미가 있습니다. 세 번, 네 번하고 중단한다면 그것은 온전한 믿음은 아니기 때문입니다.

"하나님의 사람의 말씀대로" 순종했더니 "하나님의 사람의 말씀대로, 그의 살이 어린아이의 살 같이 회복되어 깨끗하게 되었더라"(14) 합니다.

셋째 단원(15-19) 다만 여호와께 드리겠나이다

"나아만이 모든 군대와 함께 하나님의 사람에게로 도로 와서 그의 앞에 서서 이르되 내가 이제 이스라엘 외에는 온 천하에 신이 없는 줄을 아나이다 청하건대 당신의 종에게서 예물을 받으소서"(15) 합니다.

"하나님의 사람에게로 도로 와서", 바로 이것입니다. 하나님께서

이 사건을 통하여 드러내기를 원하시는 바가 “하나님께로 돌라오기를” 원하시는 것입니다. 돌아오는 것만이 아니라 “이제 이스라엘 외에는 온 천하에 신이 없는 줄을 아나이다”고 고백하게 되기를 원하십니다. 이 말은 “다른 이로써는 구원을 받을 수 없나니 천하 사람 중에 구원을 받을 만한 다른 이름을 우리에게 주신 일이 없음이라” (행 4:12) 한 베드로의 선언과 상통하는 것으로 이는 나아만의 신앙 고백이었던 것입니다.

갈멜산의 “불이 임하는” 사건을 통해서도 원하시는 바는 “이 백성으로 주 여호와는 하나님이신 것과 주는 그의 마음으로 돌이키게 하시는 것을 알게 하옵소서”(왕상 18:37), 즉 “이스라엘 외에는 온 천하에 신이 없는 줄을 알기를” 원하셨던 것입니다.

우리는 한 걸음 더 나아가야 합니다. 하나님께서 궁극적으로 원하시는 바가 무엇인가? 이점이 나아만이 “이제부터는 종이 번제물과 다른 희생 제사를 여호와 외 다른 신에게는 드리지 아니하고 다만 여호와께 드리겠나이다”(17) 한 진술을 통해서 드러나고 있는데, 하나님께서 제정하신 제사제도(번제·속죄제 등)가 누구의 무엇에 대한 그림자인가를 생각해야 합니다. 여기가 그리스도와의 만남인 것입니다.

물론 나아만 자신은 이 비밀을 밝히 알지를 못하였을 것입니다. 알지 못한 것은 나아만 뿐만이 아닙니다. 아벨(히 11:4)도 라합(약 2:25)도 구약의 성도들도 희미하기는 마찬가지였습니다. 그러나 하나님께서는 “양의 첫 새끼를 번제를 드린 것을, 정탐꾼을 영접한 것을” 그리스도를 믿은 것으로 인정하시고, “의롭다고 여겨 주셨다”고 성경은 말씀하고 있는 것입니다. 구약시대란 실체(實體)가 오시기까지 “여겨주실” 근거로 제사제도를 마련하여 주신 시대입니다. 이런 의미에서가 아니라면 구약의 제사제도란 우상숭배나 다름이(사 66:3) 없는 것입니다.

그렇다면 이방인 나아만이 "내가 이제 이스라엘 외에는 온 천하에 신이 없는 줄을 아나이다"고 고백하면서, "이제부터는 종이 번제물과 다른 희생제사를 여호와 외 다른 신에게는 드리지 아니하고 다만 여호와께 드리겠나이다"(17) 한 결단이 어떤 의미가 되는가를 생각하시기 바랍니다. 그런데 정작 선민 이스라엘은 금 송아지에게 제사하고 있는 것이 아닌가?

구원계획에 있어서 "여겨주심"이란 주제는 결정적으로 중요합니다. 왜냐하면 첫째는 인간의 행위로 불가능한 것을 하나님께서 "의롭다 여겨주셨다" 즉 인정해주셨다는 뜻이기 때문이요, 둘째는 그냥 여겨주신 것이 아니라 "번제" 즉 자기 아들의 대속을 통해서 "의롭다고 여겨주셨기" 때문입니다. 대속교리는 "여겨주심"이 하나님의 공의에 손상됨이 없이 행해주셨다는 점을 증언하고 있는 것입니다. 이점을 신약성경은 "곧 이 때에 자기의 의로우심을 나타내사 자기도 의로우시며 또한 예수 믿는 자를 의롭다하려 하심이라"(롬 3:26)고 말씀합니다.

이런 맥락에서 나아만이 "이제 이스라엘 외에는 온 천하에 신이 없는 줄을 아나이다"고 고백한 것은, "다른 이로써는 구원을 받을 수 없나니 천하 사람 중에 구원을 받을 만한 다른 이름을 우리에게 주신 일이 없음이라"(행4:12) 한 구약적인 표현인 것입니다.

넷째 단원(20-27) 지금이 어찌 은을 받을 때냐

"하나님의 사람 엘리사의 사환 게하시가 스스로 이르되 내 주인이 이 아람 사람 나아만에게 면하여 주고 그가 가지고 온 것을 그의 손에서 받지 아니하였도다 여호와께서 살아계심을 두고 맹세하노니 내가 그를 쫓아가서 무엇이든지 그에게서 받으리라"(20)고 말했다 합니다.

선지자의 사환 게하시는 "맹세하노니…무엇이든지 그에게서 받으리라"고 말하나, 선지자 엘리사는 "여호와께서 살아 계심을 두고 맹세하노니 내가 그 앞에서 받지 아니하리라"(16)고 말합니다. 그렇다면 엘리사는 당연히 받아도 될 예물을 어찌하여 "맹세하노니 내가 받지 아니하리라"고 말씀하는 것일까요?

그 의도가 "지금이 어찌 은을 받으며 옷을 받으며 감람원이나 포도원이나 양이나 소나 남종이나 여종을 받을 때이냐"(26) 한 "지금"이라는 상황이 말해줍니다. 첫째로 지금 북이스라엘의 상황은 하나님을 배신하고 금송아지 우상과 바알을 섬기는 비극적인 상황인데 "하나님의 말씀"을 대언하라고 보냄을 받은 "하나님의 사람"이 "어찌 은을 받으며 옷을 받을 때냐"는 말입니다.

둘째로 북이스라엘의 처한 상황은 "내게 배역한 이스라엘이 간음을 행하였으므로 내가 그를 내쫓고 그에게 이혼서까지 주었으되" (렘 3:8), 즉 멸망 당할 비극적인 상황인데, "지금이 어찌" 예물이나 받고 있을 때냐는 말이었던 것입니다.

셋째는 거짓 선지자들이 위에서 열거한 그런 것들을 탐하고 있었기 때문입니다. 미가서 3:11절에 보면 "그들의 우두머리들은 뇌물을 위하여 재판하며 그들의 제사장은 삯을 위하여 교훈하며 그들의 선지자는 돈을 위하여 점을 치면서도 여호와를 의뢰하여 이르기를 여호와께서 우리 중에 계시지 아니하냐 재앙이 우리에게 임하지 아니하리라"고 여호와의 이름을 팔아먹고 있던 때였기 때문입니다.

궁극적으로는 여기에는 원리적인 뜻이 있다고 여겨집니다. 주님께서는 나사렛 회당에서 복음을 받아드리지 않는 무리들을 향해 엘리야를 영접한 사렙다 과부와 엘리사의 말씀을 믿은 나아만을 상기시키시면서, 이 사건을 복음이 이스라엘에서는 배척을 받으나 이방인에서 열매를 맺게 될 것을 예시적으로 보여주신 사건으로 해석하십니다.

그렇다면 복음은 "값없이(롬 3;24), 거저 주시는"(엡 1:6) 하나님의 전적인 은혜이기 때문이라는 말로 귀결되는 것입니다. 왜냐하면 예수 그리스도께서 대신 값을 지불하셨기 때문입니다. 그러므로 "은혜가 은혜 되게" 하기 위해서는 "은이나 의복"을 받아서는 안 되는 것입니다.

그런데 게하시는 나아만에게서 예물을 취하므로 "은혜가 은혜 되지 못하게" 하였던 것입니다. 나아만에게 베푼 능력은 엘리사나 게하시의 것이 아니었습니다. 거저 받았으면 거저 주어야 하는 것이 종의 자세인 것입니다. 게하시가 나아만에게서 예물을 취함으로 주인이 베푼 은혜를 종이 반감시키거나 무효화시켜서는 안 되는 것입니다.

이것이 "지금이 어찌 은을 받으며 옷을 받을 때냐"의 궁극적인 의미인 것입니다. 성경은 말씀합니다. 이점을 사도 바울은 "다른 이들도 너희에게 이런 권리를 가졌거든 하물며 우리일까 보냐 그러나 우리가 이 권리를 쓰지 아니하고 범사에 참는 것은 그리스도의 복음에 아무 장애가 없게 하려 함이로다"(고전 9:12) 라고 말씀합니다.

은혜가 은혜되게 하라

게하시의 행위는 첫째로 하나님의 영광을 자신이 취하려 한 탐심이요, 둘째는 복음에 치명적인 장애를 입히는 처사였던 것입니다. 이로 인하여 나아만의 나병이 게하시에게 옮겨졌다는 것은 의미심장한 일입니다. "지금이 어찌 은을 받으며", 그렇습니다. "지금은 은혜받을 만한 때요 지금은 구원의 날"인 것입니다.

이 점에서 기사이적 즉 하나님의 비상섭리가 어떤 시대적인 배경하에서 집중적으로 나타나고 있는가를 생각하는 것도 도움이 될 것입니다. 왜냐하면 역사서를 보면 엘리야와 엘리사 선지자 때에 기사이적이 집중되어 있음을 보기 때문입니다. 엘리야와 엘리사는 북이스라엘을 위하여 세움입은 선지자라는 점을 유념하시기 바랍니다.

북쪽 이스라엘에는 선한 왕이 한 명도 없었습니다. 윤리적인 면에서만 그러한 것이 아니라 신학적인 면에서 더욱 그러합니다. 그들은 여로보암이 단과 벧엘에 세운 금송아지를 숭배했습니다. 이는 주님께서 말씀하신바 "악하고 음란한 세대"(마 16:4)였던 것입니다. 기사와 이적은 "그때 그런 곳"에 집중적으로 나타났던 것입니다. 그렇습니다. "악하고 음란한 세대가 표적을 구하는" 것입니다. 기사와 이적은 그런 자들을 위하여 행해지는 "비상 섭리"인 것입니다.

이제 우리에게는 충족된 계시인 "하나님의 말씀"이 주어진 것입니다. 이 시대의 하나님의 사람들은 말씀을 맡은 자들입니다. 지식의 열쇠가 그들에게 주어졌습니다. 그러므로 성경의 기록목적이 무엇이며 주제가 무엇인가를 분명히 알고 말씀을 바르게 해석하여 전해주는 것이 기사와 이적을 행하는 것보다 우선해야 할 사명이라는 점에 확고해야 합니다. 오늘날은 기사와 이적이 아니라 주님께서 성취하여 주신 복음을 바로 선포하는 일이 급선무요, 선포된 복음진리를 믿느냐 믿지 않느냐에 죽고 사는 문제가 달렸기 때문입니다. 주님은 "너는 나를 본 고로 믿느냐 보지 못하고 믿는 자들은 복되도다"(요 20:29) 하십니다. 그래서 "지금이 어찌 은은 받을 때냐" 하시는 것입니다.

6장

눈을 열어서 보게 하옵소서

6장의 내용도 물에 빠뜨린 도끼를 찾아주는 등 엘리사의 사역의 계속입니다. 본문에는 엘리사의 기도 중 의미심장한 말씀이 있는데 "눈을 열어서 보게 하옵소서" 하니 "여호께서 그 청년의 눈을 여시매 보게 되었다"(17)는 것과 "무리의 눈을 어둡게 하옵소서" 하니 "어둡게 하셨다"(18)는 말씀입니다. 바로 이것입니다. 하나님의 사람 엘리사의 사역은 "보지 못하는 자들은 보게 하고 보는 자들은 맹인이 되게 하려함이라"(요 9:39) 하신 주님의 사역을 예표하고 있는 것입니다.

열왕기는 명칭 그대로 역사서입니다. 역사 중에서도 지금 우리는 엘리야와 엘리사 선지자가 활동하던 시대의 역사를 상고하는 중인데, 이들이 선지자로 보냄을 받은 지역이 어디인가? 북쪽 이스라엘이요, 어느 때인가? 오므리(조부)—아합(부)—아하시아(아들)—여호람(아들)이 왕으로 있던 영적인 암흑기입니다. 그들이 다스리던 시대는 "여로보암의 죄(금송아지 우상)를 따라 행하는 것을 오히려 가볍게 여기며 이세벨로 아내를 삼고 바알을 숭배"(왕상 16:31)하던 눈이 있어도 보지 못하던 시기였던 것입니다. 이를 세 단원으로 나누어 상고하겠습니다.

첫째 단원(1-7) 물 위로 떠오른 도끼
둘째 단원(8-23) 엘리사를 두른 불말과 불병거
셋째 단원(24-33) 아람 왕에게 에워싸인 사마리아

첫째 단원(1-7) 물 위로 떠오른 도끼

"선지자의 제자들이 엘리사에게 이르되 보소서 우리가 당신과 함께 거주하는 이곳이 우리에게는 좁으니 우리가 요단으로 가서 거기서 각각 한 재목을 가져다가 그곳에 우리가 거주할 처소를 세우사이다"(1-2) 합니다.

그런데 "한 사람이 나무를 벨 때에 쇠도끼가 물에 떨어진지라 이에 외쳐 이르되 아아, 내 주여 이는 빌려온 것이니이다"(5) 하고 문제가 발생합니다. 흔히 있을 수 있는 사건인데 이를 기록하게 하신 의도가 무엇인가?

"엘리사가 나뭇가지를 베어 물에 던져 쇠도끼를 떠오르게 하고 이르되 너는 그것을 집으라 하니 그 사람이 손을 내밀어 그것을 집으니라"(5-6)는 해답을 알려줍니다. 이 점에서 "도끼"를 능력이니 사명을 잃어버렸느니 하고 영해를 하려는 유혹을 경계하여야 합니다. 왜냐하면 의미문맥으로 볼 때 능력이나 사명을 잃어버렸다는 의미가 개입할 여지가 없기 때문입니다. 이 기적은 선지자의 제자들을 훈련시키기 위한 표적으로 보아야 합니다. 중심주제와 결부시켜 본다면 제자들의 영적인 안목, 즉 눈을 밝혀주기 위해서였던 것입니다.

복음서를 보면 주님께서 오병이어로 오천 명을 먹이시자 억지로 임금 삼으려 하므로 혼자 산으로 떠나가시는 장면이 있습니다. 제자들은 이해할 수 없었을 것입니다. 왜냐하면 제자들은 주님이 왕이 되시면 한 자리 하려고 기대하고 있었기 때문입니다. 낙담과 실의에 빠진 제자들은 배를 타고 바다를 건너 가버나움으로 가고 있었습니다. 날은 이미 어두웠고 예수님은 아직 그들에게 오시지 않았는데 큰바람이 불어 풍랑을 만나게 됩니다. 이때 "예수께서 바다 위로 걸어 배에 가까이 오심을 보고 두려워하거늘 이르시되 내니 두려워하지 말라"(요 6:19-21) 하십니다. 이는 제자들의 눈을 밝혀주시기 위한 표적이었던 것입니다.

5장에서 엘리사의 사환 나아만이 은과 옷을 취했다가 나아만의 나병이 그에게 들게 된 사건이 있었고, 6장에서는 아람 군대에게 포위당한 것을 알고는 "아아 내 주여 우리가 어찌하리이까"(15) 하고 낙망하는 것을 보게 됩니다. 이들을 훈련시켜야 할 필요가 있었던 것입니다. 선지자의 제자들은 물에 빠졌던 도끼를 떠오르게 하는 표적을 보고 "이스라엘에 선지자가 있는 줄", 다시 말하면 "이스라엘에 하나님이 계신 줄"을 새롭게 인식했을 것이 분명합니다.

엘리사가 "나무가지"를 베어 물에 던져서 도끼를 떠오르게 한 일은 우리로 하여금 출애굽기 15:25절을 연상하게 합니다. 이스라엘 백성이 홍해를 건너 마라에 이르렀을 때 물이 써서 먹지를 못하게 되어 원망하자 모세가 여호와께 부르짖었더니 하나님께서 "한 나무"를 지시하시매 물에 던지니 물이 달아졌더라고 말씀합니다. 이는 나무에 그런 요소가 있었던 것은 아닙니다.

성경은 문제에 대한 해답이요, 구원계획은 "죽은 자를 살리시고(4:35), 해독을 제거하고(41), 잃어버린 도끼를 찾아주는" 회복의 역사인 것입니다. 이런 맥락에서 "쓴 물을 달게 한 나무와 물에 빠진 도끼를 떠오르게 한 나무"를 통하여 우리를 치료하시고 회복하시는 십자가를 바라본다는 것은 자연스러운 일입니다. 쇠도끼가 물 위로 떠오른 것이나 사람이 물 위로 걸을 수 있는 일은 자연섭리를 초월하는 비상섭리입니다. 이를 통해서 계시하시고자 하는 바는 분명합니다. 이런 일을 행하는 "그가 누구인가"를 알게 하시려는 표적인데, 엘리사는 "하나님의 사람"이고 예수님은 "그리스도시요 살아계시는 하나님의 아들이시라"는 것입니다. 이를 누구보다도 먼저 증인이 될 제자들에게 확신시켜주어야 했던 것입니다.

둘째 단원(8-23) 엘리사를 두른 불말과 불병거

"그 때에 아람 왕이 이스라엘과 더불어 싸우며 그의 신복들과 의논하여 이르기를 우리가 아무데 아무데 진을 치리라 하였더니"(1), 하나님의 사람 엘리사가 이스라엘 왕에게 제자를 보내어 "왕은 삼가 아무 곳으로 지나가지 마소서 아람 사람이 그곳으로 나오나이다"(2) 라고 알려주었다는 것입니다.

이 말씀을 "이스라엘 왕이 자기의 옷을 찢었다 함을 듣고 왕에게 보내 이르되 왕이 어찌하여 옷을 찢었나이까 그 사람을 내게로 오게 하소서 그가 이스라엘 중에 선지자가 있는 줄을 알리이다" 한 5:8절과 대조해 보십시오. 선지자가 대적의 작전을 미리 알려주었다는 것은 그가 옳기 때문이 아니라 "이스라엘 중에 선지자가 있는 줄을 알게" 하시려는 하나님의 의도임을 깨닫게 되는 것입니다.

또한 두 경우 모두 하나님의 사람은 제자를 "왕"에게 보내고 있다는 점을 주목할 필요가 있습니다. "선지자들"이 권면하고 책망하며 경고해야 할 1차적인 대상은 왕과 같은 지도자들이었던 것입니다. 주님께서 책망하신 대상도 "제사장·서기관·장로"들입니다. 그런데 계시록 2-3장에서 주님께서 일곱 교회에게 발송한 책망하고 경고하고 권면하는 편지들의 수신인도 모두 "교회의 사자" 들이라는 점을 명심해야 하는 것입니다.

"이스라엘 왕이 하나님의 사람이 자기에게 말하여 경계한 곳으로 사람을 보내 방비하기가 한두 번이 아닌지라"(10) 합니다. 참으로 이상한 일은 왕이 하나님의 사람의 "말"을 받아드리고 있다는 사실입니다. 그러나 "돌아오라"는 "말씀"만은 받아드리지 않고 있는 것입니다. 성경은 경계하기를 "때가 이르리니 사람이 바른 교훈을 받지 아니하며 귀가 가려워서 자기의 사욕을 따를 스승을 많이 두고 또 그 귀를 진리에서 돌이켜 허탄한 이야기를 따르리라"(딤후 4:3-4)고 축복받으라는 말은 받아드리나, "복음진리"는 받아드리지 않을 것이라고 경계합니다. 예나 이제나 거짓된 인간은 듣기 좋은 말, 자신에게 유익하게 하는 말은 잘 받아드린단 말인가?

이러므로 아람 왕의 마음이 불안하여 그 신복들을 불러 이르되 "우리 중에 누가 이스라엘 왕과 내통하는 것을 내게 말하지 아니하느냐"(11), 즉 간첩이 있다고 말합니다. 그러자 신하들은 "아니로소이다 오직 이스라엘 선지자 엘리사가 왕이 침실에서 하신 말씀을 이스라엘의 왕에게 고하나이다"(12) 하는 것이 아닌가? 이렇게 말함은 "이스라엘 중에 선지자가 있다"는 것을 알고 있다는 증거입니다. 이 점에서 하나님의 긍휼과 자비와 오래 참으심을 생각하게 됩니다. 왜냐하면 이처럼 북이스라엘을 여러 모양으로 권고하심을 대하게 되기 때문입니다. 그럼에도 불구하고 이방인들은 선지자가 있는 줄을 알고 있는데 이스라엘 왕은 모르고 돌아오지 않고 있는 것입니다.

"왕이 이에 말과 병거와 많은 군사를 보내매 그들이 밤에 가서 그

(엘리사가 있는 도단) 성읍을 에워쌌더라"(14) 합니다. "하나님의 사람의 사환이 일찍이 일어나서 나가보니 군사와 말과 병거가 성읍을 에워쌌는지라 그의 사환이 엘리사에게 말하되 아아, 내 주여 우리가 어찌하리이까" 하고 낙담합니다.

"두려워하지 말라 우리와 함께 한 자가 그들과 함께 한 자보다 많으니라 하고, 여호와여 원하건대 그의 눈을 열어서 보게 하옵소서 하니 여호와께서 그 청년의 눈을 여시매 그가 보니 불 말과 불 병거가 산에 가득하여 엘리사를 둘렀더라"(14-17) 합니다. 드디어 엘리사의 사환도 눈이 열려 전에 보지 못하던 광경을 바라보게 됨으로 엘리사가 누구인가? 엘리사와 함께 하시는 하나님이 어떠한 하나님이신가를 새롭게 깨닫게 되었을 것입니다.

이 "불 말과 불 병거"는 엘리야를 승천하게 하실 때도 등장했는데, 성경은 "모든 천사들은 섬기는 영으로서 구원받을 상속자들을 위하여 섬기라고 보내심이 아니냐"(히 1:14)고 말씀합니다. 무슨 뜻인가? "하나님의 말씀을 맡은 하나님의 사람"인 형제도 "불 말과 불 병거"로 호위해주고 있다는 것을 믿으시기 바랍니다.

성경은 말씀합니다. "너희 마음의 눈을 밝히사 그의 부르심의 소망이 무엇이며 성도 안에서 그 기업의 영광의 풍성함이 무엇이며 그의 힘의 위력으로 역사하심을 따라 믿는 우리에게 베푸신 능력의 지극히 크심이 어떠한 것을 너희로 알게 하시기를 구하노라"(엡 1:18-19).

계시록에는 "내가 보니"라는 말이 무려 54회나 등장합니다. 주님께서는 환란 중에 있는 교회에게 장래 소망과 영광을 보여주심으로 위로하고 격려를 하셨던 것입니다. 도단의 엘리사, 밧모섬의 사도 요한, 로마 옥중의 바울 등은 이를 바라보았기에 평안할 수 있었으나 엘리사의 사환, 에베소 성도들, 그리고 우리는 이를 보지 못하기에 낙망하는 것입니다.

신령한 것은 육신의 눈으로 볼 수 있는 것이 아니라 마음의 눈 곧 믿음의 눈으로 보는 것입니다. 그리스도인들이 마음의 눈이 밝아져서 "그 기업의 영광의 풍성함이 무엇인지"를 알아야 할 만큼 바라볼 수 있다면 우리도 이렇게 말할 수 있을 것입니다. "생각하건대 현재의 고난은 장차 우리에게 나타날 영광과 족히 비교할 수 없도다"(롬 8:18).

그렇습니다. 희미하던 계시가 밝히 드러난 신약시대에 살고 있는 성도들이 "마음의 눈"이 열려져서 천군 천사들이 자신을 섬기며 호위하고 있는것(히 1:14)을 바라보기만 한다면 우리도 이렇게 찬양하게 될 것입니다.

> 내 맘의 모든 염려 이 세상 고락도 주님 항상 같이 하여주시고
> 시험을 당할 때에 악마의 계교를 즉시 물리치사 날 지키시네
> 온 세상 날 버려도 주 예수 안 버려 끝까지 나를 돌아보시니
> 주는 저 산 밑에 백합 빛나는 새벽별
> 이 땅 위에 비길 것이 없도다

엘리사는 자신을 잡으려는 적군을 유인하여 사마리아로 인도합니다. 도단에서 사마리아까지의 거리는 얼마나 되는가? 엘리사가 적군을 이끌고 사마리아로 간 의도가 무엇이겠습니까? 사마리아로 데리고 가서 그들을 잘 먹인 후에 돌려보내는 이렇게 하는 의도가 무엇이란 말인가?

이렇게 한 것은 자신을 과시하려는 것이 아니었습니다. 사마리아, 그곳에 하나님께서 찾고 계시는 이스라엘 왕 여호람이 있었기 때문입니다. 이를 보여줌으로 "이스라엘 외에는 온 천하에 하나님이 없는 줄을 알게"(5:15) 하여 회개하고 하나님께로 돌아오기를 촉구하기 위해서였던 것입니다.

달리 말하면 보지 못하면서 본다고 여기는 여호람 왕의 눈을 열어 주기 위해서였던 것입니다. 말과 병거에 의해서가 아니라 하나님의 사람 한 선지자의 말씀에 의해서 아무런 저항도 못하고 끌려오는 적군들을 보면서 여호람 왕은 무엇을 깨달았단 말인가!

이스라엘 왕이 그들을 보고 엘리사에게 "내 아버지여 내가 치리이까 내가 치리이까"(21) 합니다. 왕은 엘리사를 "내 아버지"라고 부르고 있습니다. 하나님의 능력이라고 밖에는 달리는 설명할 길이 없는 현실 앞에서 그는 깨어지는 듯했습니다. 그러나 그는 "치리이까 치리이까" 할 뿐 끝내 "내가 회개하나이다, 내가 회개하나이다"라고는 말하지 않았던 것입니다.

"치지 마소서 칼과 활로 사로잡은 자인들 어찌 치리이까 떡과 물을 그들 앞에 두어 먹고 마시게 하고 그들의 주인에게로 돌려보내소서 하는지라 왕이 위하여 음식을 많이 베풀고 그들이 먹고 마시매 놓아 보내니 그들이 그들의 주인에게로 돌아가니라 이로부터 아람 군사의 부대가 다시는 이스라엘 땅에 들어오지 못하니라"(22-23).

"어떤 사람은 병거, 어떤 사람은 말을 의지하나 우리는 여호와 우리 하나님의 이름을 자랑하리로다"(시 20:7) 아멘. 이스라엘 왕 여호람이 이 일로 말미암아 회개했단 말인가? 이를 목격하고서도 그가 회개하지 않자 다음 단원의 재앙은 임하게 된 것입니다.

셋째 단원(24-33) 아람 왕에게 에워싸인 사마리아

"이후에 아람 왕 벤하닷이 그의 온 군대를 모아 올라와서 사마리아를 에워싸니"(24) 합니다. 이제까지는 국지적으로 노략을 일삼던 아람 왕 벤하닷이 온 군사를 모아 총공격을 가해 사마리아를 포위한 것입니다. 그리하여 성 중이 크게 주려서 "네 아들을 내놓아라 우리가 오늘 먹고 내일은 내 아들을 먹자"(28) 하여 그래서 드디어 내 아들을 삶아 먹었다는 극한적인 상황에 이른 것입니다.

여기 성경의 예민함을 보십시오. 엘리사의 "청년의 눈을 여시매 그가 보니 불 말과 불 병거가 산에 가득하여 엘리사를 둘렀더라"(17) 했습니다. 그런데 지금 사마리아는 "아람 왕 벤하닷이 그 온 군사를 모아 올라와서 사마리아를 에워싸니"(24) 합니다. 이 대조를 보셨습니까? 사마리아에 있는 여호람 왕이 엘리사의 하나님께로 돌아와 그를 의뢰하기만 했다면 사마리아 성도 적군보다 더 많은 불 말과 불 병거로 지켜주심을 받게 되었을 것이 아닌가? 문제는 여호람 왕의 눈이 죄로 어두워져서 보지 못하기 때문입니다.

사마리아의 상황은 하나님께서 모세를 통하여 "너희가 이같이 될지라도 내게 청종하지 아니하고 내게 대항할진대 내가 진노로 너희에게 대항하되 너희의 죄로 말미암아 칠 배나 더 징벌하리니 너희가 아들의 살을 먹을 것이요 딸의 살을 먹을 것이며"(레 26:27-29, 신 28:53)라고 예언적으로 경고하신 바입니다.

이 저주가 문자적으로 이스라엘에 임한 것입니다. 그런데 여호람은 "왕이 이르되 사밧의 아들 엘리사의 머리가 오늘 그 몸에 붙어 있으면 하나님이 내게 벌 위에 벌을 내리실지로다"(31) 합니다. 나아만의 나병을 고쳐주심을 보고서도 회개하지 않았고 손 하나 대지 않고 아람 군대를 이끌고 오는 것을 보고는, "내 아버지여 내가 치리이까 치리이까" 하던 여호람 왕은 이 저주의 원인이 자신에게 있음을 인정하지 않고 그 원인을 엘리사에게 곧 하나님께 돌리고 있는 것입니다.

그의 아비 아합도 3년 6개월 한재의 원인을 "이스라엘을 괴롭게 하는 자여 네냐"하고 엘리야에게 돌렸던 것입니다. 여호람은 "이 재앙이 여호와께로부터 나왔으니 어찌 더 여호와를 기다리리요"(33) 라고 말합니다. 일반적으로 평안할 때는 하나님을 의지하지 않던 사람도 어려운 일을 만나면 살려달라고 매달리는 것이 인지상정입니다. 그런데 "어찌 더 여호와를 기다리리요"라는 말은 극도의 불신앙의 말인 것입니다.

잠언에서는 "사람이 미련하므로 자기 길을 굽게 하고 마음으로 여호와를 원망하느니라"(잠 19:3)고 말씀합니다. 그럼에도 불구하고 패역한 아합에게 엘리야를 보내셔서 3년 6개월의 가뭄 끝에 "큰비의 소리가 있나이다"(왕상 18:41) 하는 "기쁜 소식"을 전하게 하신 하나님은 엘리사를 여호람에게 보내셔서 무슨 "좋은 소식"을 전하게 하실 것인가?

7장

하늘의 창이 열리리라

7장은 하나님의 무궁한 자비를 맛보게 하는 장입니다. 하나님께서는 아합 왕 때에 선지자 엘리야를 보내셔서 "큰비의 소리가 있나이다"고 말하게 하셨는데, 극한적인 상황에 처한 여호람 왕에게 엘리사를 통해서 "여호와께서 이르시되 내일 이맘때에 사마리아 성문에서 고운 밀가루 한 스아를 한 세겔로 매매하고 보리 두 스아를 한 세겔로 매매하리라"(1)는 기쁜 소식을 전하게 하셨던 것입니다. 이를 엘리야의 표현대로 하면 "큰 양식의 소리가 있나이다"라는 말이 되는 것입니다.

이 말을 들은 한 장관은 "여호와께서 하늘에 창을 내신들 어찌 이런 일이있으리요"(2) 하는 불신앙의 말을 했는데, 우리는 이에 응답하여 본 장의 주제를 "하늘의 창이 열리리라"로 정할 수 있습니다. 이를 세 단원으로 나누어 상고하겠습니다.

첫째 단원(1-2) 큰 양식의 소리가 있나이다
둘째 단원(3-10) 천한 자를 들어서 전하신 아름다운 소식
셋째 단원(11-20) 여호와의 말씀과 같이 됨

첫째 단원(1-2) 큰 양식의 소리가 있나이다

"엘리사가 이르되 여호와의 말씀을 들을지어다 여호와께서 이르시되 내일 이맘때에 사마리아 성문에서 고운 밀가루 한 스아를 한 세겔로 매매하고 보리 두 스아를 한 세겔로 매매하리라 하셨느니라"(1)고 선언합니다. 엘리사가 대언한 말씀은 "내일 이맘때"는 양식이 넘쳐나게 되리라는 뜻입니다.

사마리아 성은 여전히 아람 군대에게 포위를 당하여 굶어죽어 가고 있는데 "어찌 이런 일"(2)이 있을 수 있단 말인가? 패역하고 완악한 말로 "어찌 더 여호와를 기다리리요"(6:33) 함에도 불구하고 이처럼 자비와 긍휼을 베푸시니, 왠 은혜며 사랑이란 말인가?

이점을 호세아 선지자로 말씀하시기를 "에브라임(북이스라엘)이여 내가 어찌 너를 놓겠느냐 이스라엘이여 내가 어찌 너를 버리겠느냐 내가 어찌 너를 아드마 같이 놓겠느냐 어찌 너를 스보임 같이 두겠느냐 내 마음이 내 속에서 돌이키어 나의 긍휼이 온전히 불붙듯 하도다"(호 11:8) 하십니다.

이점을 신약성경에서는 "우리가 아직 죄인 되었을 때에 그리스도께서 우리를 위하여 죽으심으로 하나님께서 우리에 대한 자기의 사랑을 확증하셨느니라, 곧 우리가 원수 되었을 때에 그의 아들의 죽으심으로 말미암아 하나님과 화목하게 되었은즉"(롬 5:8,10)라고 말씀합니다. 하나님께서 자기 아들을 생명의 양식으로 내어주신 시점(時

點)은 우리가 아직 "죄인 되었을 때, 원수 되었을 때"였다고 말씀합니다. 사도가 "때"라는 시점을 "강조하는 의도가 무엇인가? 측량할 수 없는 "하나님의 사랑"을 드러내기 위해서인 것입니다. 밤하늘이 어두울수록 별빛은 더욱 영롱한 법입니다.

큰 기쁨의 좋은 소식을 전하는 하나님 사람의 말씀에 대하여 한 장관은 비웃듯이 "여호와께서 하늘에 창을 내신들 어찌 이런 일이 있으리요"(2) 하고 불신의 말을 합니다. 엘리사는 "여호와의 말씀을 들을지어다, 여호와께서 이르시되"(1) 하고 여호와의 이름으로 대언했습니다. 그렇다면 장관은 엘리사를 멸시한 것이 아니라 하나님을 불신하고 하나님의 말씀을 멸시한 것이 되는 것입니다.

주님은 "우리가 어떻게 하여야 하나님의 일을 하오리이까"라고 묻는 말에 "하나님께서 보내신 이를 믿는 것이 하나님의 일이니라"(요 6:28-29)고 대답하십니다. 인간이 행해야 할 우선적인 일은 하나님의 말씀을 믿음으로 화합하는 일입니다. 믿음의 손을 내밀어 "감사합니다"하고 받는 일입니다.

엘리사는 "네가 네 눈으로 보리라 그러나 그것을 먹지는 못하리라"고 말합니다. 이는 "하나님의 말씀"이 지닌 양면성을 나타내주는 말입니다. 믿는 자에게는 구원이요, 배척하는 자에게는 죽음이기 때문입니다.

성경은 말씀합니다. "그들과 같이 우리도 복음 전함을 받은 자이나 들은바 그 말씀이 그들에게 유익하지 못한 것은 듣는 자가 믿음과 결부시키지 아니함이라"(히 4:2). "이로 보건대 그들이 믿지 아니하므로 능히 들어가지 못한 것이라"(히 3:19). 이는 출애굽한 일 세대들뿐만이 아니라 본문의 한 장관과 오늘날 복음 전함을 받고도 더디 믿는 사람들에게도 해당되는 말씀인 것입니다. 그렇다면 이스라엘의 왕 여호람은 믿었단 말인가?

둘째 단원(3-10) 천한 자를 들어서 전하신 아름다운 소식

"성문 어귀에 나병환자 네 사람이 있더니 그 친구에게 서로 말하되 우리가 어찌하여 여기 앉아서 죽기를 기다리랴"(3) 합니다. 나병환자는 성에 들어갈 수도 없거니와 들어간다 하여도 굶어죽을 것이요, 여기 앉아 있어도 굶어 죽을 수밖에 없다면 "그런즉 우리가 가서 아람 군대에게 항복하자 그들이 우리를 살려 두면 살 것이요 우리를 죽이면 죽을 것이라"(4) 하고 "해 질 무렵에 일어나 아람 진영 끝에 이르러서 본즉 그곳에 한 사람도 없더라"(5)는 것입니다.

"이는 주께서 아람 군대로 병거 소리와 말 소리와 큰 군대의 소리를 듣게 하셨으므로 아람 사람이 서로 말하기를 이스라엘 왕이 우리를 치려하여 헷사람의 왕들과 애굽 왕들에게 값을 주고 그들을 우리에게 오게 하였다" 하고 혼비백산이 되어 목숨만을 구하려고 도망하였기"(6-7) 때문이라는 것입니다.

이 대목은 바로 앞장에서 엘리사를 호위하고 있던 "불 말과 불 병거"(6:17)와 무관하지 않다고 여겨집니다. 아람 군대들이 "병거소리와 말소리와 큰 군대의 소리"를 듣고 도망했다는 것은, "이 밤에 여호와의 사자가 나와서 앗수르 진영에서 군사 십팔만오천 명을 친지라 아침에 일찍이 일어나 보니 다 송장이 되었더라"(19:35) 한 것과 동일한 역사로 보아야 할 것입니다.

은혜란 하나님께서 행해주신 일을 발견하는(깨달음) 것으로 시작되고, 믿음(받음)으로 내 것이 됩니다. 발견할 수 있는 길은 말씀을 통해서요, 받는 길은 오직 믿음뿐입니다. 그러므로 믿음은 들음에서 나는 것입니다. 듣고 깨닫고 믿음으로 취하면 은혜를 받는 것입니다.

하나님께서 행해놓으신 일을 최초로 발견한 사람은 절망 중의 절망에 처해 있던 나병환자들이었습니다. 그들은 배가 부르도록 먹고 마셨습니다. 그러는 동안에도 사마리아 성 중에서는 하나님께서 자신들을 위하여 행해놓으신 이 은혜의 선물을 모르고 굶어 죽어가고 있었던 것입니다. 이를 알았기에 호세아 선지자는 "내 백성이 지식이 없으므로 망하는도다"(호 4:6)고 탄식했던 것입니다.

자, 이 장면을 연상해 보십시오. 이쪽 진영에는 먹을 것과 마실 것이 산더미같이 쌓여있습니다. 그렇건만 저쪽 진영에서는 "오늘은 네 아들을 내라 내일은 내 딸을 먹으리라"는 극한 상황에 처해 있는 것입니다. 그런데 내 배만 부르면 된다는 말입니까? 그러고도 무사할 수 있단 말인가? 그러면 이 기쁜 소식을 누가 저쪽 진영에 전해주었는가?

나병환자들이 그 친구에게 서로 말하되 "우리가 이렇게 해서는 아니되겠도다 오늘은 아름다운 소식이 있는 날이거늘 우리가 침묵하고 있도다"하고 자신들의 잘못을 깨달았다 합니다. "오늘날은 아름다운 소식이 있는 날이라" 한 것은 얼마나 적절한 표현입니까? 1차적으로 사마리아 사람들에게는 굶어 죽어가는 배를 채울 수 있는 것이 "아름다운 소식이 있는 날"일 것입니다. 그러나 육신의 양식이 인간의 본질적인 굶주림을 해결해 줄 수 있는 것은 아닙니다. 성경은 "양식이 없어 주림이 아니며 물이 없어 갈함이 아니요 여호와의 말씀을 듣지 못한 기갈이라"(암 8:11)고 말씀합니다.

그렇다면 "최고 최대의 아름다운 소식"이 무엇이겠습니까? 천사는 목자들에게 "보라 내가 온 백성에게 미칠 큰 기쁨의 좋은 소식을 너희에게 전하노라"(눅 2:10)고 말했습니다. 이것이 인류가 들을 수 있는 최고 최대의 아름다운 소식이었던 것입니다.

그러므로 너희가 기쁨으로 구원의 우물들에서 물을 길으리로다

> 그날에 너희가 또 말하기를 여호와께 감사하라 그의 이름을 부르며
> 그의 행하심을 만국 중에 선포하며 그의 이름이 높다 하라
> 여호와를 찬송할 것은 극히 아름다운 일을 하셨음이니
> 이를 온 땅에 알게 할지어다 (사 12:3-5).

이 우물의 이름은 "구원의 우물"이요, 이 샘의 이름은 "생명의 샘물"입니다. 반석이 되시는 예수 그리스도께서 치심을 받으심으로 이 샘은 열리게 된 것입니다. 이것이 "극히 아름다운 일"이었던 것입니다. "온 세계에 알게 할지어다"라고 말씀하고 있는데, 그렇습니다. 나병환자들은 "만일 밝은 아침까지 기다리면 벌이 우리에게 미칠지니 이제 떠나 왕궁에 가서 알리자"(9하)고 말했던 것입니다.

바울 사도는 말씀합니다. "내가 복음을 전할지라도 자랑할 것이 없음은 내가 부득불 할 일임이라 만일 복음을 전하지 아니하면 내게 화가 있을 것임이니라"(고전 9:16). 유념하시기 바랍니다. 이 "아름다운 소식"을 전할 자로 하나님께서는 "세상의 천한 것들과 멸시받는 것들과 없는 것들을 택하사 있는 것들을 폐하려 하시나니" 합니다. 왜 그런가? "이는 아무 육체도 하나님 앞에서 자랑하지 못하게 하려 하심이라"(고전 1:28-29) 하십니다.

셋째 단원(11-20) 여호와의 말씀과 같이 됨

"그가 문지기들을 부르매 그들이 왕궁에 있는 자에게 말하니"(11), 즉 이 아름다운 소식을 왕궁에 전하니, 어떻게 반응했는가? 왕의 반응은 적군의 계략으로 받아드렸습니다. 한 신하의 반응은 "청하건대 아직 성 중에 남아있는 말 다섯 마리를 취하고 사람을 보내 정탐하

게 하소서"(13) 하면서, 말과 마병이 성 중에 남아있다 굶어 죽으나 나갔다가 죽으나 마찬가지 일 바에의 정탐하는 편이 낫지
않겠느냐는 반신반의하는 말을 했습니다. 왕의 추론도 신복의 논리에도 일리는 있다고 하겠습니다. 그러나 그것은 인간의 이성적인 판단이지 "믿음"은 아닌 것입니다.

이 점에서 생각해야 할 중요한 요점은 하나님의 사람이 예언한 "여호와의 말씀"이 철저하게 배제되어 있다는 점입니다. 하나님의 사람이 "내일 이맘때에 사마리아 성문에서 고운 밀가루 한 스아를 한 세겔로 매매하고 보리 두 스아를 한 세겔로 매매하리라 하셨느니라"(1) 하였을 때, 그때 당장은 믿지를 못하였다고 하여도 나병 환자들을 통해서 아름다운 소식을 전해 들었을 때는 "오, 하나님의 말씀 같이 되었도다"고 이를 상기했어야 마땅한 것입니다. 그러나 이를 마음에 담아두고 있는 자는 이스라엘 진영 중에는 단 한 사람도 없었던 것입니다.

"백성들이 나가서 아람 사람의 진영을 노략한지라 이에 고운 밀가루 한 스아에 한 세겔이 되고 보리 두 스아가 한 세겔이 되니 여호와의 말씀과 같이 되었다"(16) 합니다. 그런데 "여호와께서 하늘에 창을 내신들 어찌 이런 일이 있으리요"(2) 하고, 하나님의 사람의 말씀을 비웃던 장관은 아름다운 소식을 듣고 달려나가던 백성들의 발에 밟혀 죽음으로 "하나님의 사람의 말대로"(17) 되었다 합니다.

형제여, 본문이 어디에 초점을 맞추고 있는가를 보십시오. "여호와의 말씀을 들을지어다(1), 여호와의 말씀과 같이 되었고(16), 하나님의 사람의 말대로 죽었으니(17), 그 장관에게 그대로 이루었으되"(20) 하고, 초점이 "하나님의 말씀"에 맞춰져 있는 것입니다. 그러므로 7장을 마치기 전에 몇 가지 자문해 보아야 합니다.

① 이 시대에 하나님의 말씀 곧 아름다운 소식을 맡은 자가 누구인

가?(고전 4:1)

② 전하는 자는 하나님의 말씀을 혼잡하게 하지 아니하고 순전함으로 전하고 있는가?(고후 2:17)

③ 말씀을 받는 자는 사람의 말로 받지 아니하고 하나님의 말씀으로 받고 있는가?(살전 2:13)

④ 예배를 마치자마자 들은 말씀이 흘러 떠내려가고 있지는 아니한가?(히 2:1)

8장

유다 멸하기를 즐겨 아니하신 하나님

8장은 오랜만에 남 유다에 대한 기사가 등장하는데, 남쪽 유다도 "이스라엘 왕들의 길을 가서 아합의 집과 같이 하였다"(18)는 것입니다. 그럼에도 불구하고 "여호와께서 그의 종 다윗을 위하여 유다 멸하기를 즐겨하지 아니하셨으니 이는 그와 그의 자손에게 항상 등불을 주겠다고 말씀하셨음이더라"(19) 하는데, 이것이 8장의 중심점입니다.

열왕기상 12장에서 분열 왕국이 된 이후로 이상하다고 하리만치 초점이 북이스라엘에 맞혀져 내려왔습니다. 그 기간동안 하나님께서는 엘리야와 엘리사를 북이스라엘 즉 아합 가문에 보내셔서 "여로보암의 길에서 돌이켜 다윗의 길"로 돌아오라고 권고하셨던 것입니다.

이렇게 하신 것은 이스라엘이 남쪽 유다보다 선하거나 중요하기 때문이 아니라 북이스라엘은 "이에 이스라엘이 다윗의 집을 배반하여 오늘까지 이르렀더라"(왕상12:19) 하신 대로 잃어버린 백성들이기 때문입니다. 하나님은 열두 아들 중에서 열 아들을 잃어버린 셈입니다. "그 잃은 것을 찾도록 찾아다니지 아니하겠느냐" 하신 셈입니다.

이처럼 북쪽 이스라엘에 집중되어 내려오던 말씀이 오랜만에 "유다"(19)를 언급하는데 그동안 유다는 어떻게 변해있었을까요? 이를 네 단원으로 나누어 상고하겠습니다.

첫째 단원(1-6) 구약의 나사로
둘째 단원(7-15) 엘리사의 눈물
셋째 단원(16-24) 이스라엘 왕들의 길로 행한 여호람
넷째 단원(25-29) 이스라엘 왕들의 길로 행한 아하시아

첫째 단원(1-6) 구약의 나사로

8장은 "엘리사가 이전에 아들을 다시 살려 준 여인에게 이르되 너는 일어나서 네 가족과 함께 거주할 만한 곳으로 가서 거주하라 여호와께서 기근을 부르셨으니 그대로 이 땅에 칠년 동안 임하리라"(1) 하는 말씀으로 시작됩니다. 7장에서 상고한 대로 하나님께서 "하늘에 창을 내시고" 주림과 대적으로부터 구원하여 주셨으나 이를 경험하고도 여호람 왕과 백성들은 회개하지 않았습니다. 하나님께로 돌아오지 않았습니다.

패역한 그들에게 엘리야 때에 "삼년 육개월 동안" 한재를 내리셨

던 여호와께서 칠년의 기근을 임하게 하셨다는 것은 너무나 당연지사였던 것입니다. 이 점에서 느닷없이 4장에서 엘리사가 아들을 다시 살려 준 수넴 여인이 등장하고 있는데, 그 의도가 무엇인가? 여기에는 하나님의 놀라운 섭리가 있으셨기 때문입니다.

엘리사가 7년 흉년이 임할 것을 왕과 다른 장관들에게 말을 했다면 어떤 반응을 보였을까요? 그러나 여인은 "일어나서 하나님의 사람의 말대로 행하여 그의 가족과 함께 가서 블레셋 사람들의 땅에 칠년을 우거했다"(2) 합니다. 이는 아브라함이 "고향과 친척과 아버지의 집을 떠나 내가 네게 보여 줄 땅으로 가라"(창 12:1) 하신 하나님의 말씀을 쫓아간 것에 비할 만한 믿음이라 할 수 있습니다.

"칠년이 다하매 여인이 블레셋 사람들의 땅에서 돌아와 자기 집과 전토를 위하여 호소하려 하여 왕에게 나아갔더라"(3), 즉 돌아와 보니 자기 집과 전토를 다른 사람이 차지하고 있었기 때문에 호소하기 위해서 왕에게 나아갔다는 것입니다.

그런데 하나님의 놀라운 섭리를 보십시오. 4절은 "그 때에"하고 시작되는데 "왕이 하나님의 사람의 사환 게하시로부터 엘리사가 행한 모든 큰일"(4)을 듣고 있던 중 마침 "엘리사가 죽은 자를 다시 살린 일"(5)을 말하고 있는 바로 그때, "그 다시 살린 아이의 어머니가 자기 집과 전토를 위하여 왕에게 호소하러" 왔다는 것입니다. 그래서 게하시가 이르되 "내 주왕이여 이는 그 여인이요 저는 그의 아들이니 곧 엘리사가 다시 살린 자니이다"(5)고 증언을 했다는 말씀입니다.

무슨 증거가 더 필요하단 말인가? 여인과 아이는 산 증인으로 제시된 것입니다. 그러므로 수넴 여인의 아들은 구약에 나타난 나사로라 하겠습니다. 믿지 못함은 증거가 불충분하기 때문이 아닙니다. 이로 미루어 생각해 볼 때 수넴 여인이 엘리사의 "말대로 행한" 것이 결코 작은 믿음이 아니었다는 점을 깨닫게 됩니다.

왕은 "여인에게 속한 모든 것과 이 땅에서 떠날 때부터 이제까지 그의 밭의 소출을 다 돌려주라 하였더라"(6) 합니다. 그런데 여인의 소유와 소출을 주인에게 돌려주라 명한 왕은 자신을 하나님께 돌려드리려 하지는 않았습니다.

둘째 단원(7-15) 엘리사의 눈물

"엘리사가 다메섹에 갔을 때에 아람 왕 벤하닷이 병들었더니"(7상) 합니다. 이런 일이 있은 후에 엘리사가 다메섹으로 갔다는 것입니다. 다메섹은 아람 나라의 수도입니다. 그곳에 하나님의 사람이 간 것입니다. 이런 일을 예사로 여겨서는 안 됩니다. 왜냐하면 선민 이스라엘의 주변의 이방 나라들은 이스라엘을 징벌하기 위한 채찍으로 사용하셨기 때문입니다. 그러므로 "하나님의 사람"이 다메섹으로 갔다는 것은 이스라엘에 대한 심판의 전주곡과도 같은 것입니다.

아람 왕 벤하닷은 "하나님의 사람이 여기 이르렀다"는 말을 듣고 하사엘을 엘리사에게 보내 자신의 병이 낫겠는가 물으라 합니다. 이 점에서 생각나는 것이 있습니다. 그것은 이스라엘 왕 아합의 아들 아하시야가 병들었을 때는 신하를 바알세붑에게 보내어 "병이 낫겠나" 물어보라 했는데(1:2), 이방의 왕은 신하를 엘리사에게 보내어 묻고 있다는 점입니다. 성경이 이를 기록하게 하심은 이스라엘의 타락상을 고발하기 위해서인 것입니다.

하나님의 사람 엘리사가 하사엘을 "그가 부끄러워하기까지 그의 얼굴을 쏘아보다가"(11) 울었다 합니다. 하사엘이 이르되 "내 주여 어찌하여 우시나이까" 하니 "네가 이스라엘 자손에게 행할 모든 악을 내가 앎이라 네가 그들의 성에 불을 지르며 장정을 칼로 죽이며 어린아이를 메치며 아이 밴 부녀를 가르리라"(12) 하는 것이 아닌가?

무슨 뜻인가? 하사엘이 아람 왕이 되어서 이스라엘 자손에게 행할 무자비한 살상(심판)을 바라보았기 때문입니다. 하나님께서는 하사엘을 이스라엘을 징벌하는 도구로 사용하시려는 것입니다. 앞에서 언급한 대로 하나님께서는 이스라엘에 대하여 편애하신다고 할 정도로 오래 참으시며 기다리신 하나님이십니다. 그런데 "이 때에 여호와께서 이스라엘에서 땅을 잘라내기 시작하시매 하사엘이 이스라엘의 모든 영토에서 공격하되"(10:32) 하고 징벌하실 수밖에 없으셨던 것입니다. 이 점에서 유념해야 할 점은, 하나님은 "나는 조금 노하였거늘 그들은 힘을 내어 고난을 더하였음이라"(슥 1:15) 즉 그들은 포악을 행했다는 점입니다.

신약의 성도들은 선지자 엘리사가 이스라엘에 임할 환난을 "바라보다가 울었다"는 말씀을 통해서도 참 선지자로 오신 예수 그리스도께서 "가까이 오사 성을 보고 우시면서, 너도 오늘 평화에 관한 일을 알았더라면 좋을 뻔하였거니와 지금 네 눈에 숨겨졌도다 날이 이를지라 네 원수들이 토둔을 쌓고 너를 둘러 사면으로 가두고 또 너와 및 그 가운데 있는 네 자식들을 땅에 메어치며 돌 하나도 돌 위에 남기지 아니하리니 이는 네가 보살핌받는 날을 알지 못함을 인함이니라"(눅 19:41-44) 하신 말씀을 연상한다는 것은 당연한 것입니다.

마치 "암탉이 제 새끼를 날개 아래에 모음 같이 내가 너희의 자녀를 모으려 한 일이 몇 번이냐 그러나 너희가 원하지 아니하였도다"(눅 13:34) 하신 주님의 마음을 품었기에 엘리사도 울었던 것입니다.

엘리사가 말한 대로 "그 이튿날에 하사엘이 이불을 물에 적시어 왕의 얼굴에 덮으매 왕이 죽은지라"(15), 하사엘이 반역을 하고 아람의 왕이 되었는데, 13:3절에서는 "여호와께서 이스라엘에게 노하사 늘 아람 왕 하사엘의 손과 그의 아들 벤하닷의 손에 넘기셨더니"

하고 진노의 채찍 노릇을 하는 것을 보게 됩니다.

셋째 단원(16-24) 이스라엘 왕들의 길로 행한 여호람(5대)

"이스라엘 왕 아합의 아들 요람 제 오년에 유다 왕 여호사밧이 오히려 위에 있을 때에 그 아들 여호람이 왕이 되니라"(16) 합니다. 이제까지 북쪽 이스라엘에 관하여 말씀하다가 갑자기 유다를 언급하는 까닭이 무엇일까요? 북이스라엘과 남 유다를 대조해서 차별화를 보여주시려는 것입니다. 여호람이 왕이 되어 "그가 이스라엘 왕들의 길을 가서 아합의 집과 같이 하였으니 이는 아합의 딸이 그의 아내가 되었음이라"(18) 합니다. 이는 부친 여호사밧의 책임이기도 합니다.

아합은 이세벨을 아내를 삼음으로 악명 높은 왕이 되었고, 여호사밧은 아들 여호람에게 아합과 이세벨 사이에서 태어난 딸을 아내로 맞이하게 함으로 그들의 악에 동참하게 하였던 것입니다. 그럼에도 불구하고 어떤 차별화가 나타나는가? 북이스라엘은 왕조(王朝)가 여러 번 반역에 의하여 단절되고 바뀝니다. 그러나 유다는 이처럼 아합 집과 같이 행하였음에도 불구하고 단절됨이 없이 다윗의 왕위를 보존하여 주셨다는 여기에 차별화가 나타나는 것입니다.

왜 보존해주셨는가? "그가 여호와 보시기에 악을 행하였으나 여호와께서 그의 종 다윗을 위하여 유다 멸하기를 즐겨하지 아니하셨으니 이는 그와 그의 자손에게 항상 등불을 주겠다고 말씀하셨음이더라"(18하-19) 한 하나님의 주권적인 은혜였던 것입니다. 여기가 8장의 중심점입니다.

이렇게 하심은 다윗의 자손으로 그리스도를 보내셔서 왕위에 오르게 하실 구원계획을 이루시기 위해서라는 말씀입니다. 그리고 그 약속은 "주 하나님께서 그 조상 다윗의 왕위를 그에게 주시리니 영원히 야곱의 집을 왕으로 다스리실 것이며 그 나라가 무궁하리라"(눅 1:32-33) 하신 데서 성취되었던 것입니다. 이것이 "항상 등불을 주겠다고 말씀하셨음이더라"는 뜻입니다. 등불이란 "참 빛"(요 1:9)되시는 그리스도를 가리키는 말씀입니다.

여호람은 이처럼 영광스러운 다윗의 왕위에 올랐으면서도 아합의 딸인 아내의 영향을 받아 아합 집과 같이 하여 "유다 여러 산에 산당을 세워 예루살렘 주민으로 음행하게 하고 또 유다를 미혹하게 하였던"(대하 21:11) 것입니다. 그리하여 역대하에 의하면 여호람이 "아끼는 자 없이 세상을 떠났으며 무리가 그를 다윗성에 장사하였으나 열왕의 묘실에는 두지 아니하였더라"(대하 21:20)고 말씀합니다. "다윗 성"이란 예루살렘을 가리키는데 아합의 묘실에 장사하지 않기가 다행이라 할 것입니다.

넷째 단원(25-29) 이스라엘 왕들의 길로 행한 아하시야(6대)

"이스라엘의 왕 아합의 아들 요람 제 십이년에 유다 왕 여호람의 아들 아하시야가 왕이 되니"(25) 합니다. 아하시야의 "어머니의 이름은 아달랴라 이스라엘 왕 오므리의 손녀이더라" 합니다. 어머니가 아합의 딸이었기 때문에 "아하시야가 아합의 집 길로 행하여 아합의 집과 같이 여호와 보시기에 악을 행하였다"(26-27) 합니다. "이는 그 모친이 꾀어 악을 행하게 하였음이라"(대하 22:3) 합니다.

일단 죄의 올무에 빠지게 되면 여간해서 벗어날 수 없는 것입니다. 그것은 성적(性的)인 죄일수록 더욱 그러합니다. 왜냐하면 뿌린 씨로 인한 혈연(血緣) 관계가 형성되기 때문입니다. 이처럼 이세벨의 핏줄에 얽힌 아하시아가 어찌 아합 집의 영향에서 자유로울 수 있었겠습니까?

유다 왕 아하시야가 "아합의 아들 요람과 함께 길르앗 라못으로 가서 아람 왕 하사엘과 더불어 싸우더니"(28) 한 이 장면을 열왕기상 22:4절과 대조해 보십시오. 그의 할아버지 여호사밧 왕이 아합과 동맹하여 길르앗 라못으로 가서 아람 군대와 싸운 것의 반복입니다. 이로 말미암아 여호사밧이 죽을 뻔했었고 하나님께 책망을 받았는데(대하 19:2), 본문에서는 이런 악순환이 되풀이 되고 있는 것입니다.

이스라엘 왕 요람이 길르앗 라못으로 가는 것은 징벌을 받으러 가는 것인데 어찌하여 유다 왕이 따라가느냐 말입니다. 이 점에서 상기해야 할 이름이 아람 왕 "하사엘"인데, 하사엘은 엘리사가 쏘아보다가 울었던 장본인이요, 하나님께서 이스라엘을 징벌하기 위한 채찍으로 삼으신 인물인 것입니다. 그런데 유다 왕이 어찌하여 동행을 하고 있는가? 촌수로 따지면 외삼촌이 되고 그리하여 "아하시야가 아합의 집 길로"(27) 행했기 때문입니다. 그렇다면 함께 심판받을 수밖에 없는 것입니다.

> 젊은이가 곧 그를 따랐으니 소가 도수장으로 가는 것 같고
> 미련한 자가 벌을 받으려고 쇠사슬에 매이러 가는 것과 같도다
> 필경은 화살이 그 간을 뚫게 되리라
> 새가 빨리 그물로 들어가되 그의 생명을 잃어버릴 줄을 알지 못함과 같으니라 (잠 7:22-23).

결과는 어찌 되었는가? "길르앗 라못으로 가서 아람 왕 하사엘과 더불어 싸우더니 아람 사람들이 요람에게 부상을 입힌지라(28), 당한 부상을 치료하려 하여 이스르엘로 돌아왔더라"(29) 합니다.

그런데 유다의 왕 아하시야는 정신을 차리지 못하고 부상당한 "아

합의 아들 요람을 보기 위하여 (또) 내려갔다"(29) 합니다. "내려가서는" 안되고 "올라와야"하는 것입니다. 결국 다음 장에서 이스라엘과 왕과 유다 왕이 함께 죽임을 당하는 것을 보게 됩니다.

8장을 마치기 전에 다시 한번 상기할 점은, 여호사밧은 분명 선한 왕이었습니다. 그러나 그는 영적인 분별력이 부족하여 이처럼 결정적인 잘못을 범하고 말았던 것입니다. 이는 사탄의 간악한 궤계에 빠진 것이라 할 수 있는데 노아 당시에도 "하나님의 아들들이 사람의 딸들의 아름다움을 보고 자기들의 좋아하는 모든 자로 아내를 삼는지라"(창 6:2) 한 성적인 문제로 섞이게 되었고 결국은 홍수심판을 자초하고야 말았던 것입니다.

그럼에도 불구하고 "여호와께서 그 종 다윗을 위하여 유다 멸하기를 즐겨하지 아니하셨다"(17), "그러나 죄가 더한 곳에 은혜가 더욱 넘쳤나니"(롬 5:20)라고 말할 수밖에 없는 것입니다. "다윗을 위하여란, 이는 그와 그 자손에게 항상 등불을 주겠다고 말씀하신"(19), 즉 다윗에게 허락하신 메시아언약 때문이라는 것입니다. 이점을 시편 기자는 이렇게 노래하고 있습니다.

> 만일 그의 자손이 내 법을 버리며 내 규례대로 행하지 아니하며
> 내 율례를 깨뜨리며 내 계명을 지키지 아니하면
> 내가 회초리로 그들의 죄를 다스리며
> 채찍으로 그들의 죄악을 벌하리로다
> 그러나 나의 인자함을 그에게서 다 거두지는 아니하며
> 나의 성실함도 폐하지 아니하며
> 내 언약을 깨뜨리지 아니하고
> 내 입술에서 낸 것은 변하지 아니하리로다
> 내가 나의 거룩함으로 한 번 맹세하였은즉
> 다윗에게 거짓말을 하지 아니할 것이라 - 시편 89:30-35 -

9장

예후를 들어 아합 집을 심판하신 하나님

9장은 오래 참으시고 기다리시던 하나님께서 "예후"를 들어 아합 집을 심판하시는 내용입니다. 그토록 오래 참으시며 권고하시던 하나님의 심판이 기어코 아합 집에 임하게 되는데, 9장에는 "여호와의 말씀"이 여섯 번(3,6,12,26,26,36)이나 강조되면서 "말씀하신 대로" 되었다는 점을 나타내고 있습니다.

아합의 군대 장관인 예후에게 기름을 부어 왕을 삼으신 후에 "너는 네 주 아합의 집을 치라 내가 나의 종 곧 선지자들의 피와 여호와의 종들의 피를 이세벨에게 갚아 주리라"(7) 하십니다. 이렇게 하실 것이 이미 열왕기상 19:16-17절에 예언된 바로써 때가 차매 시행하기에 이른 것입니다. 문제는 심판의 불똥이 "아합의 집 길로 행한" 유다 왕에게도 튀게 된다는 데 있는 것입니다. 이를 세 단원으로 나누어 상고합니다.

첫째 단원(1-16) 예후에게 기름을 부어 왕으로 삼다
둘째 단원(17-29) 요람에게 성취된 여호와의 말씀
셋째 단원(30-37) 이세벨에게 성취된 여호와의 말씀

첫째 단원(1-16) 예후에게 기름을 부어 왕으로 삼다

선지자 엘리사가 제자 중 한 사람에게 기름병을 가지고 길르앗 라못으로 가서 "예후"에게 기름을 부우면서 "여호와의 말씀이 내가 네게 기름을 부어 이스라엘 왕으로 삼노라 하셨느니라" 하고 도망하되 지체하지 말지니라(1-3)고 지시합니다.

기름을 붓고 도망치라 함은 이 일이 반역하는 혁명적인 일이기 때문입니다. 선지자 엘리사는 늙은 자기 대신 젊은 제자를 길르앗 라못으로 보내어 아람 군과 대치하고 있는 군대 장관 예후에게 기름을 부어 왕을 삼게 하라는 하나님의 명령을 수행하게 했던 것입니다. 본 단원에는 "이스라엘 왕으로 삼노라"는 말이 세 번(3,6,12), 이것이 "여호와의 말씀"이라는 점이 세 번(3,6,12) 강조되어 있습니다. 하나님께서는 예후를 아합 집을 심판하실 "진노의 막대기요 그 손의 몽둥이"(사 10:5)로 삼으신 것입니다.

예후는 다른 군대 장관들이 "그 미친 자가 무슨 까닭으로 그대에게 왔더냐"(11)고 묻는 말에 "그가 이리이리 내게 말하여 이르기를 여호와의 말씀이 내가 네게 기름을 부어 이스라엘 왕으로 삼는다 하셨다 하더라"(12)고 진상을 말해줍니다. 그러자 "무리가 각각 자기의 옷을 급히 가져다가 섬돌 위 곧 예후의 밑에 깔고 나팔을 불며 이르되 예후는 왕이라"(13)고 즉 반역으로 여기지 않고 왕으로 추대했다는 것입니다.

이처럼 뜻이 모아지게 된 것은 "네 어머니 이세벨의 음행과 술수가 이렇게 많으니 어찌 평안이 있으랴"(22) 한대로, 아합 집의 죄악이 포화상태에 이르렀기 때문이요, 하나님께서 심판하시기로 작정을 하셨기 때문입니다. 하나님께서는 아브라함에게 그의 자손들이 이방에서 객이 되어 사백 년 동안 고초를 겪다가 가나안 땅으로 돌아오게 될 것을 말씀하시면서 "이는 아모리 족속(가나안의 대표적인 족속)의 죄악이 아직 가득 차지 아니함이니라"(창 15:16)고 말씀하셨는데, 아합 집의 죄악이 가득 차게 되자 예고하신 대로 심판을 시행하신 것입니다.

예후가 병거를 타고 이스르엘로 가니 요람 왕은 싸움에서 부상당한 몸을 치료하느라 이스르엘에 머물고 있었고(8:29), 유다 왕 아하시야가 문병차 그곳에 와 있었다는(16) 것입니다. 그리하여 요람과 아하시야가 함께 예후에게 죽임을 당하게 되는 것입니다. 유다 왕 아하시야가 요람과 함께 싸우러 길르앗 라못으로 가지 않았다면(8:28), 또한 문병하기 위하여 예루살렘에서 사마리아로 내려가지 않았다면, 예후 심판의 칼에 함께 죽임을 당하지는 않았을 것입니다.

둘째 단원(17-26) 요람에게 성취된 여호와의 말씀

"이스르엘 망대에 파수꾼 하나가 서 있더니 예후의 무리가 오는 것을 보고 이르되 내가 한 무리를 보나이다 하니 요람이 이르되 한 사람을 말에 태워 보내어 맞이하여 평안하냐 묻게 하라"(17) 합니다.

그리고는 반역이 일어난 것을 알고 요람이 도망하자 "예후가 힘을 다하여 활을 당겨 요람의 두 팔 사이를 쏘니 화살이 그의 염통을 꿰뚫고 나오매 그가 병거 가운데에 엎드러진지라 예후가 그의 장관 빗

갈에게 이르되 그 시체를 가져다가 이스르엘 사람 나봇의 밭에 던지라"고 명하면서, 네가 기억하려니와 아합이 나봇의 포도원을 약탈하였을 때 "여호와께서 이같이 그의 일을 예언하셨느니라"(24-25상)고 상기시킵니다.

예후는 아합이 나봇이 죽었다는 말을 듣고 포도원을 취하러 그리로 내려갈 때 빗갈과 함께 아합을 수행했는데, 그때 엘리야로 하신 "내가 어제 나봇의 피와 그의 아들들의 피를 분명히 보았노라 여호와께서 또 말씀하시기를 이 토지에서 네게 갚으리라" 하신 말씀을 상기시키면서 "그런즉 여호와의 말씀대로 그의 시체를 가져다가 이 밭에 던질지니라"(26)고 명함으로 예언을 성취시켰던 것입니다.

문병을 갔던 유다 왕 아하시야도 도망가다가 므깃도에서 죽임을 당하게 됩니다. 그러니까 아합의 아들과 외손자가 한 날에 죽은 것입니다. 성경은 말씀합니다. "아하시야가 요람에게 가므로 해를 받았으니 이는 하나님께로 말미암은 것이라"(대하 22:7). 여호사밧 왕이 아합 집과 통혼하지 않았다면 이러한 화를 당하지는 않았을 것입니다.

셋째 단원(30-37) 이세벨에게 성취된 여호와의 말씀

요람 왕을 처단한 예후는 이세벨을 심판하기 위하여 말머리를 이스르엘로 향합니다. "이세벨이 듣고 눈을 그리고 머리를 꾸미고 창에서 바라보다가 예후가 문에 들어오매 이르되 주인을 죽인 너 시므리여 평안하냐"(30-31) 하고 독살스럽게 말합니다. 이세벨은 자신에게 닥칠 종말을 맞이함에 있어서도 뉘우치는 기미는 없이 특유의 표독

한 모습을 보여주고 있습니다.

예후를 가리켜 "시므리"라 한 것은 시므리도 바아사의 온 집을 멸하고 왕위에 오른 반역자이기 때문에 격멸하는 뜻으로 한 말인데, 하나님께서는 아합의 집을 심판하시되 "바아사의 집처럼 되게 하겠다"(왕상 21:22)고 말씀하셨던 것입니다. 예후는 아합 집에 대하여 시므리의 역할을 했던 것입니다.

"이르되 그를 내려던지라 하니 내려던지매 그의 피가 담과 말에게 튀더라 예후가 그의 시체를 밟으니라(33), 가서 이 저주받은 여자를 찾아 장사하라, 가서 장사하려 한즉 그 두골과 발과 그의 손 외에는 찾지 못한지라 이는 여호와께서 그 종 디셉 사람 엘리야를 통하여 말씀하신 바라 이르시기를 이스르엘 토지에서 개들이 이세벨의 살을 먹을지라"(36) 한대로 성취되었던 것입니다.

남편 아합과 아들 아하시야와 다른 아들 여호람, 세 왕을 배후에서 사주하여 수많은 선지자를 죽이고 이스라엘을 멸망으로 이끌었던 악명 높은 이세벨은 자신의 종말도 비극적으로 끝마치고 말았던 것입니다. 9장에는 "여호와의 말씀"이 모두 여섯 번(3,6,12,26,26,36)이나 강조되어 있는데, "여호와께서 말씀하시기를...여호와의 말씀대로"(26) 아합 집이 그토록 멸시하던 여호와의 말씀 그대로 성취되었다는 것이 우리에게 주시는 경고적인 메시지입니다. 9장이 후대에 주시는 불변의 진리는 "여호와의 말씀"은 일점일획도 어긋남이 없이 그대로 이루어지고야 만다는 진리입니다.

그런데 성경은 "그러나 네게 책망할 일이 있노라 자칭 선지자라 하는 여자 이세벨을 네가 용납함이니 그가 내 종들을 가르쳐 꾀어 행음하게 하고 우상의 제물을 먹게 하는도다"(계 2:20) 하고, 영적인 이세벨은 죽지 아니하고 어느 시대나 살아 역사한다고 경고합니다. 현대의 이세벨은 자칭 선지자로 등장하는데, 그가 주의 종들을 가르쳐 꾀어 행음하게 한다는 말은 “비진리”로 미혹함을 의미합니다. 이것이 본문이 현대교회에게도 적실성이 있는 경고인 것입니다.

10장

예후를 들어 아합에게 속한 자를 심판하신 하나님

10장도 아합 집이 심판을 당하는 내용인데, 9장에서 아합의 아들 이스라엘 왕 요람(9:24)과 이세벨을 심판(9:33)하신 것은 아합 집의 몸통을 치신 것입니다. 그런데 10장에서는 아합 집의 씨와 가지, 즉 아합의 아들 칠십 명(7)과 이스르엘에 남아있는 아합 집에 속한 자(11)와 사마리아에 남아있는 아합 집에 속한 자(17)와 이세벨 곁에서 바알을 섬기던 제사장들(25)까지 철두철미하게 심판하시는 것을 보게 됩니다. 이는 하나님께서 엘리야로 하신 예언의 성취였던 것입니다. 그러므로 10장의 주제가 "예후를 들어 아합에게 속한 자를 심판하신 하나님"이 될 수 있습니다. 이를 세 단원으로 나누어 상고합니다.

첫째 단원(1-17) 엘리야로 하신 말씀의 성취
둘째 단원(18-29) 힘으로 자기 신을 삼은 예후
셋째 단원(30-36) 이스라엘을 찢으신 하나님

첫째 단원(1-17) 엘리야로 하신 말씀의 성취

"아합의 아들 칠십 명이 사마리아에 있는지라"(1), 예후가 편지를 써서 사마리아에 있는 이스르엘 방백 곧 장로들과 아합의 여러 아들을 교육하는 자들에게 보냅니다. 편지 내용은 아합의 아들 중에서 "가장 어질고 정직한 자를 택하여 그의 아버지의 왕좌에 두고 너희 주의 집을 위하여 싸우라"(3)는 것이었습니다. 이는 "아합이냐? 예후냐" 결단을 촉구하는 통첩인데, "그들이 심히 두려워하여 이르되 두 왕이 그를 당하지 못하였거든 우리가 어찌 당하리요" 하고 "우리는 당신의 종이라 당신이 말하는 모든 것을 우리가 행하고 어떤 사람이든지 왕으로 세우지 아니하리니 당신이 보기에 좋은 대로 행하라 한지라"(5).

그렇다면 "만일 너희가 내 편이 되어 내 말을 너희가 들으려거든 너희 주의 아들 된 사람들의 머리를 가지고 내일 이맘때에 이스르엘에 이르러내게 나아오라" 하니 "그들이 왕자 칠십 명을 붙잡아 죽이고 그들의 머리를 광주리에 담아 이스르엘 예후에게로 보내니라"(7) 합니다.

그런 후에 예후는 "그런즉 이제 너희는 알라 곧 여호와께서 아합의 집에 대하여 하신 말씀은 하나도 땅에 떨어지지 아니하리라 여호와께서 그의 종 엘리야를 통하여 하신 말씀을 이제 이루셨도다"(10) 고 선언합니다. 본문에는 엘리야로 하신 "말씀"의 성취가 강조(9:26,

36, 10:10,17)되어 있는데, 여기가 10장의 중심점입니다.

이처럼 "예후가 아합의 집에 속한 이스르엘에 남아있는 자를 다 죽이고 또 그의 귀족들과 신뢰받는 자들과 제사장들을 죽이되 그에게 속한 자를 하나도 생존자를 남기지 아니하였더라"(11) 합니다. 이 점에서 주목할 점이 있는데 예후는 왕자들만 죽인 것이 아니라 "그에게 속(屬)한 자"도 무사하지 못했다는 점입니다. "귀족들과 신뢰받는 자들"이 어째서 죽임을 당했는가? 그것은 분명합니다. "아합의 집에 속한 자들"이었기 때문입니다.

이점을 17절에서도 "사마리아에 이르러 거기 남아있는바 아합에게 속한 자를 죽여 진멸하였다"고 말씀합니다.

소속(所屬)이 어디냐? 이것이 중요합니다. 많은 나라 많은 민족이 있어도 영적 논리로는 두 나라, 두 진영, 두 왕이 있을 뿐입니다. 생명의 왕국과 사망의 왕국이 그것입니다. 소속이 없는 자는 없습니다. 모든 사람은 이 두 진영 중 어느 하나에 소속되어 있는 것입니다.

성경은 말씀합니다. "그러므로 악인들은 심판을 견디지 못하며 죄인들이 의인들의 모임에 들지 못하리로다"(시 1:5). 어째서 그들이 "악인"이며 "죄인"인가? 그들의 소속이 악한 자(사탄)에게 속해 있기 때문에 악인이라 하는 것입니다. 어떻게 "의인"이라는 칭호를 얻게 되었는가? 그가 "의의 왕국"에 소속이 되어있기 때문입니다(참고 롬 5:19-21). 이는 윤리적 차원을 뛰어넘는 영적 논리인 것입니다.

본문 12-14절을 보십시오. "예후가 일어나서 사마리아로 가더니 도중에 목자가 양털 깎는 집에 이르러 예후가 유다의 왕 아하시야의 형제들을 만나 묻되 너희는 누구냐" 합니다. 모든 사람은 이 물음에 대답해야 합니다. 그리고 대답 여하에 생사가 갈린다는 점을 명심해야 합니다. 그들은 대답하기를 "우리는 아하시야의 형제라 이제 왕자들과 태후의 아들들에게 문안하러 내려가노라", 즉 아합의 아들 칠십 명과 이세벨이 죽었다는 말을 듣고 조문하러 간다는 것입니다. 예후가 어떻게 했겠는가? "이르되 사로잡으라 하매 곧 사로잡아 목자가 양털 깎는 집 웅덩이 곁에서 죽이니 사십이 명이 하나도 남지 아니하였더라" 합니다. 왜 죽였는가? 아합 집에 속했다고 대답했기 때문입니다. 유다 왕 아하시야가 죽임을 당한 것도 이 때문입니다(9:27).

우리는 앞 문단에서 편애하신다 할 정도로 오래 참으시면서 권면하시는 하나님을 대하였습니다. 이것이 하나님의 사랑입니다. 그런데 본문에서 하나님의 손에 빠진다는 것이 얼마나 두려운가를 대하고 있는데, 이것이 하나님의 진노입니다.

묻습니다. 형제의 소속은 어디입니까? 소속과 위치가 분명합니까? 그렇다면 나 개인의 유익보다 소속의 명예를 최우선으로 생각합니까? 소속의 일원으로서 책임 있는 삶을 살아가고 있습니까? 심판 날에 "어느 왕국, 어느 진영"에 소속해 있느냐 하는 점은 구원이냐 멸망이냐의 갈림길이 된다는 점을 명심해야 합니다. 그렇다고 아무 진영에도 속하지 않는다든가, 양발을 걸치듯 두 진영에 속한다는 것은 불가능합니다. 자신이 알던 모르던, 인정하던 인정하지 않던 간에 모든 사람은 두 진영 중 어느 한 진영에 소속되어 있는 것입니다.

둘째 단원(18-29) 힘으로 자기 신을 삼은 예후

"예후가 뭇 백성을 모으고 그들에게 이르되 아합은 바알을 조금 섬겼으나 예후는 많이 섬기리라"(18) 하면서, "그러므로 내가 이제 큰 제사를 바알에게 드리고자 하노니 바알의 모든 선지자와 모든 섬기는 자와 모든 제사장들을 한 사람도 빠뜨리지 말고 불러 내게로 나아오게 하라 모든 오지 아니하는 자는 살려 두지 아니하리라"

(18-19) 하니, 이렇게 말함은 바알 섬기는 자들을 일망타진하려고 "계책"을 씀이라 합니다. 이렇게 하여 바알에 "소속"되어 있는 자들을 진멸합니다. 그들이 왜 이러한 변을 당했습니까? 아합의 아내 이세벨에게 속해 있었기 때문입니다. 그런 후에 "바알의 목상을 헐며 바알의 신당을 헐어서 변소를 만들었더니 오늘까지 이르니라"(27)고 말씀합니다.

이 점에서 생각해야 할 중요한 요점이 등장하는데, "예후"가 이렇게 행하는 동기가 무엇이며 중심이 어디에 있느냐 하는 점입니다. 성경은 말씀합니다. "너희는 먼저 그의 나라와 그의 의를 구하라"(마 6:33), 그러나 예후는 자신의 명예와 나라를 위해서 했던 것입니다.

이점이 "예후가 이와 같이 이스라엘 중에서 바알을 멸하였으나 이스라엘에게 범죄하게 한 느밧의 아들 여로보암의 죄 곧 벧엘과 단에 있는 금송아지를 섬기는 죄에서는 떠나지 아니하였더라"(28-29)는 점이 말해줍니다.

어찌하여 "송아지 우상"을 섬기는 죄에서는 떠나지 아니하였는가? 바알을 멸한 것은 이세벨과 연관이 있기 때문이었으나 금송아지를 멸하지 않은 것은 그것이 옳다고 여겼기 때문보다는 이스라엘의 초대 왕 여로보암이 제정을 한 것임으로 어떤 의미에서는 정통성을 계승한다는 정치적인 계산이 깔려있다고 여겨집니다. 그렇습니다. 예후의 열심은 "그의 나라와 그의 의"를 구한 열심히 아니라 자신의 왕권을 확립하려는 정치적인 동기에서였던 것입니다.

성경은 이런 자를 가리켜서 "그들은 자기들의 힘을 자기들의 신으로 삼는 자들이라 이에 바람 같이 급히 몰아 지나치게 행하여 범죄하리라"(합 1:11)고 경고합니다. 이 시대에 있어서도 "자기들의 힘으로 자기 신을 삼는" 권력자와 "그 배로 자기 신을 삼는"(빌 3:19) 종교가들은 많이 있는 것입니다.

셋째 단원(30-36) 예후의 집을 심판하실 것을 예언함

"여호와께서 예후에게 이르시되 네가 나보기에 정직한 일을 행하되 잘 행하여 내 마음에 있는 대로 아합 집에 다 행하였은즉 네 자손이 이스라엘 왕위를 이어 사대를 지내리라"(30) 하십니다. "4대를 지내리라"고 한정하신다는 점은 4대 만에 심판하시겠다는 뜻이 함의되어 있는 것입니다. 왜 그런가? "그러나 예후가 전심으로 이스라엘 하나님 여호와의 율법을 지켜 행하지 아니하며 여로보암이 이스라엘에게 범하게 한 그 죄에서 떠나지 아니하였기"(31) 때문이라 합니다.

이 예언대로 예후의 왕조는 여호아하스(13:1), 요아스(13:9), 여로보암 2세(14:23), 스가랴(15:8)까지 4대가 이어지다 결국은, "야베스의 아들 살룸이 그를 반역하여 백성 앞에서 쳐 죽이고 대신하여 왕이 됨으로"(15:10) 아합 집을 심판하는 도구로 쓰임 받던 예후 왕조도 심판받고 종말을 고하게 됩니다.

인간의 왕위는 "네 위가 영원하리라" 하신 다윗 언약과는 차별되는 유한하다는 점을 말해줍니다. 예후가 "금송아지를 섬기는 죄에서 떠나지 아니하였다"(31) 한 그 죄의 사슬이 4대에 걸쳐 그대로 계승(13:2,11, 14:24, 15:9)되어 내려왔던 것입니다.

이 점에서 집고 넘어가야 할 중요한 요점이 있는데, 하나님의 심판 도구로 사용된다 해서 반드시 의로운 자는 아니라는 점입니다. 이점이 하박국 선지자가 안고 있던 난제였는데, 하나님께서 "사납고 성급한 백성"(합 1:6)인 바벨론을 들어서 이스라엘을 징벌하시겠다는 말씀을 듣고는, "악인이 자기보다 의로운 사람을 삼키는데도 잠잠하시나이까"(합 1:13), 즉 유다가 아무리 타락하였다 하여도 저 바벨론보다는 낫지 않습니까 라고 항변하였던 것입니다.

예후의 경우도 그러합니다. 그는 말하기를 "나와 함께 가서 여호와를 위한 나의 열심을 보라"(16)고 자신의 열심을 자랑했습니다. 어떤 의미에서는 예후의 "열심"은 대단하다 하겠습니다. 그러나 그의 열심은 하나님의 뜻을 받드는 열심이 아니라 자기 뜻대로 자기 왕위를 굳히기 위한 자기중심적인 열심이었던 것입니다. 자기를 과시하기 위한 열심, 자기 명예를 충족시키려는 열심, 이러한 열심을 하나님을 위한 열심인 줄 착각하고 혼동하기 쉬운 것입니다.

이런 "열심"은 종교인들이 빠지기 쉬운 함정이기도 합니다. 주님 당시의 유대인들이 그러했습니다. "내가 증언하노니 그들이 하나님께 열심이 있으나 올바른 지식을 따른 것이 아니니라 하나님의 의를 모르고 자기 의를 세우려고 힘써 하나님의 의에 복종하지 아니하였느니라"(롬 10:2-3) 합니다.

이렇게 말씀하고 있는 바울 자신도 "열심으로는 교회를 핍박한"(빌 3:6), 즉 그는 교회를 핍박하는 것을 하나님을 위한 열심인 줄로 착각하고 율법의 의로는 흠이 없는 자로 여겼던 것입니다.

예후는 분명 하나님께서 오래 참으시며 돌아오기를 그토록 기다리시던 아합의 집을 심판하시는 막대기로 사용되었습니다. 그러나 이제는 예후의 집이 심판의 대상이 되고 있다는(호 1:4) 점을 명심해야 합니다. 이것이 "예후를 들어 아합에게 속한 자를 심판하신 하나님"입니다.

11장

다윗의 씨를 보존하여주신 하나님

11장은 아들 아하시야 왕이 예후에 의하여 죽임을 당하자 어머니 아달랴가 "왕의 자손을 모두 멸절"(1)하고 자신이 왕이 되어 6년을 다스리다가 종말을 고하는 내용입니다. 아달랴가 "왕의 자손을 모두 멸절"시키려 했다는 점을 구속사라는 맥락으로 보면 "여자의 후손" 곧 그리스도가 탄생하실 맥을 끊으려 한 사탄의 계략이 되는 것입니다.

그러나 하나님께서는 대제사장의 아내인 여호세바를 들어서 한 살 난 왕자 "요아스를 왕자들이 죽임을 당하는 중에서 빼내어" 6년 동안 성전에 숨겨 양육하게 하심으로 "다윗의 씨"를 보존해주셨던 것입니다.

표면적으로 보면 "아달랴"가 왕 노릇하는 6년은 다윗의 위가 단절되고 다윗에게 세워주신 메시아언약은 폐하여진 듯이 보였으나, 진정한 왕은 하나님의 전에 숨어있었을 뿐입니다. 이점을 세 단원으로 나누어 상고하겠습니다.

첫째 단원(1-3) 아달랴가 왕위를 찬탈함
둘째 단원(4-12) 숨어있던 왕이 나타남
셋째 단원(13-20) 보좌에 앉으신 왕

첫째 단원(1-3) 아달랴가 왕위를 찬탈함

"아하시야의 어머니 아달랴가 그의 아들이 죽은 것을 보고 일어나 왕의 자손을 모두 멸절하였으나 요람 왕의 딸 아하시야의 누이 여호세바가 아하시야의 아들 요아스를 왕자들이 죽임을 당하는 중에서 빼내어 그와 그의 유모를 침실에 숨겨 아달랴를 피하여 죽임을 당하지 아니하게 한지라"(1-2) 합니다.

"왕의 자손을 멸절하려 했다"(1)는 "왕의 씨"가 누구입니까? 자신의 귀여운 손자들인 것입니다. 남편 여호람과 아들 아하시야를 꾀어 바알을 섬기게 했던 그가 손자가 왕이 되어도 배후에서 얼마든지 조종할 수 있었을 것입니다. 그럼에도 불구하고 왕의 씨를 진멸하려 했다는 것은 이는 권세욕에서 나온 정치적인 야욕만이 아니라 영적인 문제라는 점을 인식해야 합니다.

아달랴가 진멸하려 한 왕의 씨가 어느 집의 왕의 씨인가? 역대하에서는 "유다 집의 왕국의 씨"(대하 22:10)라고 말씀합니다. 이 점에서 "유다 집의 "씨"가 무슨 씨이며 하나님께서는 이 씨를 어떻게 보존하여 내려오셨는가를 생각해야 합니다. 이를 알기 위해서는 창세기로 소급해 올라가야 하는데, 가인은 여자의 후손이 나실 줄기인 아벨을 쳐 죽였습니다.

그러나 하나님께서는 "가인이 죽인 아벨 대신에 다른 씨"(창 4:25)를 주셨습니다. 그리고 그 줄기에서 노아가 태어났는데, "방주에서 물로 말미암아 구원을 얻은 자가 몇 명뿐이니 겨우 여덟 명이라"(벧전 3:20)고, "겨우 여덟 명"이라는 표현은 무엇을 의미하는가? "믿음을 따르는 의의 상속자가 되었느니라"(히 11:7) 한 여자의 후손이 오실 대가 끊어지지 않도록 이어주는 "상속자"를 "보존하심" (벧후 2:5)이었다는 뜻입니다.

보존해주신 씨인 셈의 줄기에서 아브라함이 태어나는데 하나님께서는 그에게 "내가 네게 큰 복을 주고 네 씨가 크게 번성하여 하늘의 별과 같고 바닷가의 모래와 같게 하리니 네 씨가 그 대적의 성문을 차지하리라 또 네 씨로 말미암아 천하 만민이 복을 받으리니"(창 22:17-18) 하고 메시아언약을 세워주십니다. 그리고 이 "씨"가 아브라함–이삭–야곱–유다–다윗으로 이어져 내려온 것입니다.

하나님은 다윗에게도 "네 생명의 연한이 차서 네가 조상들에게로 돌아가면 내가 네 뒤에 네 씨 곧 네 아들 중 하나를 세우고 그 나라를 견고하게 하리라"(대상 17:11)고 언약을 세워주셨습니다. 이 언약이 일차적으로는 솔로몬으로 이루어졌다 하여도 궁극적인 씨는 "아브라함과 다윗의 자손 예수 그리스도"(마 1:1)에서 성취될 언약이었던 것입니다.

하나님께서는 분열 왕국이 될 때도 "오직 내가 이 나라를 다 빼앗지 아니하고 내 종 다윗과 내가 택한 예루살렘을 위하여 한 지파를 네 아들에게 주리라"(왕상 11:13)고, "한 지파, 한 등불"(왕상 11:36)을 남겨주셨던 것입니다. 이는 그리스도를 보내셔서 인류를 구원하시겠다는 강력한 의지를 나타내심이었던 것입니다.

그리하여 "여호와께서 그의 종 다윗을 위하여 유다 멸하기를 즐겨하지 아니하셨으니 이는 그와 그의 자손에게 항상 등불을 주겠다고 말씀하셨음이더라"(8:19) 합니다. 그런데 그 "씨 · 등불"을 아달랴가 진멸하려 했다는 것은 하나님께 대한 정면 도전이요, 메시아 왕국에 대한 대적 행위였던 것입니다. 궁극적으로는 배후에서 그를 조정하고 있는 사탄의 간계임을 깨닫게 합니다.

이런 맥락에서 하나님께서 아달랴의 계책을 방관하시겠는가? 고모이자 대제사장 여호야다의 아내인 여호세바를 들어서 이를 분쇄하십니다. 한 살 난 "요아스를 왕자들이 죽임을 당하는 중에서 빼내어"(2) 씨를 보존해주셨던 것입니다. 성경의 예민함을 보십시오. "요아스가 그와 함께 여호와의 성전에 육 년을 숨어있는 동안에 아달랴가 나라를 다스렸더라"(3) 합니다. 왕위가 끊어지거나 진멸되었습니까? 아닙니다. 다만 나타나지 않고 성전에 계실 뿐이었습니다.

그렇다면 누가 진정한 왕이라는 말인가? 그렇습니다. 아달랴는 여호와께서 세우시거나 인정하시는 왕이 아니라 "이 세상 임금"(요 12:31)의 표상일 뿐입니다. 에덴에 침입한 사탄은 아달랴를 통하여 유다 집에 침입하여 처음에는 배후에서 조정하다가 급기야는 이 세상 임금이 되어 왕 노릇하려고 정체를 드러냈던 것입니다.

그러므로 구속의 역사를 일별해 보면 진정한 왕이 숨어있는 듯한 기간이 있는 것입니다. 그중 하나가 바벨론에 포로가 된 70년의 기간입니다. 그러나 70년이라는 기한이 차매 백성들을 인도하여 제1차로 귀환한 사람은 다른 사람이 아닌 다윗 왕의 씨인 스룹바벨(대상 3:19)이었던 것입니다. 그러므로 마태복음에 수록되어있는 예수 그리스도의 족보에는 "바벨론으로 사로잡혀 간 후에 여고냐는 스알디엘을 낳고 스알디엘은 스룹바벨을 낳고"(마 1:12)라고 왕위가 중단됨이 없이 계승되어 내려왔음을 증언해주고 있는 것입니다.

신앙생활 중에도 때로는 왕이 계시지 않은 것과 같은 절망적인 시기가 있기 마련입니다. 그러나 그런 때도 왕은 하나님의 전에 계심을 굳게 믿으시기 바랍니다. 지금도 왕이 없는 양 자행자지하는 무리들이 있으나 진정한 왕은 하나님 우편에 계십니다. 주님은 말씀합니다. “이 세상 임금이 쫓겨나리라”(요 12:31).

앞에서도 언급했습니다만 유다의 제4대 왕 여호사밧은 참으로 선한 왕입니다. “여호와께서 여호사밧과 함께 하셨으니 이는 그가 그의 조상 다윗의 처음 길로 행하여 바알들에게 구하지 아니하고 오직 그의 아버지의 하나님께 구하며 그의 계명을 행하고 이스라엘의 행위를 따르지 아니하였음이라”(대하 17:3-4) 합니다.

그런 여호사밧에게 결정적인 실책이 있었는데, 아합으로 더불어 연혼(連婚)한(대하 18:1) 일입니다. 아합은 이세벨을 아내로 맞이하여 “그 전의 모든 사람보다 여호와 보시기에 악을 더욱 행한”(왕상 16:30) 자인데, 여호사밧은 그러한 아합의 딸을 그의 자부 즉 아들 여호람(요람)의 아내로 맞아드렸던 것입니다.

그 결과는 성경이 경계하신 대로 선한 왕의 아들 여호람도 “그가 이스라엘 왕들의 길로 행하여 아합의 집과 같이 하였으니, 이는 아합의 딸이 그의 아내가 되었음이라”(대하 21:6) 말씀하고, 그 악영향은 남편의 대에 멈추지 아니하고 아들에게도 미쳐서 “아하시야도 아합의 집 길로 행하였으니 이는 그의 어머니가 꾀어 악을 행하게 하였음이라”(대하 22:3)고 말씀합니다. 이런 맥락에서 아달랴를 유다의 7대 왕이라 할 수는 없는 것입니다.

둘째 단원(4-12) 숨어있던 왕이 나타남

“일곱째 해에 여호야다가 사람을 보내 가리 사람의 백부장들과 호위병의 백부장들을 불러 데리고 여호와의 성전으로 들어가서 그들과 언약을 맺고 그들에게 여호와의 성전에서 맹세하게 한 후에 왕자를 그들에게 보이고"(4) 합니다. 진멸된 줄로만 알았던 "왕의 씨"를 보게 되자 얼마나 놀랐을 것인가? 그리고 진정한 "왕"을 보게 되자 얼마나 감사했을 것인가!!

때가 찬 경륜 가운데 여호와의 전에 숨어있던 왕이 드디어 나타납니다. "호위병이 각각 손에 무기를 잡고 왕을 호위하되 성전 오른쪽에서부터 왼쪽까지 제단과 성전 곁에 서고 여호야다가 왕자를 인도하여 내어 왕관을 씌우며 율법 책을 주고 기름을 부어 왕으로 삼으매 무리가 박수하며 왕의 만세를 부르니라"(11-12) 합니다. 백성들은 얼마나 감격스러웠을 것인가?

"왕관을 씌우며, 율법 책을 주고, 기름을 부어 왕을 삼았다" 합니다. 이렇게 세움을 받은 구약시대의 왕들은 그들이 하나님의 기대하심에 부응하지 못해서 탈이었지 그리스도의 예표였던 것입니다. 메시아의 예표로 세움받은 왕들은 마땅히 율법 책에 명하신 대로 나라를 다스려야 했던 것입니다. 그러한 신정 왕국은 또한 메시아 왕국의 예표였던 것입니다. 이때 백성들은 "박수하며 왕의 만세를 부르니라"(12) 합니다.

반면 진멸한 줄 알았던 진정한 왕이 나타났을 때 아달랴의 놀라움과 두려움이 어떠했을까요? "주 예수께서 자기의 능력의 천사들과 함께 하늘로부터 불꽃 가운데에 나타나실 때에 하나님을 모르는 자들과 우리 주 예수의 복음에 복종하지 않는 자들에게 형벌을 내리시리니 이런 자들은 주의 얼굴과 그의 힘의 영광을 떠나 영원한 멸망의 형벌을 받으리로다 그날에 그가 강림하사 그의 성도들에게서 영광을 받으시고 모든 믿는 자들에게서 놀랍게 여김을 얻으시리니"(살후 1:7-8) 합니다.

때가 찬 하나님의 경륜 가운데 하나님 우편에 앉아 계시던 왕께서 우리에게도 "나타나실" 것입니다. 그날에는 성도들이 박수하며 "할렐루아"를 외치게 될 것입니다.

이런 맥락에서 아달랴를 유다의 7대 왕으로 인정한다는 것은 하나님께서 다윗에게 세워주신 메시아언약에 대한 모독이 될 수 있습니다. 왜냐하면 "네 집과 네 나라가 내 앞에서 영원히 보전되고 네 왕위가 영원히 견고하리라"(삼하 7:16) 하신 언약이 파괴되었음을 인정하는 것이 되기 때문입니다. 아달랴는 다윗의 혈통이 아니라 북쪽 이스라엘의 아합과 이세벨 사이에서 낳은 혈통이었기 때문입니다.

셋째 단원(13-21) 보좌에 앉으신 왕

"아달랴가 호위병과 백성의 소리를 듣고 여호와의 성전에 들어가 백성에게 이르러 보매 왕이 규례대로 단 위에 섰고 장관들과 나팔수가 왕의 곁에 모셔 섰으며 온 백성이 즐거워하여 나팔을 부는지라 아달랴가 옷을 찢으며 외치되 반역이로다 반역이로다"(13-14) 했다는 것입니다. 누가 진정한 반역자란 말인가? 사탄이란 다름 아닌 반역자라는 뜻입니다.

이때의 아달랴의 참담함을 어떻게 표현할 수 있으랴? 이런 일이 "볼지어다 그가 구름을 타고 오시리라 각 사람의 눈이 그를 보겠고 그를 찌른 자들도 볼 것이요 땅에 있는 모든 족속이 그로 말미암아 애곡하리니 그러하리라"(계 1:7)고 주님의 재림의 날에도 그러하리라 하십니다. 아달랴는 "왕궁의 말이 다니는 길로 가다가 거기서 죽임을 당하였더라"(16) 합니다.

이때 대제사장 여호야다가 백성들에게 선언한 말씀을 우리도 붙잡아야만 하는데, "여호와께서 다윗의 자손에게 대하여 말씀하신 대로 왕자가 즉위하여야 할지니"(대하 23:3) 한 말씀입니다. "다윗의 자손에게 대하여 말씀하신 대로", 그렇습니다. 여호야다는 왕이 숨어 있는 동안에도 하나님께서 다윗에게 세워주신 메시아언약을 보수하고 있었으며 받들어 드리고 있었던 것입니다.

"여호야다가 왕과 백성에게 여호와와 언약을 맺어 여호와의 백성이 되게 하고 왕과 백성 사이에도 언약을 세우게 하매"(17), 여기 중요한 말씀이 등장하는데 그것은 "언약을 세우게 했다"는 말씀입니다. 17절에는 "언약"이 두 번 강조되어 있는데,

㉠ 첫째는 "왕과 백성에게 여호와와 언약을 맺었다"는 말은, 백성들에게 하나님과의 관계를 정상적으로 회복시켜주었다는 뜻입니다. 왜냐하면 아달랴가 다스리는 동안에는 하나님과의 관계가 잘못되어 있었기 때문입니다. 이점이 "여호와의 백성이 되게 하고"라는 말에 나타납니다. 우리는 아달랴의 백성이 아니라 여호와의 백성이요, 하나님께서 세우신 다윗 집의 백성임을 맹세하는 그런 맹세였던 것입니다.

㉡ 둘째로 "왕과 백성 사이에도 언약을 세우게 하매"한 것은, 백성과 왕과의 관계를 정상적으로 회복시켜주었음을 나타냅니다. 왜냐하면 아달랴가 왕으로 있을 때에는 원치 않게" 이 세상 임금"에게 복종한 시기였기 때문입니다. 이렇게 함으로 잠시나마 물밑으로 숨어 있던 여호와의 언약을 재확인하고 견고하게 세웠던 것입니다. 궁극적으로 하나님과 우리와의 관계, 유대인과 이방인의 관계, 이웃과의 관계를 정상적으로 회복시켜주신 분은 우리 주 예수 그리스도시라는 점을 붙잡게 되기 바랍니다.

이렇게 해서 "왕을 인도하여 여호와의 성전에서 내려와 왕궁에 이르매 그가 왕의 왕좌에 앉으니 온 백성이 즐거워하고 온 성이 평온하더라"(19-20) 합니다. 이 장면은 우리를 메시아 왕국으로 인도해 줍니다. 진정한 왕께서 메시아 왕국에 즉위하실 날이 다가옵니다. 그 날을 바라보면서 시편 기자는 이렇게 노래합니다.

너희 만민들아 손바닥을 치고 즐거운 소리로 하나님께 외칠지어다
지존하신 여호와는 두려우시고 온 땅에 큰 왕이 되심이로다
여호와께서 만민을 우리에게, 나라들을 우리 발아래에 복종하게 하시며
우리를 위하여 기업을 택하시나니 곧 사랑하신 야곱의 영화로다(셀라)
하나님께서 즐거운 함성 중에 올라가심이여
여호와께서 나팔 소리 중에 올라가시도다
찬송하라 하나님을 찬송하라 찬송하라 우리 왕을 찬송하라
하나님은 온 땅의 왕이심이라 지혜의 시로 찬송할지어다
하나님이 뭇백성을 다스리시며 하나님이 그의 거룩한 보좌에 앉으셨도다
뭇 나라의 고관들이 모임이여 아브라함의 하나님의 백성이 되도다
세상의 모든 방패는 하나님의 것임이여 그는 높임을 받으시리로다
- 시편 47편 -

12장

여호와 보시기에

12장은 왕위에 오른 "요아스"가 "여호와 보시기에 정직하게 행하다가"(2) 타락하여 피살당하는 내용입니다. 11장 마지막에서 "요아스가 왕이 될 때에 나이가 칠 세였더라"(11:21) 했습니다. 그러니까 요아스는 여호와의 전에 6년을 숨어있다가(11:3), 일곱 살 때 왕이 되어 40년을 다스린 것입니다. 요아스가 왕의 위에 오를 수 있었던 것은 하나님의 특별하신 섭리 중에 이루어진 극적인 사건이었던 것입니다. 그런 요아스가 어떠한 왕이 되었을까 하는 것은 우리의 관심을 갖게 합니다.

이 점에서 역사서를 대할 때 주목해야 할 점이 있는데, 그것은 "여호와 보시기에"라는 기준입니다. 열왕기 기자는 누군가가 왕위에 오르게 되면 아무개가 왕이 되니라 하고는, 반드시 "여호와 보시기에"라는 평가를 기록하고 있습니다. 이점이 중요합니다. 그 왕의 업적이나 사람들의 평가가 아니라 하나님 보시기에 어떠했느냐를 최우선으로 꼽고 있는 것입니다. 그렇다면 요하스는 "여호와 보시기에" 어떠한 왕이 되었는가? 이점을 두 단원으로 나누어 상고하겠습니다.

첫째 단원(1-16) 여호야다의 교훈을 받을 동안
둘째 단원(17-21) 여호야다가 죽은 후에

첫째 단원(1-16) 여호야다의 교훈을 받을 동안

"예후의 제 칠년에 요아스가 왕이 되어 예루살렘에서 사십 년간 통치하니라 그의 어머니의 이름은 시비아라 브엘세바 사람이더라 요아스는 제사장 여호야다가 그를 교훈하는 모든 날 동안에는 여호와 보시기에 정직히 행하였으되"(1-2) 한 단서가 붙어있습니다. 이점이 12장에서 주목해보아야 할 점입니다.

요하스가 칠 세에 왕이 되었으므로 대제사장 여호야다의 섭정이 어느 기간 동안 이루어졌을 것입니다. 그동안은 여호와 보시기에 정직히 행하였다는 것입니다. 그러므로 이 시기에는 퇴락한 성전을 수리하는 등 여호와 보시기에 정직히 행하였던 것입니다.

아합의 딸 아달랴가 영향력을 행사하던 여호람(남편), 아하시야(아들), 아달랴(본인)의 13년의 치리 기간은 바알 숭배를 하면서, "그 악한 여인 아달랴의 아들들이 하나님의 전을 파괴하고 또 여호와의 전의 모든 성물들을 바알들을 위하여 사용하였음이었더라"(대하 24:7)고 성전이 퇴락하게 된 원인을 밝히고 있습니다.

"제사장 여호야다가 한 궤를 가져다가 그것의 뚜껑에 구멍을 뚫어 여호와의 전문 어귀 오른쪽 곧 제단 옆에 두매 여호와의 성전에 가져오는 모든 은을 다 문을 지키는 제사장들이 그 궤에 넣더라"(9), 이렇게 해서 성전 수리할 재원을 마련하였습니다.

이것이 연보 궤가 성경에 처음 등장하는 대목인데, 이 연보 궤 규례는 예수님 당시까지도 이어지고 있었음을 보게 됩니다. "또 그 은을 받아 일꾼에게 주는 사람들과 회계하지 아니하였으니 이는 그들이 성실히 일을 하였음이라"(15)는 말씀은, 요하스 왕이 "여호야다의 교훈을 받을 동안" 정직히 행하였음을 단적으로 나타내주는 증거라 하겠습니다.

아달랴가 배후에서 영향력을 행세하던 기간은 여호와 보시기에 악한 시기였습니다. 그러나 제사장 여호야다가 배후에서 영향력을 행세하던 시기는 회계(會計)가 필요 없을 만큼 여호와 보시기에 정직히 행한 기간이었다는 것입니다. "여호야다가 세상에 사는 모든 날에 여호와의 전에 항상 번제를 드렸더라 여호야다가 나이 많고 늙어서 죽을 때에 일백삼십 세라"(대하 24:14하-15) 합니다.

이 점에서 한 가지 유념할 점은, 유다의 "왕"이 메시아 왕국의 왕 되시는 그리스도의 예표적인 인물이듯이 대제사장 여호야다도 참 대제사장 되시는 그리스도의 예상이라는 점입니다. "왕 같은 제사장"이라 칭함을 받는 우리가 왕 되시고 제사장 되시는 그리스도의 가르침대로 가정을 다스리고 교회를 섬기기만 한다면 "여호와 보시기에" 정직히 행하는 자가 될 것입니다.

둘째 단원(17-21) 여호야다가 죽은 후에

"그 때에 아람 왕 하사엘이 올라와서 가드를 쳐서 점령하고 예루살렘을 향하여 올라오고자 하므로"(17), 아람 왕 하사엘이 유다를 침공한 것입니다. 그리하여 유다 왕 요아스가 아람 왕 하사엘을 달래기 위해서 "여호사밧과 여호람과 아하시야가 구별하여 드린 모든 성물과 자기가 구별하여 드린 성물과 여호와의 성전 곳간과 왕궁에 있는 금을 다 가져다가 아람 왕 하사엘에게 보냈더니 하사엘이 예루살렘에서 떠나갔더라"(18) 합니다.

어찌하여 이처럼 나약하고 가련한 꼴이 되었는가? 역대하 24장에 의하면 아람 군이 예루살렘을 침공한 사건은 여호야다가 죽은 이후에 일어난 일이며, 그 원인을 자세히 설명해주고 있는데 그 이유는 이러합니다.

"여호야다가 죽은 후에 유다 방백들이 와서 왕에게 절하매 왕이 그들의 말을 듣고 그의 조상들의 하나님 여호와의 전을 버리고 아세라 목상과 우상을 섬겼으므로 그 죄로 말미암아 진노가 유다와 예루살렘에 임하니라"(대하 24:17-18)고 원인을 밝혀주고 있습니다.

"유다 방백들이 와서 왕에게 절하매"를 현대인의 성경에서는 "방백들이 왕을 설득했다"로 번역하고 있는데, 아첨하면서 설득했을 것입니다. 이점이 "절하매"라는 묘사 속에 나타납니다. 이 방백들은 도대체 어느 나라 방백들이란 말인가? "유다 방백"이라 합니다. 이럴 수 있단 말인가? 그들의 아첨에 넘어간 요아스는 무엇을 버렸다고 말씀합니까? "여호와의 전"입니다. 대제사장 여호야다가 생존해 있을 때 그토록 정성껏 수리했던 여호와의 전을 버린 것입니다. 그보다 더욱 자신을 육 년 동안이나 숨겨주었던 "여호와의 전"을 요아스는 버렸다고 말씀합니다.

19절은 "그러나"(대하 24:19) 하고 시작됩니다. 그럼에도 불구하고 하나님께서는 곧바로 징벌하신 것이 아닙니다. "여호와께서 그들에게 선지자를 보내사 다시 여호와에게로 돌아오게 하려 하시매 선지자들이 그들에게 경고하였으나 듣지 아니하니라"고 말씀합니다.

하나님께서는 마지막 카드를 꺼내시는데 “이에 하나님의 영이 제사장 여호야다의 아들 스가랴를 감동시키시매” 목숨을 살려준 은인의 아들 “네가 가야만 하겠다 다른 선지자들의 말은 듣지 아니하였을지라도 네 말은 들으리라”는 뜻입니다. “그가 백성 앞에 높이 서서 그들에게 이르되 하나님이 이같이 말씀하시기를 너희가 어찌하여 여호와의 명령을 거역하여 스스로 형통하지 못하게 하느냐 하셨나니 너희가 여호와를 버렸으므로 여호와께서도 너희를 버리셨느니라”(대하 24:20)고 외칩니다.

요아스 왕이 어떤 반응을 보였을 것 같습니까? “무리가 함께 꾀하고 왕의 명령을 따라 그를 여호와의 전 뜰 안에서 돌로 쳐 죽였더라”(21) 합니다. 이를 듣는 형제의 마음은 어떠합니까? 이에 대해 성경은 “요아스 왕이 이와 같이 스가랴의 아버지 여호야다가 베푼 은혜를 기억하지 아니하고 그의 아들을 죽이니 그가 죽을 때에 이르되 여호와는 감찰하시고 신원하여 주옵소서”(22) 라고 하나님께 호소했다고 말씀합니다.

배은망덕한 인간

이로 말미암아 하나님께서는 자기 백성과 예루살렘을 “아람 왕 하사엘”에게 붙이셔서 징벌하실 수밖에 없으셨습니다. 실상 아람 군대는 “적은 무리로 왔으나 여호와께서 심히 큰 군대를 그들의 손에 넘기셨으니 이는 유다 사람들이 그들의 조상들의 하나님 여호와를 버렸음이라 이와 같이 아람사람들이 요아스를 징벌하였더라”(대하 24:24) 합니다.

그 후에 요아스는 어찌 되었는가? “요아스가 크게 부상하매 적군이 그를 버리고 간 후에 그의 신하들이 제사장 여호야다의 아들들의 피로 말미암아 반역하여 그를 그의 침상에서 쳐죽인지라 다윗 성에 장사하였으나 왕들의 묘실에는 장사하지 아니하였더라"(대하 24:25) 한 이것이 배은망덕한 요아스의 종말입니다.

이 점에서 구약성경에 흐르고 있는 두 줄기를 볼 수 있어야 합니다. 하나는 죄의 줄기인데 "율법으로는 죄를 깨달음이니라" 한 대로 구약성경을 통해서 자력으로는 구원을 얻을 수 없다는 전적타락, 전적무능한 인간의 죄성을 보아야 합니다. 요아스는 자신을 6년이나 숨겨주었던 여호와의 전을 버렸습니다. 이는 성전이라는 "건물"을 버린 것이 아니라 하나님을 버린 것입니다. 그뿐입니까? 생명의 은인의 아들을 성전 뜰 안에서 돌로 쳐죽였습니다.

솔로몬도 자신을 통하여 건축하게 하신 여호와의 전을 버리고 자신을 사랑하사 "여디디야"라는 이름까지 지어주신 하나님을 배반했습니다. 인간은 얼마나 어디까지 악할 수 있단 말인가? 성경은 지금 요아스의 악을 고발하고 있는 것이 아니라, 거울이 되고 성령의 조명으로 말미암아 거울에 비친 자신의 모습 보기를 원하고 있는 것입니다.

또 한 줄기는 "성경이 곧 내게 대하여 증언하는 것이로다"(요 5:39) 하신 그리스도의 줄기인데, 구약성경은 "여인의 후손" 곧 그리스도의 줄기가 끊어지지 않도록 하나님께서 주권적으로 이루어 오신 역사인 것입니다.

"왕의 씨"를 진멸하려는 음모 중에서도 요아스를 도적하여 내시는 데서 그리스도의 줄기를 봅니다. 그 요아스가 여호와의 전을 버리고 은인의 아들을 쳐 죽이는 데서 죄의 줄기를 봅니다. 명심하십시다. 그 두 줄기는 갈보리 십자가상에서 만나게 되는데, 아담으로부터 흘러 내려오던 죄의 줄기를 그리스도께서 대신 담당하심으로 마지막 아담이 되시고 율법의 마침이 되신 것입니다. 아멘. 형제는 "여호와 보시기에" 어떠하리라고 여겨집니까?

13장

이스라엘을 긍휼히 여기신 하나님

13장은 다시 북쪽 이스라엘에 관한 내용인데, 아합 집을 심판하시는데 쓰임 받았던 “예후” 왕조의 기사입니다. 하나님께서는 예후에게 “네 자손이 이스라엘 왕위를 이어 사대를 지내리라”(10:30)고 선언하셨는데, 13의 내용은 예후의 아들 “여호아하스”(1), 그의 아들 요아스(10), 여로보암 2세(13)의 행적입니다. 중심점은 “여호와께서 아브라함과 이삭과 야곱과 더불어 세우신 언약 때문에 이스라엘에게 은혜를 베풀며 그들을 불쌍히 여기시며 돌보사 멸하기를 즐겨하지 아니하시고 이때까지 자기 앞에서 쫓아내지 아니하셨더라”(23)는 말씀에 있습니다. 그러므로 주제가 “이스라엘을 긍휼히 여기신 하나님”이 될 수 있습니다. 이를 세 단원으로 나누어 상고하겠습니다.

첫째 단원(1-9) 예후의 아들 여호아하스의 행적
둘째 단원(10-21) 요아스와 여로보암 2세의 행적
셋째 단원(22-25) 엘리사의 죽음

첫째 단원(1-9) 예후의 아들 여호아하스의 행적

"유다의 왕 아하시야의 아들 요아스의 제 이십삼 년에 예후의 아들 여호아하스가 사마리아에서 이스라엘 왕이 되어 십칠 년간 다스리며"(1) 그는 어떠했는가? "여호와 보시기에 악을 행하여 이스라엘에게 범죄하게 한 느밧의 아들 여로보암의 죄를 따라가고 거기서 떠나지 아니하였다"(2) 합니다.

"여로보암의 죄를 떠나지 아니하였다"는 뜻은 여로보암이 세운 "금송아지 우상"을 섬기는 데서 떠나지 않았다는 뜻입니다. 이처럼 북 왕국 이스라엘은 다윗의 집을 배반하고 금송아지를 섬기면서 도리어 유다를 대적하고 아합 집과 같은 극악한 왕들이 일어났습니다. 그리하여 하나님께 완전히 버림받고 잊으신 바 된 무리로 생각하기가 쉽습니다.

그러나 본문은 무엇이라 말씀하고 있는가? "여호와께서 아브라함과 이삭과 야곱과 더불어 세우신 언약 때문에 이스라엘에게 은혜를 베풀며 그들을 불쌍히 여기시며 돌보사 멸하기를 즐겨하지 아니하시고 이때까지 자기 앞에서 쫓아내지 아니하셨더라"(23)고 말씀합니다. 13장은 이 말씀에 의해서 해석되어야 합니다.

㉠ 은혜를 베풀며
㉡ 불쌍히 여기시며
㉢ 돌보사

㉣ 멸하기를 즐겨 아니하시고

㉤ 이때까지 자기 앞에서 쫓아내지 아니하셨더라 합니다.

누구에게 이렇게 하셨다는 말씀인가? 그토록 반역한 이스라엘에게 그리하셨습니다. 왜 그렇게 하셨습니까? "아브라함과 이삭과 야곱과 더불어 세우신 언약 때문에"라고 말씀합니다.

그런데 본문에는 이와 같은 하나님의 은혜와 긍휼과 오래 참으심과는 상반되는 인간의 반역적인 행적이 반복되고 있는데, 첫째로 예후의 뒤를 이어 왕이 된 "여호아하스"는 어떠했는가? "여호와 보시기에 악을 행하여 이스라엘에게 범죄하게 한 느밧의 아들 여로보암의 죄를 따라가고 거기서 떠나지 아니하였다"(2) 합니다.

"이스라엘로 범죄하게 한 여로보암의 죄"란, "이에 계획하고 두 금송아지를 만들고 무리에게 말하기를 너희가 다시는 예루살렘에 올라갈 것이 없도다 이스라엘아 이는 너희를 애굽 땅에서 인도하여 올린 너희의 신들이라 하고 하나는 벧엘에 두고 하나는 단에 둔지라" (왕상 12:28)한 죄입니다. 어떻게 행해준 신이라고 말하고 있는가? "너희를 애굽 땅에서 인도하여 올린 너희의 신"이라고 말하고 있습니다. 이를 들으시는 하나님의 심정이 어떠하셨겠습니까?

그리하여 "여호와께서 이스라엘에게 노하사 늘 아람 왕 하사엘의 손과 그의 아들 벤하닷의 손에 넘기셨더니"(3), 아람 왕이 이스라엘을 학대하므로 여호아하스가 여호와께 간구하매,

㉠ "여호와께서 들으셨다

㉡ 그들이 학대받음을 보셨다(4)

㉢ 이에 구원자를 이스라엘에게 주셨다

㉣ 이스라엘 자손이 아람 사람의 손에서 벗어나 전과 같이 자기 장막에 거하였다"(5) 즉 평화가 왔다는 것입니다. 이것이 하나님의 선

하심입니다.

그럼에도 불구하고 "그들이 이스라엘에게 범죄하게 한 여로보암 집의 죄에서 떠나지 아니하고 그 안에서 따라 행하며" 이뿐 아니라 "또 사마리아에 아세라 목상을 그냥 두었더라"(6) 합니다. 그리하여 아람 왕에게 붙이시매 "백성을 멸절하여 타작마당의 티끌 같이 되게 하고 마병 오십 명과 병거 열대와 보병 만 명 외에는 여호아하스에게 남겨두지 아니하였더라"(7) 합니다. 거세를 하신 셈입니다.

둘째 단원(10-21) 요아스와 여로보암 2세의 행적

둘째로 여호아하스의 뒤를 이어 왕이 된 "요아스"는 어떠했는가? "여호와께서 보시기에 악을 행하여 이스라엘에게 범죄하게 한 느밧의 아들 여로보암의 모든 죄에서 떠나지 아니하고 그 가운데 행하였더라"(11) 합니다.

셋째로 요아스의 뒤를 이어 왕이 된 "여로보암"은 어떠했는가? 이는 "금송아지 우상"의 창시자의 이름을 본받아 "여로보암"이라 한 2세입니다. 그의 행적이 14장에 나오는데 "여로보암이 사마리아에서 왕이 되어 사십일 년간 다스렸으며 여호와 보시기에 악을 행하여 이스라엘에게 범죄하게 한 느밧의 아들 여로보암의 모든 죄에서 떠나지 아니하였더라"(14:23-24) 합니다.

이처럼 패역함에도 불구하고 하나님께서는 그들을 향하여 "여호와께서 아브라함과 이삭과 야곱과 더불어 세우신 언약 때문에 이스라엘에게 은혜를 베풀며 그들을 불쌍히 여기시며 돌보사 멸하기를 즐겨하지 아니하시고 이때까지 자기 앞에서 쫓아내지 아니하셨더라"(23) 하는 것입니다. 이것이 하나님의 오래 참으심입니다.

그러면 하나님의 "은혜와 긍휼"이 어떻게 나타나고 있는가? 첫째는 "노를 발하심"(3)으로 나타나고 있습니다. 노를 발하심과 사랑은 동전의 앞뒤와 같은 것입니다. 왜 노하셨는가? "여로보암의 죄" 즉 금송아지 우상을 섬겼기 때문입니다. 우리가 믿는 하나님은 어떤 하나님이라 하시는가? "너는 다른 신에게 절하지 말라 여호와는 질투라 이름하는 질투의 하나님임이니라"(출 34:14) 하십니다. 노를 발하심은 그만큼 사랑하신다는 또 다른 표현인 것입니다. 이점을 신약성경에서는 "너희는 하나님이 우리 속에 거하게 하신 성령이 시기하기까지 사모한다 하신 말씀을 헛된 줄로 생각하느냐"(약 4:5)고 묻고 있습니다.

둘째로 "구원자"(5)를 주심으로 긍휼을 나타내셨습니다. "아람 왕이 이스라엘을 학대하므로 여호아하스가 여호와께 간구하매 여호와께서 들으셨으니 이는 그들이 학대받음을 보셨음이라" 그리고 "여호와께서 이에 구원자를 이스라엘에게 주셨다"(4-5)고 말씀합니다. 여호아하스가 어떤 사람입니까? "여호와 보시기에 악을 행하는 자"(2)라 합니다. 그러므로 그의 간구를 진실한 기도로 보기는 어렵습니다. 그럼에도 불구하고 하나님께서는 들으시고 "구원자"를 보내 주셨다는 것입니다. 그리하여 평화가 오고 다급해지자 하나님을 찾던 그들이 여로보암 집의 죄에서 떠나지 않았다는 것입니다. 이것이 하나님의 "은혜 베푸심"입니다.

셋째 단원(22-25) 엘리사의 죽음

셋째로 임종을 앞에 둔 엘리사를 통하여 긍휼을 나타내셨습니다. 엘리사가 죽을병이 들매 이스라엘의 왕 요아스가 그에게로 내려와

“자기의 얼굴에 눈물을 흘리며 이르되 내 아버지여 내 아버지여 이스라엘의 병거와 마병이여”(14), “이스라엘의 병거와 마병”되시는 당신이 떠나시면 우리는 어떻게 합니까? 라는 뜻입니다. 이는 하나님의 사람을 이용만 하려는 자기중심적인 말입니다.

엘리사는 자기 손을 왕의 손 위에 얹고 말하기를 활을 “쏘소서, 이는 여호와를 위한 구원의 화살 곧 아람에 대한 구원의 화살이니 왕이 아람 사람을 멸절하도록 아벡에서 치리이다”(16-17) 하고 “구원”을 말씀합니다.

“엘리사의 구원의 살”이라고 말하고 있지 아니합니다. “여호와의 구원의 살”이라 말씀합니다. 하나님께서는 임종을 앞둔 엘리사를 들어서 “여호와의 구원의 살”을 증언하게 하심으로 이스라엘을 돌아보셨던 것입니다. 엘리사는 평생을 이스라엘을 하나님께로 돌이키게 하기 위하여 쓰임받은 선지자입니다. 그러나 그들이 돌아오는 것을 보지 못하고 죽음을 맞이하게 된 것입니다. 그런데 죽을병이 들어 죽어가면서도 “여호와의 구원의 화살”을 말하고 있는 것입니다. 이것이 그들을 위해서 일생을 헌신한 하나님의 사람의 마음이요, 그들을 향한 하나님의 사랑인 것입니다.

이것이 “이스라엘의 병거와 마병”(14)이었던 엘리사가 마지막으로 베푼 하나님의 은혜입니다. 엘리사! 그는 임종 머리에서까지도 이스라엘을 하나님께로 돌이키기 위하여 긍휼의 도구로 쓰임 받은 선지자였습니다.

넷째는 심지어 죽은 엘리사의 뼈를 통해서까지 긍휼을 베푸셨습니다. “엘리사가 죽으니 그를 장사하였고 해가 바뀌매 모압 도적 떼들이 그 땅에 온지라”(20) 합니다. 그런데 “마침 사람을 장사하는 자들이 그 도적 떼를 보고 그의 시체를 엘리사의 묘실에 들이 던지매 시체가 엘리사의 뼈에 닿자 곧 회생하여 일어섰더라”(21) 합니다. 이는 신비적인 의미도 엘리사의 뼈에 무슨 신통력이 있다는 것을 말하려는 것이 아닙니다.

하나님께서 엘리사를 선지자로 부르신 목적은 이스라엘로 하여금 여로보암의 죄에서 떠나 하나님께로 돌아오게 하기 위해서입니다. 그 엘리사는 임종 머리에서도 이스라엘을 위한 "여호와의 구원의 살"을 증언했으며 죽어 뼈가 되어서도 오직 이스라엘이 깨닫고 하나님께로 돌아오게 하기 위하여 쓰임 받았다는 하나님의 불변의 사랑을 나타내기 위한 표적인 것입니다.

이점이 이어지는 말씀에 분명히 나타나고 있는데, "여호와께서 아브라함과 이삭과 야곱과 더불어 세우신 언약 때문에 이스라엘에게 은혜를 베풀며 그들을 불쌍히 여기시며 돌보사 멸하기를 즐겨하지 아니하시고 이때까지 자기 앞에서 쫓아내지 아니하셨더라"(23) 합니다. 이를 듣게 된 형제의 마음은 어떠하십니까?

그러나 명심해야 할 점이 있는데, 그것은 "이때까지"라는 말씀입니다. 하나님께서 은혜를 베푸시고 긍휼히 여기심에도 때가 있다는 뜻입니다. 이때까지는 쫓아내시지 아니하셨으나 끝내 돌이키지 아니한다면 쫓아내심을 받을 때가 다가오고 있다는 경고인 것입니다. 이것이 "이스라엘을 긍휼히 여기신 하나님"입니다.

14장

돕기도 하시고 패하게도 하시는 하나님

14장에서는 남쪽 유다와 북쪽 이스라엘을 교차적으로 기술하고 있는데, 주로 유다 왕 "아마샤"와 북이스라엘 왕 여로보암 2세의 행적입니다. 이 점에서 조심할 점은 이 무렵에 등장하는 남북 왕의 이름이 같기 때문에 혼동할 수 있다는 점입니다. 중심점은 유다 왕 "아마샤가 여호와 보시기에 정직히 행하였으나 그 조상 다윗과는 같지 아니하였다"(3)는 점과, 북이스라엘의 왕 여로보암 2세는 "여호와 보시기에 악을 행하여 이스라엘에게 범죄하게 한 느밧의 아들 여로보암의 모든 죄에서 떠나지 아니하였더라"(24)는 말씀에 있습니다. 이를 세 단원으로 나누어 상고합니다.

첫째 단원(1-7) 아마샤의 형통
둘째 단원(8-22) 아마샤의 패망
셋째 단원(23-29) 여로보암 2세의 행적

첫째 단원(1-7) 아마샤의 형통

"이스라엘의 왕 여호아하스의 아들 요아스 제 이년에 유다의 왕 요아스의 아들 아마샤가 왕이 되니"(1), 유다의 왕위에 오른 아마샤는 "여호와 보시기에 정직히 행하였으나 그의 조상 다윗과는 같지 아니하였으며 그의 아버지 요아스가 행한 대로 다 행하였어도"(3) 하는데, "그의 아버지 요아스가 행한 대로 다 행하였어도"라는 말이 무슨 뜻일까요? 요아스는 처음에는 성전을 수리하는 등 선을 행했으나 말년에는 하나님을 버리고 우상을 숭배했으며 이를 견책하는 은인의 아들을 돌로 쳐 죽인 일로 인하여 신하에 의하여 침상에서 죽임을 당하였던(대하 24:25) 것입니다. 아들 아마샤도 이를 답습했다는 뜻입니다. 즉 처음은 좋았으나 나중은 나빴다는 말이 됩니다.

이점을 역대하에서는 "아마샤가 여호와 보시기에 정직히 행하기는 하였으나 온전한 마음으로 행하지 아니하였더라"(대하 25:2)고 말씀하고 있습니다. 이러므로 아마샤가 여호와 보시기에 정직히 행하던 처음에는 하나님의 도우심으로 형통하였으나 하나님을 버리고 우상을 섬기게 되자 그의 말년은 비극으로 끝마치게 됩니다.

모반이 일어나게 되면 나라는 혼란에 빠지게 되고 왕조가 바뀌기 마련이나 그러나 하나님께서는 유다 왕국이 바뀌는 것만은 용납지 아니하시고 왕위를 "다윗의 씨"에게 계승하게 하셨던 것입니다. 이렇게 해서 왕이 된 아들 아마샤가 초기에는 "여호와 보시기에 정직히 행함으로, 나라가 그의 손에 굳게 설"(5) 수 있었고, 그러자 "그의 부왕을 죽인 신복들을 죽였다"(5) 합니다.

이때 아마샤가 하나님의 법을 존중했다는 점이 모세의 율법 책에 기록된 대로 "왕을 죽인 자의 자녀들은 죽이지 아니하였다"(6)는 데서 드러납니다. 이는 어머니의 영향으로 여겨지며 생명을 걸고 요시야를 6년이나 성전에 숨겼던 대제사장 여호야다가 "왕(요시야)으로 두 아내에게 장가들게 하였다"(대하 24:3)는 데서 드러나는데, 아마샤의 어머니를 제사장이 간택했다면 경건하고 현숙한 여인을 택했을 것이 분명하기 때문입니다.

아마샤는 대내적으로 나라가 견고해지자 대외적으로 국방을 튼튼히 하기 위하여 에돔 정복에 나섭니다. 역대하에 의하면 아마샤는 에돔 정복을 위하여 당초에 "은 일백 달란트로 이스라엘 나라에서 큰 용사 십만을 삯을" 내었다 합니다. 그런데 어떤 하나님의 사람이 "왕이여 이스라엘 군대로 왕과 함께 가게 마옵소서 여호와께서는 이스라엘 곧 온 에브라임 자손과 함께 하지 아니하시나니" 하면서 "왕이 만일 가시거든 힘써 싸우소서 하나님이 왕을 적군 앞에 엎드러지게 하시리이다 하나님은 능히 돕기도 하시고 능히 패하게도 하시나이다"(대하 25:6-9)라고 진언을 했습니다.

이럴 경우 형제라면 어떻게 하였겠습니까? 아마샤가 하나님의 사람에게 말합니다. "내가 백 달란트를 이스라엘 군대에게 주었으니 어찌할까?" 하나님의 사람이 말하되 "여호와께서 능히 이보다 많은 것을 왕에게 주실 수 있나이다"(대상 25:9) 합니다. "능히 돕기도 하시고 능히 패하게도 하시는 하나님, 능히 이보다 많은 것으로 주실 수 있는 하나님" 여기에 14장의 중심점이 있는데, 이 분이 우리가 믿는 하나님이십니다.

아마샤는 하나님의 사람의 권함을 받아드렸습니다. 적에 대한 두려움도 일백 달란트에 대한 미련도 깨끗이 믿음으로 떨쳐버리고, 성경은 "아마샤가 담력을 내어 그 백성을 거느리고(이스라엘 용병은 돌려보내고) 염곡에 이르러"(대하 25:11), 에돔에 대하여 대승을 거두게 되었다고 말씀합니다.

그렇습니다. 수가 많은 것만이 강한 것은 아닙니다. 중요한 것은

“하나님이 함께 하시느냐”에 있습니다. 하나님은 금송아지를 섬기는 이스라엘과 함께 싸우러 나가지 않으십니다. 남북전쟁 당시 링컨에게 부하가 “이 전쟁에서 우리가 능히 이길 수 있을까요?”라고 묻자 링컨은 확신을 가지고 대답했답니다. “하나님이 우리와 함께하시면”!!

성경은 말씀합니다.

> 여호와는 내편이시라 내가 두려워하지 아니하리니 사람이 내게 어찌할까
> 여호와께서 내 편이 되사 나를 돕는 자들 중에 계시니
> 그러므로 나를 미워하는 자들에게 보응하시는 것을 내가 보리로다
> 여호와께 피하는 것이 사람을 신뢰하는 것보다 나으며
> 여호와께 피하는 것이 고관들을 신뢰하는 것보다 낫도다
> 뭇 나라가 나를 에워쌌으니 내가 여호와의 이름으로 그들을 끊으리로다
> 그들이 나를 에워싸고 에워쌌으니
> 내가 여호와의 이름으로 그들을 끊으리로다 - 시 118:6-11 -

우리가 믿는 하나님은 “여호와 보시기에 정직히 행하고”, 하나님만 의지하는 자와 “함께 하시고, 능히 도우시는” 하나님이십니다. 이것이 아마샤의 형통입니다.

둘째 단원(8-22) 아마샤의 패망

“아마샤가 예후의 손자 여호아하스의 아들 이스라엘의 왕 요아스에게 사자를 보내 이르되 오라 우리가 서로 대면하자”(8) 했다는 것입니다. “대면하자”는 말은 한 판 겨뤄보자는 선전포고인 셈입니다. 아마샤가 돌려보낸 이스라엘 군사 십만은 무시당한 앙갚음으로 유다 성읍을 습격하여 사람 삼천을 죽이고 물건을 많이 노략해 갔는데 이에 대한 보복을 하려고 했던 것입니다.

그러나 하나님은 이미 아마샤와 함께 하시지 않으셨습니다. 왜 그러셨을까요? "아마샤가 에돔 사람들을 죽이고 돌아올 때 세일 자손의 신들을 가져와서 자기의 신으로 세우고 그것들 앞에 경배하며 분향한지라"고 자신의 힘으로 승리한 줄로 알고 마음이 교만하여 하나님을 떠났기 때문입니다.

그러므로 여호와께서 아마샤에게 진노하사 한 선지자를 보내셔서 권하게 하십니다. 왕께서 에돔에 대하여 대승을 거두지 않으셨습니까? 그렇다면 "저 백성의 신들이 그들의 백성을 왕의 손에서 능히 구원하지 못하였거늘 왕은 어찌하여 그 신들에게 구하나이까"(대하 25:14-15) 하고 논리적으로 권합니다.

아마샤가 하나님께 정직히 행할 때는 하나님의 사람의 권함(대하 25:10)을 받아드렸습니다. 그러나 승리감에 도취하여 교만하고 자고하여 하나님을 떠나자 "우리가 너로 왕의 모사를 삼았느냐 그치라 어찌하여 맞으려 하느냐"고 듣지 않았던 것입니다. 그리하여 하나님께서는 그를 대적의 손에 붙이셨다(대하 25:14-20)는 것입니다. 결과는 이스라엘 앞에서 대패하게 되고 아마샤는 사로잡히고 예루살렘의 성벽은 헐리고, 성전의 금은과 기명과 왕궁의 재물을 탈취당하고 백성들은 볼모로 끌려가게 되었던 것입니다.

"아마샤가 돌아서서 여호와를 버린 후로부터 예루살렘에서 무리가 그를 반역하므로", 그렇습니다. 아마샤가 하나님을 떠나자 백성들의 마음도 아마샤를 떠났던 것입니다. 결국 그들에 의해 죽게(대하 25:27-28) 됩니다. 아마샤! 그는 실로 "그 부친 요아스의 행한 즉 처음에는 좋았으나 나중에는 나빴던"(3하) 것입니다. 이것이 여호와를 버린 아마샤의 패망입니다.

셋째 단원(23-29) 여로보암 2세의 행적

때에 북이스라엘은 "여로보암 2세가 사마리아에서 왕이 되어 사십 일 년간 다스렸으며"(23), 그가 "여호와 보시기에 악을 행하여 이스라엘에게 범죄하게 한 느밧의 아들 여로보암의 모든 죄에서 떠나지 아니하였더라"(24) 합니다. "여로보암의 모든 죄"라면 금송아지 우상을 섬긴 죄입니다. 그러고 보면 남쪽 유다에서는 아마샤가 세일(에돔) 자손의 우상을 섬기고, 북쪽 이스라엘에서는 금송아지를 섬겼다는 것이 됩니다.

이 점에서 주목하게 되는 것은 이 시점에서 "이스라엘의 하나님 여호와께서 그의 종 가드헤벨 아밋대의 아들 선지자 요나를 통하여 하신 말씀과 같이"(25) 하고, "요나"를 거론하는 의도가 무엇인가 하는 점입니다. 아밋대의 아들 요나라면 "너는 일어나 저 큰 성읍 니느웨로 가서 그것을 향하여 외치라"(욘 1:1-2)는 명령받은 선지자가 아닌가? 여기에 숨은 그림과 같은 하나님의 마음이 나타나 있는 것입니다.

여로보암 2세 치하는 육적으로는 번영을 누렸으나 그 이름이 말해주듯이 영적으로는 어두운 시기였습니다. 이런 시기에 하나님께서는 아모스 선지자를 북이스라엘로 보내시고, 요나 선지자를 니느웨로 보내셨던 것입니다. "아모스와 요나"는 같은 여로보암 2세(암 1:1) 때 세움 받은 선지자입니다. 이렇게 하신 하나님의 마음이 무엇인가?

아모스 선지자는 북이스라엘을 향하여 "여호와께서 시온에서부터 부르짖으시며 예루살렘에서부터 소리를 내시리니 목자의 초장이 마르고 갈멜산 꼭대기가 마르리로다"(암 1:2)고 심판을 경고했고, 요나도 니느웨를 향하여 "40일이 지나면 니느웨가 무너지리라"(욘 3:4)고 심판을 경고했습니다. 결과는 어떻게 나타났는가?

아모스서에는 "양식이 떨어지게 하였으나 너희가 내게로 돌아오지 아니하였느니라"(암 4:6), 한재로 징벌하셨으나 "내게로 돌아오지 아니하였느니라"고 "돌아오지 않았다"는 말이 다섯 번(4:6,8,9,10,11)이나 강조되어 있습니다. 반면 니느웨의 반응은 어떠했다고 말씀하는가? 왕과 그의 대신들이 조서를 내려 "사람이든지 짐승이든지 다 굵은 베옷을 입을 것이요 힘써 하나님께 부르짖을 것이며 각기 악한 길과 손으로 행한 강포에서 떠날것이라"(욘 3:7-8) 하는 거국적인 회개운동이 일어났던 것입니다.

이런 맥락에서 요나서의 주제는 이방인 선교가 아닙니다. 구약성경에 이방이 구원에 참여하게 될 것이 많이 언급되어 있으나, 그것은 예언적인 말씀이요 이방인 선교는 예수 그리스도께서 유대인과 이방인 사이에 가로막혔던 담을 허신 후에야 가능하게 되는 것입니다. 그렇다면 요나서를 통하여 말씀하고자 하는 바가 무엇인가? "하나님이 뜻을 돌이키사 그들에게 내리리라고 말씀하신 재앙을 내리지 아니하셨다"(욘 3:10)는 점을 금송아지를 섬기는 여로보암에게 그리고 에돔의 우상을 섬기는 아마샤에게 보여주기를 원하셨던 것입니다. "저 니느웨를 보아라 이방인일지라도 그들이 회개하였을 때에 그 성을 멸하지 아니하고 뜻을 돌이키셨거든 하물며 너희일까 보냐 이제라도 돌이키기만 하면 용서하리라"는 메시지였던 것입니다. 그런데 결과는 어찌 되었는가? 북이스라엘은 이방 니느웨가 돌아오는 것을 보면서도 "여호와께로 돌아오지 않았다"는 또 한 번의 "돌아오지 않았다"는 말이 더하여진 것입니다. 그리하여 불과 두 장 뒤인 17장에서 북이스라엘이 다름 아닌 앗수르 곧 니느웨에 의하여 패망하게 되는 것을 대하게 된다는 것은 참으로 슬픈 일이 아닐 수 없습니다.

주님은 말씀하십니다. "심판 때에 니느웨 사람들이 일어나 이 세대 사람을 정죄하리니 이는 그들이 요나의 전도를 듣고 회개하였음이거니와 요나보다 더 큰 이가 여기 있느니라"(눅 11:32). 이것이 여로보암 2세의 행적입니다.

15장

유다의 교만을 징계하신 하나님

15장의 구조는 앞부분과 뒷부분에는 유다 역사가 기록되어 있고, 중간에는 북쪽 이스라엘의 역사가 기록된 구조로 되어있습니다. 그런데 이스라엘의 역사의 특징은 "반역"의 악순환이 반복되는 역사를 보여주고 있고, 유다 역사의 특징은 "여호와께서 왕을 치셨으므로(5), 베가를 보내어 유다를 치게 하셨더라"(37)고 왕위를 폐하신 것이 아닌 "치셨다" 합니다. 이는 징계를 나타냅니다.

어떤 차이인가? 북이스라엘은 반역에 반역이 일어나는 것을 버려두셨다는 것과, 징계하실지언정 버리시지 않으신다는 점을 나타냅니다. 그래도 유다에 소망이 있다는 것입니다. 그러므로 15장의 주제가 "유다의 교만을 징계하신 하나님"이 될 수 있습니다. 구조를 따라 세 단원으로 나누어 상고하겠습니다.

첫째 단원(1-7) 아사랴(웃시야)의 교만을 치신 하나님
둘째 단원(8-31) 여로보암의 죄에서 떠나지 아니한 이스라엘
셋째 단원(32-38) 유다를 치신 하나님

첫째 단원(1-7) 아사랴의 교만을 치신 하나님

"이스라엘 왕 여로보암 이십칠 년에 유다 왕 아마샤의 아들 아사랴가 왕이 되니"(1) 합니다. 아사랴는 "웃시야"라고도 불리고 있는데, "아사랴가 그의 아버지 아마샤의 모든 행위대로 여호와 보시기에 정직히 행하였으나"(3) 합니다. "행하였으나"라는 묘사는 역시 온전하지는 못했음을 나타내는 조건부적인 말입니다. 이점이 "여호와께서 왕을 치셨으므로 그가 죽는 날까지 나병환자가 되어 별궁에 거하고"(5)에서 드러납니다.

그렇다면 하나님께서 아마샤(웃시야)를 왜 치셨는가? 웃시야가 처음부터 맞을 일을 행한 것은 아닙니다. "하나님의 묵시를 밝히 아는 스가랴"가 그를 보필하는 동안에는 "그가 여호와를 찾았고 그가 여호와를 찾을 동안에는 하나님이 형통케 하셨더라"(대하 26:5)고 말씀하는 것으로 보아 그도 처음은 좋았음을 알 수 있습니다.

역사서를 상고해보면 왕들 중에는 여호와 보시기에 악한 왕이 있고 선한 왕도 간혹 있습니다. 그런데 선한 왕이라 할지라도 그 선함을 끝까지 유지하는 왕이 없다는 점입니다. 처음은 좋았으나 나중에는 변질됩니다. 그 대표적인 예가 솔로몬입니다. 말하자면 처음 사랑을 버린 것입니다. 사도 바울이 죄론을 말씀하는 중에 "사람은 다 거짓되되"(롬 3:4) 한 뜻은 이를 염두에 두고 한 말입니다.

웃시야도 그런 왕 중의 한 사람이었습니다. 하나님을 찾을 동안은 그를 "형통"하게 하셨습니다. 얼마나 형통하게 하셨느냐 하면 "웃시야가 매우 강성하여 이름이 애굽 변방까지 퍼졌더라, 그의 이름이 멀리 퍼짐은 기이한 도우심을 얻어 강성하여 짐이었더라"(대하 26:7,15) 할 정도였습니다. 그런데 성경은 "그가 강성하여지매 그의 마음이 교만하여 악을 행하여 그의 하나님 여호와께 범죄 하되 곧 여호와의 성전에 들어가서 향단에 분향하려 한지라"(대하 26:16) 합니다.

웃시야가 강성해지매 "교만"하여져서 범해서는 아니 될 제사장의 영역을 범한 것입니다. 그렇다면 왕이 분향하려 했다는 것이 어째서 그토록 큰 잘못이 되는가? 이는 제사장에 대한 교만이 아니라 그리스도의 고유권한을 침범하려 한 교만이었기 때문입니다.

구약의 "왕과 제사장과 선지자"란 모두가 메시아적 사명입니다. 예수 그리스도는 왕이시며 제사장이시며 선지자로 오셨습니다. 그러나 거기에는 분명한 구분이 있는 것입니다. 예수 그리스도께서 희생제물이 되셔서 백성의 죄를 대속해 주신 것은 왕으로나 선지자로서 행하신 사역이 아니라, 제사장으로서의 중보 사역이었던 것입니다. 웃시야는 이를 무시하고 왕이 대신할 수 있는 양으로 여겼던 것입니다.

웃시야의 교만은 제사장적인 그리스도의 권위를 범하는 교만이었습니다. 그 교만은 나병으로 치실 만큼 중한 죄였던 것입니다. 이점은 사울 왕에게서도 보는 바인데, 사울은 "위급함을 보고 절박하여" 사무엘이 오기를 기다리지 못하고 자신이 번제를 드렸다가 "왕이 망령되이 행하였도다"(삼상 13:6-14)는 책망과 함께 왕위가 폐하게 될 것을 선고받았던 것입니다. 이것이 "아사랴의 교만을 치신 하나님"입니다.

둘째 단원(8-31) 여로보암의 죄에서 떠나지 아니한 이스라엘

둘째 단원은 앵글을 북쪽 이스라엘로 향하여 여러 왕들을 조명하고 있는데 무려 여섯 왕(스가랴·살룸·므나헴·브가히야·베가·호세아)이 등장합니다. 아주 간단하게 언급하고 있습니다. 이것도 열왕기서의 특징 중 하나인데 길게 언급할 가치가 없다는 것이겠지요.

이들에게 공통점이 있는데, 첫째는 "여호와 보시기에 악을 행했고"(9,18,24,28), 둘째는 "여로보암의 죄에서 떠나지 않았다" (9,18,24,28)는 것이고, 셋째는 "반역"(10,15,25,30)으로 죽임을 당하여 왕위를 계승시키지 못했다는 점입니다.

이러한 징조가 무엇을 보여주고 있느냐 하면 북이스라엘의 종말이 이르렀다는 점입니다. 맨 끝으로 언급하고 있는 호세아 왕은 이스라엘의 마지막 왕으로 호세아 9년에 이스라엘은 앗수르에 의해서 패망하게 됩니다.

이 기간에 북쪽 이스라엘을 위하여 세움받은 선지자가 이름이 같은 호세아입니다. 그는 증언하기를 "나팔을 네 입에 댈지어다 원수가 독수리처럼 여호와의 집에 덮치리니 이는 그들이 내 언약을 어기며 내 율법을 범함이로다, 그들이 왕들을 세웠으나 내게서 난 것이 아니며 그들이 지도자를 세웠으나 내가 모르는 바이며 그들이 또 그 은 금으로 자기를 위하여 우상을 만들었나니 결국은 파괴되고 말리라"(호 8:1,4)고 외쳤던 것입니다.

이스라엘이 멸망 받게 된 결정적인 죄는 여로보암의 죄, 즉 금송아지를 자신들을 "애굽 땅에서 인도하여 올린 신"(왕상 12:28)으로 섬긴 우상숭배였다는 점입니다. 그러니까 북쪽 이스라엘의 죄악도 궁극적으로는 "제사장적인 죄"라는 점입니다. 그들은 제사를 드리지 않은 것이 아닙니다. 하나님 앞에 드렸어야 할 제사를 금송아지에게 잘못 드렸던 것입니다. 이 점에서 확고해야 할 점은 이는 단순한 우상숭배가 아니라 다윗에게 세워주신 메시아언약을 배신한 죄, 다시 말하면 제사 제도를 통하여 계시하시고자 한 그리스도를 배척한 죄였다는 점에 확고해야 합니다. 신구약을 막론하고 멸망에 이르는 죄는 그리스도를 배척하는 것입니다.

위에서 상고한 대로 하나님께서는 "여로보암의 길"에서 돌아서서 다윗 언약 안으로 돌아오기를 얼마나 오래 참으시고 기다리셨던가? 그러나 "그들은 듣지 아니하므로 내 하나님이 그들을 버리시리니 그들이 여러 나라 가운데에 떠도는 자가 되리라"(호 9:17)고 심판을 선언하기에 이른 것입니다.

셋째 단원(32-38) 유다를 치신 하나님

"이스라엘의 왕 르말랴의 아들 베가 제 이년에 유다 왕 웃시야의 아들 요담이 왕이 되니"(32) 하고, 앵글은 다시 남쪽 유다를 비춰주고 있습니다. 나병에 걸려 별궁에 거하면서 섭정하던 아버지 웃시야가 죽자 아들 요담(11대)이 정식으로 왕위에 오른 것입니다.

"요담이 그의 아버지 웃시야의 모든 행위대로 여호와 보시기에 정직히 행하였으나"(34) 라고, 여기서도 "행하였으나"하는 단서가 붙는 점을 주목해야 합니다. "그 때에 여호와께서 비로소 아람 왕 르신과 르말랴의 아들 베가를 보내어 유다를 치게 하셨더라"(37) 합니다. 앞에서도 지적했습니다만 이스라엘을 향하여서는 "치셨다"는 말씀이 없습니다. 성경은 "주께서 그 사랑하시는 자를 징계하시고 그가 받아드리시는 아들마다 채찍질하심이라"(히 12:6)고 말씀합니다. 그러면 무슨 맞을 일을 행했는가?

그 원인을 "오직 산당을 제거하지 아니하였으므로 백성이 여전히 그 산당에서 제사를 드리며 분향하였더라"(35)에서 구할 수 있습니다. 여기까지 상고하면서 의도적으로 언급하지 않은 점이 있는데, 그 주제가 "산당"입니다. 열왕기 상하를 유의해 보면 "산당은 없이하지 않았다"는 말씀이 왕이 즉위할 때마다 나옵니다. 아사 같은 선한 왕도 "다만 산당은 없애지 아니하니라"(왕상 15:14)고 이점이 미흡했음을 말씀합니다. 여호사밧과 같은 선한 왕도 "여호와 앞에서 정직히 행하였으나 산당은 폐하지 아니하였으므로 백성이 아직도 산당에서 제사를 드리며 분향하였더라"(왕상 22:43)고 이점을 지적합니다.

요아스 왕도(왕하 12:3), 아마샤 왕도(왕하 14:4), 웃시야 왕도(왕하 15:4), 그리고 본문에 등장하는 요담 왕도(왕하 15:35) 그러했던 것입니다. "오직 산당을 제거하지 않았다"는 말은 마땅히 "산당"을 제거했어야 함에도 제거하지 않았다는 뜻이 됩니다. 후에 가서 보게 될 것입니다만 히스기야 왕 때 가서야 비로소 "그가 여러 산당들을 제거하며 주상을 깨뜨리며"(왕하 18:4) 하고 산당을 제거하는 것을 대하게 됩니다.

그러나 그 아들 므낫세 왕이 "그의 아버지 히스기야가 헐어 버린 산당을 다시 세웠던"(21:3) 것입니다. 이를 요시야 왕 때에 "제사장이 분향하던 산당을 게바에서부터 브엘세바까지"(23:8) 제거하였을 뿐만이 아니라, 북쪽에 있는 "이스라엘에게 범죄하게 한 느밧의 아들 여로보암이 벧엘에 세운 제단과 산당"(23:15)까지 헐어버렸던 것입니다.

하나님께서 과도기적으로 산당에서 제사함을 허용하신 때(왕상 3:2-3)가 있으셨습니다. "그 때까지 여호와의 이름을 위하여 성전을 아직 건축하지 아니하였으므로 백성들이 산당에서 제사하며 솔로몬이 여호와를 사랑하고 그의 아버지 다윗의 법도를 행하나 (오히려) 산당에서 제사하며 분향하였더라"(왕상 3:2-3)고 말씀합니다. 그러니까 그때도 "오히려 산당에서", 다른 번역대로 하면 "여전히"(현) "다만 한 가지" (공)라고 말씀함으로 그것이 잘못임을 지적하고 있는 것입니다.

하물며 성전이 세워진 이후에 산당에서 여전히 제사하며 분향한다는 것이 합당한 것이겠습니까? 산당은 당연히 폐했어야만 합니다. 하나님께서는 일찍이 모세를 통하여 "너는 삼가서 네게 보이는 아무 곳에서든지 번제를 드리지 말고 오직 너희의 한 지파 중에 여호와의 택하실 그곳에서 너는 번제를 드리라"(신 12:13-14)고 명하셨던 것입니다. 여호와의 택하신 그곳이 어디입니까? 성경은 말씀합니다.

> 또 요셉의 장막을 버리시며
> 에브라임 지파를 택하지 아니하시고
> 오직 유다 지파와 그 사랑하시는 시온산을 택하시고
> 또 그의 종 다윗을 택하시되 (시 78:67-70)

그렇습니다. 하나님께서는 그리스도가 유다 지파 다윗의 자손으로 오셔서 단번에 드려주실 오직 그 제단만을 바라보기를 원하셨습니다. 그런데 유다가 이에 대한 예표적인 예루살렘 성전을 가졌으면서도 "산당"에서 제사하며 분향했다는 것은, 오늘날 "여기에도, 저기에도" 구원이 있다고 주장하는 종교 다원주의와 같은 것으로 유일하신 중보자이신 그리스도의 제사장적 사명을 혼합 종교화한 것입니다.

명심하십시다. 웃시야가 제사장 대신 분향한 교만도, 북쪽 이스라엘 왕들이 여로보암의 죄에서 떠나지 아니한 죄도, 그리고 유다가 산당에서 제사하며 분향한 것도, 구속사라는 맥락에서 바라보면 모두가 단번에 드려주실 예수 그리스도의 십자가 복음을 훼손한 죄라는 사실을! 그렇다면 현대의 "산당"은 무엇일까 하고 생각에 잠기게 합니다. 이것이 "유다를 치신 하나님"입니다.

16장

구약에 나타난 다른 복음

16장은 유다에 대한 진술인데 아하스 왕의 악행입니다. 우리는 앞의 장에서 하나님께서 유다를 징계(15:37)하심을 보았습니다. 그것은 사랑하시기 때문입니다. 그러나 요람 왕이 죽고 아들 아하스(12대)가 왕이 되자 하나님의 경고를 아랑곳하지 아니하고, 다윗의 길을 버리고 "이스라엘의 여러 왕의 길로 행했다"(3)고 말씀합니다.

중심점은 "성전 앞에 있던 놋 제단을 다른 제단과 바꾸고, 옮기고, 물두멍 받침을 떼어내는" 등 하나님의 명하신 식양대로 제작한 성전 기물들을 변경시킨 일인데, 이는 구약에 나타난 "다른 복음"이라 할 수 있는 중대한 악행이었던 것입니다. 왜냐하면 성막은 "임마누엘"의 모형으로 주어진 것이고, "식양"은 그리스도에게서 성취될 의문에 싸여 있는 복음이었기 때문입니다. 이를 세 단원으로 나누어 상고합니다.

첫째 다원(1-4) 이스라엘의 길로 행한 아하스
둘째 단원(5-9) 임마누엘 징조를 거부하고 앗수르를 의뢰함
셋째 단원(10-20) 놋단을 이방의 단으로 바꾼 아하스

첫째 단원(1-4) 이스라엘 길로 행한 아하스

"유다의 왕 요담의 아들 아하스가 왕이 되니 아하스가 왕이 될 때에 나이 이십 세라 예루살렘에서 십육 년간 다스렸으나 그의 조상 다윗과 같지 아니하여 그의 하나님 여호와께서 보시기에 정직히 행치 아니하고 이스라엘의 여러 왕의 길로 행했다"(1-3) 합니다.

그 선에서 머문 것이 아니라 심지어 "이방 사람의 가증한 일을 따라 자기 아들을 불 가운데로 지나가게 하고 또 산당들과 작은 산 위와 모든 푸른나무 아래에서 제사를 드리며 분향하였더라"(4) 합니다. 아하스의 행위는 마치 악행의 종합세트를 대하는 듯합니다.

아하스가 "이스라엘의 여러 왕의 길로 행했다"고 하는데, 북이스라엘은 어떤 지경에 놓여 있는 시점인가? 앞장에서 본대로 마지막 왕 호세아까지와 잇는(15:30) 종말적인 상황입니다. 다음 장에서는 "호세아 제 구년에 앗수르 왕이 사마리아를 점령하고 이스라엘 사람을 사로잡아 앗수르로 끌어다가 여러 고을에 두었더라"(17:6) 하고 멸망당하고 맙니다. 그런데 아하스가 그와 같이 된 이스라엘의 길로 행했다면 그도 멸망의 길을 재촉하고 있다는 뜻이 됩니다.

둘째 단원(5-9) 임마누엘 징조를 거부하고 앗수르를 의뢰함

"이 때에 아람의 왕 르신과 이스라엘 왕 베가가 예루살렘에 올라와서 싸우려 하여 아하스를 에워쌌으나 능히 이기지 못하니라"(5), 즉 아람과 이스라엘이 연합군을 형성하여 예루살렘을 공격해 왔다는 것입니다.

이점을 역대하의 병행구절에서는 "그러므로 그의 하나님 여호와께서 그를 아람 왕의 손에 넘기시매 그들이 쳐서 심히 많은 무리를 사로잡아 다메섹으로 갔으며 또 이스라엘 왕의 손에 넘기시매 그가 쳐서 살육하였으니, 베가가 유다에서 하루 동안에 용사 십이만 명을 죽였다" 합니다. 왜 대적에게 넘겨주셨는가? "이는 그의 조상들의 하나님 여호와를 버렸기"(대하 28:5-6) 때문이라고 말씀합니다.

아하스는 어떻게 반응했는가? 이스라엘 길로 행하던 데서 돌이켜 하나님께 구하려 하지 아니하고 앗수르 왕에게 사자를 보내어 "나는 왕의 신복이요 왕의 아들이라"는 처량한 말을 하면서, "이제 아람 왕과 이스라엘 왕이 나를 치니 청하건대 올라와 그 손에서 나를 구원하소서"(7) 했다는 것입니다. 그리하여 "여호와의 성전과 왕궁 곳간에 있는 은금을 내어다가 앗수르 왕에게 예물로 보냈다"(8) 합니다.

아하스는 참으로 비뚤어진 왕이었습니다. 무엇을 보고 알 수 있느냐 하면 "이 아하스 왕이 곤고할 때에 더욱 여호와께 범죄"(대하 28:22)했다는 "더욱"이라는 말씀이 이를 증명합니다. 사람이란 평안할 때는 하나님을 찾지 않다가도 "환난"을 당하게 되면 하나님께 부르짖는 것이 예인 것입니다.

아람 왕의 침략으로 아하스가 곤고해 하자 하나님께서는 이사야 선지자를 보내셔서 "두려워 말며 낙심치 말라"(사7:4)고 권고하시며,

"너는 네 하나님 여호와께 한 징조를 구하라" 하셨습니다. 하나님께서 도와주시겠다는 것입니다. 그러나 아하스는 "나는 구하지 아니하겠나이다 나는 여호와를 시험치 아니하겠나이다"(사 7:10-12)고 거절합니다. 이는 겸손해서가 아니라 하나님을 의지하지 않겠다는 뜻입니다.

그럼에도 불구하고 하나님은 그에게 "보라 처녀가 잉태하여 아들을 낳을 것이요 그 이름을 임마누엘이라 하리라"고 임마누엘 징조를 주셨던 것입니다. 그러니까 "임마누엘"을 통해서 구원해주시겠다는 말씀입니다. 그런데 아하스는 "임마누엘" 징조를 거절했다는 것입니다. 이를 구속사라는 맥락으로 보면 유다를 통하여 오실 그리스도를 거절한 것이 되는 것입니다. 이점을 셋째 단원에서 분명히 보게 될 것입니다. 이것이 아하스가 "이스라엘 열왕의 길로 행했다"는 의미이기도 합니다.

셋째 단원(10-20) 놋단을 이방의 단으로 바꾼 아하스

"아하스 왕이 앗수르의 왕 디글랏 빌레셀을 만나러 다메섹에 갔다가 거기 있는 제단을 보고 아하스 왕이 그 제단의 모든 구조와 제도의 양식을 그려 제사장 우리야에게 보냈다"(10) 합니다. 왜 그랬겠습니까? 크고 화려하고 멋있어 보였기 때문일 것입니다. 그런데 제사장 우리야가 "아하스 왕이 다메섹에서 보낸 대로 모두 행하여 제단을 만든지라"(11) 합니다. 이럴 경우 제사장이라면 "그것은 안 되오" 했어야 마땅한 것입니다. 그런데 그대로 행했다는 것은 아하스보다 더욱 잘못한 일입니다.

"왕이 다메섹에서 돌아와 제단을 보고 제단 앞에 나아가 그 위에 제사를 드리되 자기의 번제물과 소제물"(12-13)을 드렸다 하는데 하나님께서 이를 받으셨을 것인가? "또 여호와의 앞 곧 성전 앞에 있던 놋 제단을 새 제단과 여호와의 성전 사이에서 옮겨다가 그 제단 북쪽에 그것을 두니라"(14) 합니다.

"아하스 왕이 물두멍 받침의 옆 판을 떼내고 물두멍을 그 자리에서 옮기고 또 놋바다를 놋소 위에서 내려다가 돌판 위에 그것을 두며"(17), 즉 하나님께서 명하신 식양을 "떼내고, 옮기고, 내려놨다"는 것입니다. 특히 "옮겼다"는 말이 빈번히(14,17,18) 나옵니다. 그러니까 단을 제자리에 두지않고 옮겼다는 것입니다. 솔로몬 성전의 식양은 "여호와의 손이 다윗에게 임하여 그려 알게 하신"(대상 28:19) 대로 세운 것입니다. 이는 그리스도께서 이루실 구속사역을 성전이라는 모형을 통하여 계시하고자 했기 때문입니다. 그런데 이를 "옮겼다"는 것은 복음을 변개(變改)했다는 것이 되는 것입니다. 이것이 "임마누엘"의 징조를 배척한 처사입니다.

성경이 무엇을 옮겼다고 말씀하고 있는가? "놋단"(14)과 "물두멍"(17)입니다. 놋단은 속죄제물이 되어서 드려주실 그리스도의 십자가의 상징이요, 물두멍은 그의 피로 죄 씻음을 받을 샘물을 의미합니다. 이를 통하지 않고는 하나님 앞에 나아갈 수 없는 것입니다. 그런데 아하스는 이를 제 자리에서 옮긴 것입니다.

새 단을 만들고 놋단을 옮기는데 협조한 제사장 우리야는 하나님께서 이사야 선지자를 통하여 "내가 진실한 증인 제사장 우리야"(사 8:2)라는 인정받은 장본인입니다. 그가 이토록 변할 수 있단 말인가? 그렇습니다. 거짓 목회자를 양성하는 신학교가 따로 있는 것은 아닙니다. 어제의 충성스런 증인이 오늘 거짓 목자가 될 수 있다는데 말씀을 맡은 사역자들에게 주시는 경고가 있는 것입니다.

이런 경우를 신약성경에서는 "다른 복음은 없나니 다만 어떤 사람들이 너희를 교란하여 그리스도의 복음을 변하게 하려 함이라"(갈 1:7)고 말씀합니다. "그러나 우리나 혹은 하늘로부터 온 천사라도 우리가 너희에게 전한 복음 외에 다른 복음을 전하면 저주를 받을지어다"(갈 1:8)고 경고합니다.

이점을 역대하에서는 "아하스가 하나님의 전의 기구들을 모아 하나님의 전의 기구들을 부수고 또 여호와의 전 문들을 닫고 예루살렘 구석마다 제단을 쌓고 유다 각 성읍에 산당을 세워 다른 신에게 분향하여 그의 조상들의 하나님 여호와를 진노하게 하였더라"(대하 28:24-25) 합니다. 아하스의 잘못은 한마디로 "임마누엘"의 징조를 거부하고 복음을 변개하고 대신 우상을 섬긴 죄였던 것입니다. 아하스는 20세에 왕위에 올라 16년을 그렇게 하다가 36세의 나이에 세상을 떠나고 말았습니다. 이것이 "구약에 나타난 다른 복음"입니다.

17장

북이스라엘을 제하신 하나님

17장은 북쪽 이스라엘이 기어코 앗수르에 의하여 멸망 당하는 내용입니다. “여호와께서 각 선지자와 각 선견자를 통하여 이스라엘과 유다에게 지정하여 이르시기를 너희는 돌이켜 너희 악한 길에서 떠나라”(13)고 그토록 오래 참으시며 권면하시고 경고도 하셨지만 끝내 돌이키지 않다가 기어코 호세아 제 구년에 “앗수르 왕이 사마리아를 점령하고 이스라엘 사람을 사로잡아 앗수르로 끌어감”(6)으로 멸망 당하고 만 것입니다.

“여호와께서 그의 종 모든 선지자를 통하여 하신 말씀대로 드디어 이스라엘을 그 앞에서 내쫓으신지라 이스라엘이 고향에서 앗수르에 사로잡혀가서 오늘까지 미쳤더라”(23)고 말씀합니다. 하나님께서 이스라엘을 돌이키시기 위하여 세우신 선지자들을 들어보면 아히야(왕상 14:2), 예후(왕상 16:1), 엘리야(왕상 17:1), 미가야(왕상 22:8), 엘리사(왕하 2:1), 아모스(암 5:5), 호세아(호 1:1) 등입니다. 이를 세 단원으로 나누어 상고하겠습니다.

첫째 단원(1-6) 이스라엘의 멸망
둘째 단원(7-23) 멸망의 원인
셋째 단원(24-41) 사마리아인이 됨

첫째 단원(1-6) 이스라엘의 멸망

"유다의 왕 아하스 제 십이년에 엘라의 아들 호세아가 사마리아에서 이스라엘 왕이 되어 구년 간 다스리며 여호와께서 보시기에 악을 행하였으나 다만 그 전 이스라엘 여러 왕들과 같이 하지는 아니하였더라"(1-2) 합니다. 그런데 "호세아 구 년에 앗수르 왕이 사마리아를 점령하고 이스라엘 사람을 사로잡아 앗수르로 끌어다가 고산 강가에 있는 할라와 하볼과 메대 사람의 여러 고을에 두었더라"(6) 하는데, 멸망 당하게 된 원인이 무엇인가? 표면적인 원인은 앗수르에 조공을 바치던 호세아 왕이 앗수르를 배반하고 친 애굽 정책으로 돌아섰기 때문입니다. 이 점에서 유념해야 할 점은 앗수르를 의지하는 것은 괜찮고 애굽을 의지해서는 안 된다는 것이 아니라, 문제는 하나님께로 돌아오지 않고 하나님께 구하지 않았다는 데 있는 것입니다.

이때 세움 받은 호세아 선지자는 "이스라엘의 교만은 그 얼굴에 드러났나니 그들이 이 모든 일을 당하여도 그들의 하나님 여호와께로 돌아오지 아니하며 구하지 아니하도다 에브라임은 어리석은 비둘기같이 지혜가 없어서 애굽을 향하여 부르짖으며 앗수르로 가는도다" (호 7:10-11) 라고 그들의 불신앙을 책망합니다. "어리석은 비둘기"란 "애굽이냐? 앗수르냐"하고 두리번거리는 모습을 나타내는 묘사입니다.

둘째 단원(7-23) 멸망의 원인

둘째 단원은 이스라엘이 멸망 당하게 된 원인을 말씀하는 내용인데, "이 일은 이스라엘 자손이 자기를 애굽 땅에서 인도하여 내사 애굽의 왕 바로의 손에서 벗어나게 하신 그 하나님 여호와께 죄를 범하고 또 다른 신들을 경외"(7)했기 때문이라 합니다. "그 하나님 여호와께 죄를 범했다"고 말씀하는데, 그 하나님은 그들에게 어떻게 행해주신 하나님이십니까? 한마디로 "애굽 땅에서 인도하여 내사 바로의 손에서 벗어나게 하신" 하나님입니다. 그런데 이스라엘은 그 자리에다 "금송아지"를 세워놓고 이 송아지가 애굽 땅에서 인도하여 낸 신이라고 여로보암 때부터 이때까지 섬겨 내려왔던 것입니다. 그렇다면 "멸망" 외에 다른 방도는 없는 것입니다.

이 점에서 종교 다원주의를 생각하게 합니다. 그들은 타 종교에도 구원이 있다고 주장합니다. 그 근거를 성경에 두지 않고 인간 이성에 호소합니다. 사랑의 하나님이 저토록 선한 사람들을 멸망 받게 하실 리가 없다는 것입니다. 말하자면 창조주 하나님을 금송아지로 바꿔치기 하고 섬기면서 자신들을 구원해 준 신이라고 말해도 괜찮다는 말입니다.

그리하여 급기야는 하나님은 "이름 없는 하나님"이라고 주장합니다. 무슨 뜻이냐 하면 수만 가지 이름을 가진 하나님, 부처로, 알라로, 여호와로, 여러 모양으로 계시하셨다는 것입니다. 온갖 사신 우상의 이름을 대입하기만 하면 되는 그런 하나님이라는 뜻입니다.

이스라엘이 멸망 받게 된 주원인을 무엇이라 말씀하고 있는가를 다시 확인하시기 바랍니다. "다른 신들을 경외하며(7) 모든 산 위에와 모든 푸른나무 아래에 목상과 아세라 상을 세우고(10), 또 우상을 섬겼으니 이는 여호와께서 그들에게 행하지 말라고 명하신 일이라"(12) 합니다.

"그들의 하나님 여호와의 모든 명령을 버리고 자기들을 위하여 두 송아지 형상을 부어 만들고 또 아세라 목상을 만들고 하늘의 일월성신을 경배하며 또 바알을 섬기고"(16), "여로보암이 이스라엘을 몰아 여호와를 떠나고 큰 죄를 범하게 하매 이스라엘 자손이 여로보암의 행한 모든 죄를 따라 행하여 떠나지 아니하므로"(21-22) 멸망 당하게 되었다고 말씀하고 있습니다.

이 점에서 멸망에 이르게 한 죄가 윤리적인 죄에 우선하여 "신학적인 죄"라는 점을 인식한다는 것은 중요한 요점입니다. 죄 중에서도 근원적인 죄는 하나님을 부정하는 죄요, 악 중에서도 최악은 자신을 구원하신 하나님을 배반하는 악입니다. "옛적에 여호와께서 야곱의 자손에게 언약을 세우시고 그들에게 명령하여 이르시되 너희는 다른 신을 경외하지 말며 그를 경배하지 말며 그를 섬기지 말며 그에게 제사하지 말고"(35) 한 이는 윤리적인 죄가 아니라 신학적인 죄라는 점에 확고해야 복음을 보수할 수 있는 것입니다.

이점을 신약성경에서는 "스스로 지혜있다 하나 어리석게 되어 썩어지지 아니하는 하나님의 영광을 썩어질 사람과 새와 짐승과 기어 다니는 동물 모양의 우상으로 바꾸었느니라"(롬 1:22-23)고 말씀합니다. 인간은 "죄들" 때문이 아니라, 이 "한 죄" 때문에 멸망에 이르게 되는 것입니다.

이는 "여호와께서 그의 종 모든 선지자를 통하여 하신 말씀대로"(23) 성취된 것이라 합니다. 이는 호세아 선지자가 "그들이 듣지 아니하므로 내 하나님이 그들을 버리시리니 그들이 여러 나라 가운데 떠도는 자가 되리라"(호 9:17)고 경고한 대로 되고 만 것입니다.

셋째 단원(24-41) 사마리아인이 됨

"앗수르 왕이 바벨론과 구다와 아와와 하맛과 스발와임에서 사람을 옮겨다가 이스라엘 자손을 대신하여 사마리아 여러 성읍에 두매 그들이 사마리아를 차지하고 그 여러 성읍에 거주하니라"(24) 합니다. 여기 앗수르 왕의 식민지 정책이 나오는데, 이스라엘 사람은 자기 나라로 잡아가고 자기 나라 사람들을 대신 사마리아 여러 성읍에 이주시킨 것입니다. 이리하여 이스라엘의 혈통이 그들과 섞이게 되어 "사마리아인"이라는 혼혈족이 태어나게 된 것입니다.

그들은 혈통만 혼혈족이 된 것이 아니라 "이와 같이 그들이 여호와도 경외하고 또한 어디서부터 옮겨왔든지 그 민족의 풍속대로 자기의 신들도 섬겼더라"(33)고 종교도 혼합종교가 되고 만 것입니다. 말하자면 "종교 다원주의자"들이 되었다는 것입니다.

그러나 성경은 말씀합니다. "오직 큰 능력과 편 팔로 너희를 애굽에서 인도하여 내신 여호와만 경외하여 그를 예배하며 그에게 제사를 드릴 것이며"(36) 하십니다. 그렇습니다. "여호와만 경외하여 그를 예배하며(36), 오직 너희 하나님 여호와만을 경외하라"(39) 하십니다. 이 점에서 중요한 요점은 "내가 너희와 세운 언약을 잊지 말라"(38) 하신 "언약"인데, 구속사에 있어서 "언약"이라는 주제는 생명줄과 같은 것입니다. 왜냐하면 언약이 없으면 하나님과의 관계가 성립되지 않고 믿음도 없고 구원도 없기 때문입니다.

그러면 35절과 38절에서 말씀하는 "언약"에는 어떤 의미가 있는가? 표면만을 보면 "언약을 잊지 말라"는 뜻이 율법 곧 십계명을 범하지 말라는 것이 되지만, 성경은 "내가 이것을 말하노니 하나님께서 미리 정하신 언약을 사백삼십 년 후에 생긴 율법이 폐기하지 못하고 약속을 헛되게 하지 못하리라"(갈 3:17)고 단언합니다. 즉 하나님과의 관계를 이어주고 우리의 구원을 가능하게 하는 "모 언약"은 율법이 아니라 아브라함에게 세워주신 "메시아언약"이라는 뜻입니다. 그런데 그들은 메시아언약을 우상으로 바꿔치기했기 때문에 멸망 당한 것입니다.

유다 인들이 바벨론 포로에서 귀환하여 성전을 재건할 때 "사마리아인들"이 나아와서 "우리도 너희와 함께 건축하게 하라 우리도 너희같이 너희 하나님을 찾노라 앗수르 왕 에살핫돈이 우리를 이리로 오게 한 날부터 우리가 하나님께 제사를 드리노라"(스 4:2)고 제의해 왔습니다. 포로에서 귀환한 어려운 시점에 "할렐루야" 할 만도 한데, "우리 하나님의 성전을 건축하는데 너희는 우리와 상관이 없느니라"(느 4:3)고 단호하게 거절한 이유가 그들이 "혼혈족, 혼합종교"가 되었기 때문이었던 것입니다. 그러자 사마리아인들은 성전재건을 극렬하게 대적하여 중단하게 했던 것입니다.

유다는 어떠했는가?

그런데 17장에서 명심해야 할 말씀이 있는데, "유다도 그들의 하나님 여호와의 명령을 지키지 아니하고 이스라엘 사람들이 만든 관습을 행하였으므로"(19) 라는 언급입니다. 북쪽 이스라엘을 제거하시면서 "유다도" 그 하나님 여호와의 명령을 지키지 않았다 하심은 예사말이 아닌 경종인 것입니다.

이점을 예레미야 선지자는 "내게 배역한 이스라엘이 간음을 행하였으므로 내가 그를 내쫓고 그에게 이혼서까지 주었으되 그의 반역한 자매 유다가 두려워 아니하고 자기도 가서 행음함을 내가 보았노라"(렘 3:8)고, 책망하고 에스겔 선지자도 탄식하기를 "그 아우 오홀

리바가 이것을 보고도 그 형보다 음욕을 더하며 그 형의 간음함보다 그 간음이 더 심하므로 그 형보다 더 부패하여졌느니라"(겔 23:11)고 탄식합니다.

예레미야는 그의 애가에서 "지나가는 모든 사람들이여 너희에게는 관계가 없는가 나의 고통과 같은 고통이 있는가?"(애 1:12) 라고 묻고 있습니다. 이스라엘에게 임한 심판을 진술하면서 "유다도"하시는 말씀을 통해서 현대교회를 향하여 "너도" 하시는 음성이 들리지 아니합니까? 그러므로 본문 17장이 "우리에게도" 관계가 없는 말씀이 아니라는 경각심을 가져야 하는 것입니다. 이것이 "북이스라엘을 제하신 하나님"입니다.

18장

히스기야와 함께 하신 하나님

18장은 히스기야가 왕위에 올라 종교개혁을 단행하는 내용입니다. 첫 절에서 "유다 왕 아하스의 아들 히스기야가 왕이 되니"라고 말씀하는데, 이는 16장 마지막의 "히스기야가 대신하여 왕이 되니라"는 말씀과 연결되는 문맥입니다. 그 사이에 북쪽 이스라엘이 패망하는 17장이 끼어있는 구조인데 이는 히스기야에게 "너도 정신 차리지 않으면 이와 같이 된다"는 경고인 셈입니다. 북쪽 이스라엘은 히스기야 4년에 앗수르에 의하여 포위되었다가 6년에 함락이 되었던 것입니다.

악을 행하던 아하스(12대) 왕이 죽은 후에 그의 아들 히스기야(13대)가 왕위에 올랐는데, "히스기야가 그의 조상 다윗의 모든 행위와 같이 여호와께서 보시기에 정직히 행하였다"(3)고 말씀합니다. 이 점에서 생각하게 하는 점은 악한 아버지 아하스에게서 어떻게 이처럼 선한 아들이 세워질 수 있었는가 하는 점과, 반대로 이처럼 선한 왕 히스기야로부터 그토록 악한 아들 므낫세가 태어났는가 하는 점입니다.

히스기야는 어떤 점에서 "다윗의 모든 행위와 같이 여호와께서 보시기에 정직히 행했는가"를 세 단원으로 나누어 상고하겠습니다.

첫째 단원(1-8) 여호와께 연합한 히스기야
둘째 단원(9-12) 북이스라엘의 멸망이 주는 교훈
셋째 단원(13-37) 하나님만 의뢰케 하시려는 믿음의 시련

첫째 단원(1-8) 여호와께 연합한 히스기야

"히스기야가 그의 조상 다윗의 모든 행위와 같이 여호와께서 보시기에 정직하게 행하여 그가 여러 산당들을 제거하며 주상을 깨뜨리며 아세라 목상을 찍으며 모세가 만들었던 놋뱀을 이스라엘 자손이 이때까지 향하여 분향하므로 그것을 부수고 느후스단(놋 조각)이라 일컬었더라"(3-4) 합니다.

이 점에서 유념해야 할 점은 히스가야가 다윗같이 행한 것이 윤리적인 면에서가 아니라 신학적인 면, 즉 우상을 타파함으로 하나님께서 다윗에게 세워주신 메시아언약을 회복시킨 일이라는 점입니다. 이것이 우선입니다. 하나님과의 관계가 올바로 회복되면 이웃과의 관계도 바르게 되는 것입니다.

"히스기야가 이스라엘 하나님 여호와를 의지하였는데 그의 전후 유다 여러 왕 중에 그러한 자가 없었으니 곧 그가 여호와께 연합하여 그에게서 떠나지 아니하고 여호와께서 모세에게 명령하신 계명을 지켰더라"(5-6)고 말씀합니다. "여호와께 연합하여 그에게서 떠나지 아니했다"는 점이 중요합니다. 역사서를 보면 악한 왕이 일어나 어지

렵혀 놓으면 하나님께서 선한 왕을 일으켜 이를 회복시키심으로 메시아언약이 끊어지지 않도록 보존하시는 것을 대하게 됩니다. 히스기야는 아버지 아하스가 닫았던 "여호와의 전 문들을 열고 수리" (대하 29:3)하였던 것입니다.

이처럼 히스기야가 선한 왕이 될 수 있었던 것은,

㉠ 첫째는 하나님의 은혜라 말할 수밖에 없습니다. 성경은 노아 당시의 시대상을 "그 때에 온 땅이 하나님 앞에 부패하여 포악함이 땅에 가득한지라"(창 6:11) 하면서, "그러나 노아는 여호와께 은혜를 입었더라"(창 6:8)고 말씀함을 봅니다.

그런데 하나님의 은혜는 유기적으로 임하는 것도 사실입니다. 그러므로 히스기야가 선한 왕이 될 수 있었던 것은,

㉡ 둘째로, "그의 어머니의 이름은 아비야요 스가리야의 딸이더라"(2)한 어머니 아비야의 감화가 컸으리라고 여겨집니다. "스가랴의 딸"이라 한 스가랴는 누군가 하면 웃시야 왕이, "하나님의 묵시를 밝히 아는 스가랴가 사는 날에 하나님을 찾았고"(대하 26:5) 한 경건한 사람이었습니다. 웃시야를 감화시켰던 스가랴의 경건이 그의 딸 아비야를 통해서 외손자인 히스기야도 감화시켰을 것입니다. 그러니까 히스기야 속에 있는 믿음은, "어머니 아비야와 외조부 스가랴 속에 있던 믿음"이라고 말할 수 있는 것입니다.

㉢ 셋째로, 이사야 선지자의 영향이 컸으리라고 여겨집니다. 성경은 "이러므로 히스기야 왕이 아모스의 아들 선지자 이사야로 더불어 하늘을 향하여 부르짖어 기도하였더니"(대하 32:20)라고 말씀합니다.

㉣ 넷째로, 북쪽 이스라엘의 멸망이 주는 교훈이 그에게 영향을 미쳤을 것입니다. 이점을 9-12절에서 다루게 될 것입니다.

우리는 앞에서 선한 왕들도 "오직 산당은 제하지 아니하였으므로"라는 말씀을 여러 번 대한 바 있습니다. 그런데 히스기야 왕 때에 이르러 산당을 제거하는 대대적인 개혁이 단행되고 있는 것을 보게

됩니다. 심지어 모세가 만들었던 놋뱀을 백성들이 숭배하는 것을 보고는 부수어 "느후스단" 즉 놋 조각에 불과하다고 제하여 버렸다는 것을 통해서 그 개혁의 강도를 짐작할 수 있는 것입니다. 그 결과는 한마디로 "여호와께서 그와 함께하시매 그가 어디로 가든지 형통하였더라"(7) 합니다.

둘째 단원(9-12) 북 이스라엘의 멸망이 주는 교훈

"히스기야 왕 제 사년 곧 이스라엘의 왕 엘라의 아들 호세아 제 칠년에 앗수르의 왕 살만에셀이 사마리아로 올라와서 에워쌌더라"(9). 둘째 단원은 북쪽 이스라엘이 앗수르에 의해서 함락되는 기사입니다. 그런데 그 내용은 이미 17장 전체를 통해서 말씀한 바가 있는데 다시 언급하는 의도가 무엇인가?

우리는 17:19절에서 "유다도 그 하나님 여호와의 명령을 지키지 아니하고"라고 경고하는 말씀을 대한 바 있습니다. 이스라엘은 심판하시고 유다는 그대로 두심이 그들보다 선하기 때문이 결코 아니었습니다. 그러므로 하나님께서는 이스라엘의 멸망이라는 사건을 통하여 만일 유다도 회개하지 않으면 이와 같이 제함을 받으리라는 경고적인 의미로 주어진 것입니다.

그러므로 본문을 보면 "히스기야 왕 제 사년"(9)에 포위되어 "삼년 후에 그 성읍이 함락되니 곧 히스기야 왕의 제 육년이요"(10) 하고 연대를 히스기야와 결부시키고 있는 것입니다. 그러면 멸망 당한 원인을 무엇이라 하는가? "이는 그들이 하나님 여호와의 말씀을 듣지 아니하고 그의 언약(言約)과 여호와의 종 모세가 명령한 모든 것을 따르지 아니하였음이더라"(12) 합니다. 이것이 "북이스라엘의 멸망이 주는 교훈"입니다.

셋째 단원(13-37) 하나님만 의뢰케 하시려는 믿음의 시련

"히스기야 왕 제 십사년에 앗수르의 왕 산헤립이 올라와서 유다 모든 견고한 성읍들을 쳐서 점령하매"(13) 합니다. 이스라엘을 함락시킨 앗수르왕 산헤립이 이번에는 유다를 침공해 온 것입니다. 그렇다면 7절에서 말씀한 "여호와께서 그와 함께 하시매 그가 어디로 가든지 형통하였더라" 한 하나님은 지금 어디 계신단 말인가? 하나님께서는 여호와를 의지하고 연합하여 떠나지 아니하는 히스기야에게 어찌하여 이러한 시련을 허용하셨는가 하는 점입니다.

그 이유를 기록에 나타난 연대를 통하여 추론해 볼 수 있는데, 북이스라엘은 히스기야 4년(9)에 침공을 받아 6년에 함락되었습니다. 그런데 앗수르가 유다를 침공해 온 것은 히스기야 14년(13), 그러니까 북이스라엘이 멸망 당한 8년의 세월이 흐른 후였다는 것입니다. 그렇다면 바짝 긴장했던 히스기야의 신앙상태가 느슨해진 것은 아닐까요?

그 점을 히스기야의 반응에서 볼 수 있는데, "유다의 왕 히스기야가 라기스로 사람을 보내어 앗수르 왕에게 이르되 내가 범죄하였나이다 나를 떠나 돌아가소서 왕이 내게 지우시는 것을 내가 당하리이다"(14상) 했다는 것입니다. "내가 범죄했다"는 뜻은 아버지 아하스왕 때 앗수르의 도움을 받는 대가로 조공을 바치기로 한 것을(16:7), 히스기야가 "앗수르 왕을 배반하고 섬기지 아니한"(18:7) 것을 가리키는 말입니다.

그리하여 "앗수르 왕이 곧 은 삼백 달란트와 금 삼십 달란트를 정하여 유다 왕 히스기야에게 내게 한지라 히스기야가 이에 여호와의 성전과 왕궁 곳간에 있는 은을 다 주었고 또 그 때에 유다 왕 히스기야가 여호와의 성전 문의 금과 자기가 모든 기둥에 입힌 금을 벗겨 모두 앗수르 왕에게 주었더라"(14하-16) 합니다. 참으로 한심한 노릇입니다. 그러면 이는 "히스기야가 그의 조상 다윗의 모든 행위와 같이 여호와께서 보시기에 정직히 행하였다"(3)는 믿음을 잃어버렸다는 증거가 아니겠는가?

이는 분명 히스기야가 "여호와를 의지"(5) 하던 신앙에서 해이해졌음을 보여줍니다. 이럴 경우 성경은 "힘에 겹도록 심한 고난을 당하여 살 소망까지 끊어지고 우리는 우리 자신이 사형 선고를 받은 줄 알았으니", 왜 이렇게 하셨는가? "이는 우리로 자기를 의지하지 말고 오직 죽은 자를 다시 살리시는 하나님만 의지하게 하심이라" (고후 1:8-9)고 말씀합니다. 그러므로 하나님은 히스기야로 하여금 하나님 여호와만을 의지하게 하시려고 앗수르 왕으로 하여금, "대군을 거느리고 히스기야 왕을 치게"(17) 하신 것입니다. 바울을 연단하신 하나님과 히스기야를 단련하시는 하나님은 동일하신 하나님이신 것입니다.

그런데 아이러니한 것은 앗수르의 군대장관 랍사게의 말에는 "의뢰"(依賴)라는 말이 무려 아홉 번이나 등장한다는 점입니다. "히스기야에게 말하라 대왕 앗수르 왕의 말씀이 네가 의뢰하는 이 의뢰가 무엇이냐"(19), "이제 네가 너를 위하여 저 상한 갈대 지팡이 애굽을 의뢰하도다"(21), "또한 히스기야가 너희에게 여호와를 의뢰하라 함을 듣지 말라"(30)고 말합니다.

랍사게의 말은 히스기야에게 도리어 "하나님만을 의뢰하리라"는 각성제 역할로 등장하고 있는 것입니다.

랍사게는 "민족의 신들 중에 어느 한 신이 그의 땅을 앗수르 왕의

에서 건진 자가 있느냐 하맛과 아르밧의 신들이 어디 있으며 스발와임과 헤나와 아와의 신들이 어디 있느냐 그들이 사마리아를 내 손에서 건졌느냐" 합니다. 그렇습니다. 앗수르는 다름 아닌 북쪽 이스라엘을 멸망시킨 앗수르입니다. 랍사게의 말은 "민족의 모든 신들 중에 누가 그의 땅을 내 손에서 건졌기에 여호와가 예루살렘을 내 손에서 건지겠느냐"(33-35) 하는데, 어느 신도 앗수르의 손에서 그 민족을 건져낸 신이 없었던 것입니다.

18장은 "이에 힐기야의 아들로서 왕궁 내의 책임자인 엘리야김과 서기관 셉나와 아삽의 아들 사관 요아가 옷을 찢고 히스기야에게 나아가서 랍사게의 말을 전하니라"(37) 하고 끝나고 있습니다.

자, 이럴 경우 히스기야와 백성들은 어떤 결단을 할 것인가?

㉠ 앗수르를 의뢰하고 항복을 할 것인가?

㉡ 애굽을 의뢰하고 도움을 청할 것인가? 아니면

㉢ "오직 큰 능력과 편 팔로 자신들을 애굽에서 인도하여 낸 여호와만"(17:30) 의뢰할 것인가?

5절에서는 "히스기야가 이스라엘 하나님 여호와를 의지하였고 그의 전후 유다 여러 왕 중에 그러한 자가 없었다"고 말씀했는데, 이제 히스기야는 그리고 우리는 "여호와만" 의뢰할 것인가?

19장

자신의 이름과 언약을 위하여 구원하신 하나님

19장은 하나님의 도우심으로 침략한 앗수르에 유다가 대승하는 내용입니다. 그것은 기적이었습니다. 히스기야 왕은 절체절명의 위기에서 하나님만을 의뢰하기로 결단했고, 하나님께서는 자신을 의뢰하는 자를 구원하여 주셨던 것입니다.

18장의 핵심 단어가 "의뢰"였다면, 19장의 핵심단어는 "비방과 구원"이라 할 수 있는데, "비방"이라는 말이 네 번(4,16,22,23), "구원"이 세 번(11,19,34) 등장합니다. 대적은 "살아 계신 하나님을 비방"(4)하고, 히스기야는 "우리 하나님 여호와여 원하건대 이제 우리를 그의 손에서 구원하옵소서 그리하시면 천하만국이 주 여호와가 홀로 하나님이신 줄 알리이다"(19)고 하나님의 영예를 붙잡고 간구합니다. 이에 대해 하나님께서는 "내가 나와 나의 종 다윗을 위하여 이 성을 보호하여 구원하리라"(34)고 응답하십니다. 그 결과는 "이 밤에 여호와의 사자가 나와서 앗수르 진영에서 군사 십팔만오천 명을 친지라 아침에 일찍이 일어나 보니 다 송장이 되었더라"(35) 합니다. 이를 세 단원으로 나누어 상고하겠습니다.

첫째 단원(1-7) 이사야에게 기도를 요청함
둘째 단원(8-19) 편지를 펴놓고 기도하는 히스기야
셋째 단원(20-37) 하나님의 응답과 성취

첫째 단원(1-7) 이사야에게 기도를 요청함

"히스기야 왕이 듣고 그 옷을 찢고 굵은 베를 두르고 여호와의 전에 들어가서"(1), 여기 중요한 변화를 발견하게 되는데, 앗수르 왕의 1차 침공 시(18:13-16)에는 "여호와의 전에 들어갔다"는 모습을 대할 수 없었습니다. 그때는 하나님을 의뢰하려 하지 않고 자신의 수단과 방법으로 해결해보려고 시도했습니다. 그리하여 도리어 "여호와의 성전 문의 금과 자기가 모든 기둥에 입힌 금을 벗겨 모두 앗수르 왕에게 주었다"(18:16) 한 것입니다. 그러나 그 결과는 허사로 돌아가고 말았습니다.

그러나 이제 2차 침공 시에는 달랐습니다. 왕궁의 책임자, 서기관, 제사장 중 장로들에게 굵은 베를 입혀서 아모스의 아들 선지자 이사야에게로 보내어 이르기를 "히스기야의 말씀이 오늘은 환난과 징벌과 모욕의 날이라 아이를 낳을 때가 되었으나 해산할 힘이 없도다"(3) 합니다. 하나님의 백성들이라 해도 이 세상을 살아가노라면

"환난과 징벌과 모욕의 날"을 만날 때가 있는 것입니다. 형제도 그러한 경험이 있으셨겠지요? 중요한 것은 이럴 경우 어떻게 반응하느냐에 있습니다.

히스기야는 대적이 "살아 계신 하나님을 비방하였으니 당신의 하나님 여호와께서 혹시 그의 말을 들으셨을지라 당신의 하나님 여호와께서 그 들으신 말 때문에 꾸짖으실 듯하니 당신은 이 남아있는 자들을 위하여 기도하소서"(4-5) 하고 기도 요청을 했던 것입니다.

이 점에서 유념해야 할 점은 기도의 우선순서가 자신의 고난을 면하여 달라는 자기중심에 있는 것이 아니라, "살아계신 하나님을 비방하였다"는 하나님의 거룩하신 이름과 영예를 내세우고 있다는 점입니다. 이렇게 한 다음에 "남아있는 자들을 위하여"라 한 자신들입니다. "남아 있는 자들"이라 한 뜻은, 북쪽 열 지파는 이미 앗수르에 의하여 멸망 당했고 이제 남은 유다도 삼킴받을 위기에 처해있다는 뜻입니다.

이사야 선지자는 "너희는 너희 주에게 이렇게 말하라 여호와의 말씀이 너는 앗수르 왕의 신복에게 들은 바 나를 모욕하는 말 때문에 두려워하지 말라 내가 한 영을 그의 속에 두어 그로 소문을 듣고 그의 본국으로 돌아가게 하고 또 그의 본국에서 그에게 칼에 죽게 하리라 하셨느니라"(6-7)고 응답합니다.

둘째 단원(8-19) 편지를 펴놓고 기도하는 히스기야

대적은 히스기야에게 사자를 보내며 통보하기를 "네가 믿는 네 하나님이 예루살렘을 앗수르 왕의 손에 넘기지 아니하겠다 하는 말에 속지 말라 앗수르의 여러 왕이 여러 나라에 행한바 진멸한 일을 네가 들었나니 네가 어찌 구원을 얻겠느냐"(10-11) 하고 협박을 합니다.

" 히스기야가 사자의 손에서 편지를 받아보고 여호와의 성전에 올라가서 그 편지를 여호와 앞에 펴 놓고"(14), 기도하는데 대적의 편지 내용(8-13)을 세 가지로 요약할 수 있습니다.

㉠ 너의 의뢰하는 네 하나님이 예루살렘을 지켜주신다는 말에 속지 말라.

㉡ 앗수르가 모든 나라들을 정복한 일을 네가 들었지 않느냐?

㉢ 그날에 그들이 섬기던 신이 앗수르의 손에서 건져내더냐는 것입니다. 이는 히스기야와 유다 백성들의 마음을 약화시키고 혼란에 빠뜨리기에 충분한 정곡을 찌르는 말이었던 것입니다.

히스기야는 그들이 보낸 편지 내용을 하나님께 아뢰면서 간구를 합니다. "그룹들 위에 계신 이스라엘의 하나님 여호와여 주는 천하만국에 홀로 하나님이시라 주께서 천지를 만드셨나이다 여호와여 귀를 기울여 들으소서 여호와여 눈을 떠서 보시옵소서 산헤립이 살아 계신 하나님을 비방하러 보낸 말을 들으시옵소서"(14-17) 합니다.

그러면서 "여호와여 앗수르 여러 왕이 과연 여러 민족과 그들의 땅을 황폐하게 하고 또 그들의 신들을 불에 던졌사오니 이는 그들이 신이 아니요 사람의 손으로 만든 것 곧 나무와 돌 뿐이므로 멸하였나이다"(18), 즉 과연 그들이 여러 나라를 정복한 것은 사실이라는 것입니다. 그러나 그 나라들이 섬기는 신은 "사람의 손으로 만든 것 곧 나무와 돌"뿐인 우상이었기 때문에 환난에서 그들을 구원하지 못했다는 것입니다.

산헤립은 여호와 하나님을 우상과 동일시하고 있었던 것입니다. 그러나 우리 하나님은 살아 계시는 하나님이시니 "우리 하나님 여호와여 원하건대 이제 우리를 그의 손에서 구원하옵소서 그리하시면 천하만국이 주 여호와가 홀로 하나님이신 줄 알리이다"(19)고 하나님의 이름과 영예를 내세우면서 간구합니다.

> 여호와여 이것을 기억하소서 원수가 주를 비방하며
> 우매한 백성이 주의 이름을 능욕하였나이다
> 주의 멧비둘기의 생명을 들짐승에게 주지 마시며
> 주의 가난한 자의 목숨을 영원히 잊지 마소서
> 그 언약을 눈여겨 보소서
> 무릇 땅의 어두운 곳에 포악한 자의 처소가 가득하나이다
> \- 시편 74:18-20 -

셋째 단원(20-37) 하나님의 응답과 성취

이사야가 히스기야에게 기별하기를 이스라엘 하나님 여호와의 말씀이 "네가 앗수르 왕 산헤립 때문에 내게 기도하는 것을 내가 들었노라 하셨나이다"(20) 하면서, 하나님은 먼저 앗수르를 향하여 "네가 누구를 꾸짖었으며 비방하였느냐 누구를 향하여 소리를 높였으며 눈을 높이 떴느냐 이스라엘의 거룩한 자에게 그리하였도다"(22), 즉 유다에게 한 것이 곧 하나님께 한 비방이라는 말씀입니다.

앗수르에 대한 하나님의 선고는 두 가지로 요약할 수가 있는데,

㉠ 첫째는, 앗수르가 여러 나라를 정복할 수 있었던 것은 "내가 이루어 너로 견고한 성들을 멸하여 무너진 돌무더기가 되게 함이니라"(25), 즉 하나님께서 앗수르를 들어서 그들을 심판하신 것이라는 말씀입니다. 이점을 이사야서에서는 "앗수르 사람은 화 있을진저 그는 내 진노의 막대기요 그 손의 몽둥이는 내 분노라 내가 그를 보내어 경건하지 아니한 나라를 치게"(사 10:5-6) 하셨는데, 그들은 자신의 힘으로 한 양 교만하고 자고했기 때문에 "화 있을진저"하시는 것입니다.

ⓛ 둘째로 "그러므로 내가 갈고리를 네 코에 꿰고 재갈을 네 입에 물려 너를 오던 길로 끌어 돌이키리라 하셨나이다"(28) 합니다.

ⓒ 다음은 유다에 대해 말씀하시기를 "내가 나와 나의 종 다윗을 위하여 이 성을 보호하여 구원하리라"(34) 하십니다. 두 마디로 되어 있는데, 먼저 "나" 즉 하나님을 위하여 보호해주시겠다 하십니다. 다시 강조합니다만 하나님의 구원계획에는 하나님의 이름과 영예가 걸려있다는 점입니다. 그러므로 시작한 것은 반드시 완성하신다는 것을 확신할 수 있는 것입니다. 다음은 "나의 종 다윗을 위하여"라 하십니다. 이는 다윗에게 세워주신 언약을 지키시기 위해서라는 뜻입니다. 이점을 시편에서는, "내가 나의 거룩함으로 한 번 맹세하였은즉 다윗에게 거짓말을 하지 아니할 것이라"(시 89:35) 하십니다.

나와 나의 종 다윗을 위하여

우리는 한 걸음 더 나아가야 합니다. 그렇다면 훗날 어찌하여 예루살렘이 바벨론에 의하여 멸망받게 되고 성전이 불타게 되었느냐고 묻게 됩니다. 구약성경이 멸망으로 귀결되고 있는 것은 하나님의 힘이 모자라서가 아니라, 이는 율법의 행위로는 하나님 앞에 의롭다함을 얻을 자가 없다는 자력구원의 불가능성을 드러내고 있는 것입니다. 그러면 하나님의 이름과 영예는 어찌 되는가? 여기에 "남은 자는 예루살렘에서부터 나올 것이요 피하는 자는 시온 산에서부터 나오리니 여호와의 열심이 이 일을 이루리라 하셨나이다"(31) 하는 "남은 자"의 교리가 등장하게 되는 것입니다. 구속사에 있어서 하나님께서 궁극적으로 보존하시는 것은 예루살렘 성도 아니요, 성전도 아니라 "남은 자, 피하는 자"라 한 하나님의 백성인 것입니다. 그들이 새 예루살렘이며 그들이 하나님의 성전이며, 그 공동체가 하나님의 나라이기 때문입니다. 하나님께서 "보호하여 구원"하시는 대상은 물질이 아니라 하나님의 백성인 것입니다.

노아 홍수 때도 남은 자는 있었으며 바벨론에 의하여 포로로 끌려간 후에도 "남은 자"만이 돌아왔던 것입니다. 그러므로 어느 때, 어떠한 경우에도 "그런즉 이와 같이 지금도 은혜로 택하심을 따라 남은 자가 있느니라"(롬 11:5) 하시는 것입니다. 어째서 "남은 자"가 있게 하시는가? 하나님의 명예와 거룩함으로 맹세하신 언약을 이루시기 위해서입니다. "여호와의 열심히 이 일을 이루리라"(31) 하십니다.

"이 밤에 여호와의 사자가 나와서 앗수르 진영에서 군사 십팔만 오천 명을 친지라 아침에 일찍이 일어나 보니 다 송장이 되었더라"(35) 합니다. 그리고 산헤립은 두 아들에 의하여 죽임을 당합니다. 하나님의 말씀은 그대로 성취된 것입니다. 하나님의 명예와 맹세하신 언약을 위하여 시편은 증언합니다.

> 하나님은 유다에 알려지셨으며 그의 이름이 이스라엘에 크시도다
> 그의 장막은 살렘에 있음이여 그의 처소는 시온에 있도다
> 거기에서 그가 화살과 방패와 칼과 전쟁을 없이 하셨도다 (셀라)
> 주는 약탈한 산에서 영화로우시며 존귀하시도다
> 마음이 강한 자도 가진 것을 빼앗기고 잠에 빠질 것이며
> 장사들도 모두 그들에게 도움을 줄 손을 만날 수 없도다
> 야곱의 하나님이여 주께서 꾸짖으시매
> 병거와 말이 다 깊이 잠들었나이다(송장이 되었더라) (시 76:1-6)

20장

히스기야 왕에게 후사를 주신 하나님

20장은 "그 때에 히스기야가 병들어 죽게 되매"(1) 하고 시작이 되는데, 그런데 하나님께서는 죽도록 버려두신 것이 아니라 히스기야의 수한을 15년 연장시켜 주셨다고 말씀합니다. 히스기야의 연대를 추적해 보면 25세에 왕위에 올라서 29년을 다스렸다(18:2)고 말씀하고 있으니까 히스기야의 향년이 54세인 것을 알게 됩니다. 그런데 54년을 산 것이 15년을 더해주신 수한이니까 병들어 죽게 되었을 때의 나이가 불과 39세였다는 계산이 나옵니다.

이 점에서 간과해서는 아니 될 점은 본문이 말씀하고자 하는 바는 히스기야의 생명을 15년 연장시켜 주셨다는 단순한 이야기가 아니라, 15년 동안에 감당해야 할 남은 사명을 주셨다는 뜻이라는 점입니다. 그것이 무엇인가? 21:1절에서 "므낫세가 왕이 될 때에 나이가 12세라"고 말씀하고 있습니다. 그렇다면 병들어 죽게 되었을 때에 히스기야에게는 아직 후사가 없었고, 므낫세는 하나님께 연장받은 15년 중 3년 차에 태어났다는 것이 됩니다. 그래서 20장의 주제가 "히스기야 왕에게 후사를 주신 하나님"이 될 수 있는 것입니다. 이를 세 단원으로 나누어 상고합니다.

첫째 다원(1-11) 히스기야의 병과 징조
둘째 단원(12-15) 교만하여진 히스기야
셋째 단원(16-21) 바벨론을 의뢰한 결과

첫째 단원(1-11) 히스기야의 병과 징조

"그 때에 히스기야가 병들어 죽게 되매 아모스의 아들 선지자 이사야가 그에게 나아와서 그에게 이르되 여호와의 말씀이 너는 집을 정리하라 네가 죽고 살지 못하리라 하셨나이다"고 전하니 히스기야가 낯을 벽으로 향하고 여호와께 기도하기를(1-2), "낯을 벽으로 향했다"는 것은 사람의 위로나 도움을 구하지 아니하고 "하나님만 의뢰했음"을 나타냅니다.

"여호와여 구하오니 내가 진실과 전심으로 주 앞에 행하며 주께서 보시기에 선하게 행한 것을 기억하옵소서"(3) 하면서 심히 통곡했다 합니다. 서론에서 살펴본 대로 당시 히스기야의 나이는 불과 39세 정도였는데, "후사"가 없었던 것입니다. 후사가 없다는 것은 하나님께서 다윗에게 "네 위가 영원히 견고하리라"(삼하 7:16)고 약속하신 다윗의 위가 끊어지게 되고, 그리하여 그리스도의 족보가 중단될 위기에 직면했다는 중대사였던 것입니다. 후사를 세우는 일이 히스기야의 남은 사명이었던 것입니다.

하나님의 응답은 신속하여 이사야가 성읍 가운데까지도 이르기 전에 여호와의 말씀이 그에게 임하여 이르시기를, "내가 네 기도를 들었고 네 눈물을 보았노라 내가 너를 낫게 하리니 네가 삼일 만에 여호와의 성전에 올라가겠고 내가 네 날에 십오 년을 더할 것이며"(5-6) 하십니다.

그런데 수명만 연장시켜주시는 것이 아니라 "내가 너와 이 성을 앗수르 왕의 손에서 구원하여" 주리라 하십니다. 왜냐하면 "내가 나를 위하고 또 내 종 다윗을 위하므로 이 성을 보호하리라 하셨다 하라"(6하) 하십니다. 이점이 얼마나 중요하면 거듭거듭 말씀하십니다. "내가 나를 위하고"란 하나님의 구원계획을 이루시기 위해서라는 뜻이고, "또 내 종 다윗을 위하므로"란 다윗에게 세워주신 메시아언약을 지키시기 위해서라는 뜻입니다. 그래서 예루살렘 성을 "구원하고, 보호하고, 후사"를 주시겠다 하시는 것입니다. 그러므로 히스기야에게 수한을 15년 연장시켜주신 것도 "내가 나를 위하고 또 내 종 다윗을 위하므로"라는 것이 된다는 점을 인식해야 하는 것입니다.

하나님의 구원계획에는 "나는 나를 위하며 나를 위하여 이를 이룰 것이라 어찌 내 이름을 욕되게 하리요 내 영광을 다른 자에게 주지 아니하리라"(사 48:11) 하신 하나님의 이름과 영예가 걸려있다는 점을 인식한다는 것은 사활적으로 중요한 요점입니다. 그 완성은 주님의 재림으로 성취되는 것이요, 그래서 우리는 주님의 재림을 확신할 수 있는 것입니다.

히스기야가 이사야에게 이르되 "여호와께서 나를 낫게 하시고 삼일 만에 여호와의 성전에 올라가게 하실 무슨 징표가 있나이까"(8)

하고 “징조”를 구합니다. 이사야 선지자는 “여호와께로부터 왕에게 한 징표가 임하리이다 해 그림자가 십도를 나아갈 것이니이까 혹 십도를 물러갈 것이니이까”(9), 선택하라 합니다. 히스기야는 대답하기를 “그림자가 십도를 나아가기는 쉬우니 그리할 것이 아니라 십도가 뒤로 물러갈 것이니이다”(10) 합니다. “선지자 이사야가 여호와께 간구하매 아하스의 해시계 위에 나아갔던 해 그림자를 십도 뒤로 물러가게 하셨더라”(11) 합니다.

이 점에서 징조가 “아하스의 해시계”를 통하여 주어졌다는 점은 의미가 깊은 것입니다. 왜냐하면 아하스는 히스기야의 아버지인데, 아람 왕의 침공을 받아 두려워하고 있을 때 하나님께서 구원해주실 것을 말씀하시면서 “너는 네 하나님 여호와께 한 징조를 구하라” 하셨으나, “구하지 않겠나이다”(사 7:11-12) 하고 거부했던 것입니다.

거부하는 아하스에게 주권적으로 주어진 징조가 무엇인가? “보라 처녀가 잉태하여 아들을 낳을 것이요 그의 이름을 임마누엘이라 하리라”(사 7:13-14)는 메시아의 “징조”였던 것입니다. 그런데 후사 없이 죽게 된 히스기야 왕에게 “아하스의 해시계”를 통해서 징조를 나타내시고, 수명을 연장시켜주신다는 것은 사사로운 일이 아니라 “임마누엘”을 성취하시려는 하나님의 주권적인 섭리라는 점을 깨닫게 되는 것입니다

이점이 성을 보호해주시는 것과 15년의 수한을 연장시켜주시겠다는 두 가지 은혜 모두가 “내가 나를 위하고 내 종 다윗을 위하여”(19:34, 20:6)라고 말씀하심에 분명히 나타나 있는 것입니다. 그런데 하나님께서는 왜 아하스, 히스기야 그리고 우리에게 “징조”를 주셔야 하셨는가? 본문 9절을 보십시오. “여호와께서 하신 말씀을 응하게 하실 일에 대하여”, 즉 하나님의 언약을 믿게 하기 위해서라고 말씀합니다. 그럼에도 불구하고 인간은 임마누엘의 징조 즉 처녀가

잉태하여 아들을 낳게 하셨는데도 믿지를 않고 있는 것입니다. 히스기야 왕도 예외는 아니어서 처음은 좋았으나 말년에는 불신앙에 빠지게 되는 모습을 대하게 된다는 것은 우리를 슬프게 합니다.

둘째 단원(12-15) 교만하여진 히스기야

"그 때에 발라단의 아들 바벨론의 왕 브로닥발라단이 히스기야가 병 들었다 함을 듣고 편지와 예물을 그에게 보낸지라"(12) 합니다. 여기 두 종류의 편지가 있는데, 앗수르 왕이 보낸 항복하라는 편지(19:14)와 바벨론 왕이 보낸 병의 쾌유를 축하하는 편지(20:12)가 그것입니다. 항복하라는 편지는 히스기야를 겸비케 하였으나, 그러나 축하편지와 예물은 히스기야로 하여금 교만하고 자고하게 하였던 것입니다.

이 교만은 앗수르의 대군을 대파하고 나자 "여러 사람이 예물을 가지고 예루살렘에 와서 여호와께 드리고 또 보물을 유다 왕 히스기야에게 드린지라 이후부터 히스기야가 모든 나라의 눈에 존귀하게 되었더라"(대하 32:23) 한 그때부터 싹이 돋기 시작한 것입니다. "히스기야가 마음이 교만하여 그 받은 은혜를 보답하지 아니하므로 진노가 그와 유다와 예루살렘에 내리게 되었더니"(대하 32:25) 합니다.

히스기야의 교만한 마음은 바벨론의 사신들에게 "자기 보물고의 금은과 향품과 보배로운 기름과 그의 군기고와 창고의 모든 것을 다 사자들에게 보였는데 왕궁과 그의 나라 안에 있는 모든 것 중에서 히스기야가 그에게 보이지 아니한 것이 없더라"(13) 하는 것으로 나타났던 것입니다. 이것은 자신을 나타내는 일종의 과시일 뿐만이 아니라 바벨론을 동맹으로 여기는 예우였던 것입니다. 달리 말씀드리면 히스기야는 앗수르의 손에서 구원하여 주시고 죽을병에서 구원하여 주신 하나님의 은혜를 망각하고, 바벨론을 의지하여 추파를 보내고 있었던 것입니다.

그리하여 역대하 32:31절을 보면 "바벨론 방백들이 히스기야에게 사신을 보내어 그 땅에서 나타난 이적을 물을 때에 하나님이 히스기야를 떠나시고 그의 심중에 있는 것을 다 알고자 하사 시험하셨더라"는 말씀을 대하게 됩니다. "심중에 있는 것을 다 알고자 하사"라는 뜻은 히스기야가 자신을 자랑하는가? 아니면 모든 영광을 하나님께 돌리는가를 두고 보셨다는 것입니다. 그러나 히스기야는 보물고를 다 열어 보이면서 자신을 과시했던 것입니다. 그런데 "다윗의 길"은 어떠했는가?

> 하나님이여 나를 살피사 내 마음을 아시며
> 나를 시험하사 내 뜻을 아옵소서
> 내게 무슨 악한 행위가 있나 보시고
> 나를 영원한 길로 인도하소서 (시 139:23-24)

셋째 단원(16-21) 바벨론을 의뢰한 결과

"이사야가 히스기야에게 이르되 여호와의 말씀을 들으소서 여호와의 말씀이 날이 이르리니 왕궁의 모든 것과 왕의 조상들이 오늘까지 쌓아 두었던 것이 바벨론으로 옮긴 바 되고 하나도 남지 아니할 것이요 또 왕의 몸에서 날 아들 중에서 사로잡혀 바벨론 왕궁의 환관이 되리라 하셨나이다"(16-18)고 선고하십니다.

이사야 선지자는 무려 130년 후에 유다가 바벨론에 의하여 비참하게 패망하게 될 것을 예언적으로 경고하고 있는데, 그대로 성취가 되고 말았던 것입니다. 이를 히스기야가 바벨론의 사신들에게 모든 보물들과 군기고를 보인 것에 대한 징벌로 여겨서는 부족합니다. 본질은 "네가 바벨론을 의뢰하려고 하는데, 그렇다면 너는 바벨론에 의하여 멸망 당하리라"는 불신앙에 대한 경고라는 점을 인식해야 합니다. 히스기야가 생각하고 있듯이 "앗수르는 대적이고, 바벨론은 우방이다. 앗수르는 믿을 수 없지만, 바벨론은 믿을 수 있다"는 그런 것이 아니라는 견책입니다. 이 점에서 뱀의 후손과 여자의 후손 간에는 적대감이 있을 것이라 하신 원복음을 상기할 필요가 있습니다. 지금은 바벨론이 우호적이지만 장차는 들짐승과 같이 되어서 여자의 후손인 유다를 잡아먹게 되리라는 경고인 것입니다. 단 여호와 하나님만을 의뢰하지 않고 헛된 것을 의지한다면 말입니다.

결론은 인류의 소망은 "내가 나를 위하고 또 내 종 다윗을 위하므로"(6) 히스기야에게 15년의 수한을 연장시켜 주시고 후사를 주신 하나님 그리하여 임마누엘 징조를 통해서 보내주신 예수 그리스도 외에는 달리는 없다는 깨달음입니다.

이 점에서 우리는 뼈저린 교훈을 받게 되는데, 하나님께서 히스기야의 수한을 15년을 더하여 주심이 단순한 수명 연장이 아니라 사명 연장임을 인식했습니다. 그런데 히스기야의 사명이 후사를 생산하는 것만으로는 족하지 않습니다. 그것만이라면 15년까지가 필요치가 않았을 것입니다. 후사에 대한 사명은 그를 낳아 양육하는 데까지였기에 15년이 필요했던 것입니다.

그러한 사명이 있는 히스기야 자신이 "마음이 교만하여 그 받은바 은혜를 보답지 않았다"(대하 32:25)면 그의 후사를 어떻게 경건한 자녀로 양육할 수 있었겠습니까? 므낫세는 하나님의 특별하신 은총 중에 태어났으면서도 유다의 20명의 왕 중에서 가장 악한 왕이 되고 말았던 것입니다. 이를 대하는 우리의 깨달음은 무엇입니까? 이것이 "바벨론을 의뢰한 결과"입니다.

21장

그릇을 얾음같이 하시겠다는 심판경고

21장은 히스기야가 죽은 후에 므낫세가 왕(14대)이 되어서 행한 행적인데, 므낫세는 20명의 유다 왕들 중에서 가장 악한 왕으로 그가 저지른 죄악은 유다가 멸망 당하고 성전이 불에 타고 백성들이 포로로 끌려가게 한 결정적인 원인을 제공한 자로 기록되어 있습니다. 성경은 "이 일이 유다에 임함은 곧 여호와의 말씀대로 그들을 자기 앞에서 물리치고자 하심이니 이는 므낫세의 지은 모든 죄 때문이며"(24:3) 라고 말씀합니다.

하나님께서는 "내가 이제 예루살렘과 유다에 재앙을 내리리니 듣는 자마다 두 귀가 울리리라 내가 사마리아를 잰 줄과 아합의 집을 다림 보던 추를 예루살렘에 베풀고 또 사람이 그릇을 씻어 엎음같이 예루살렘을 씻어버릴지라"(12-13)고 선고하십니다. 그러므로 21장의 주제가 "그릇을 엎음같이 하시겠다는 심판경고"가 될 수 있습니다. 이를 네 단원으로 나누어 상고합니다.

첫째 단원(1-9) 므낫세의 경건치 아니함
둘째 단원(10-15) 심판의 선고
셋째 단원(16-18) 므낫세의 불의
넷째 단원(19-26) 반역으로 죽은 암몬

첫째 단원(1-9) 므낫세의 경건치 아니함

"므낫세가 왕이 될 때에 나이가 십이 세라 예루살렘에서 오십오 년간 다스리니라 그의 어머니의 이름은 헵시바더라 므낫세가 여호와 보시기에 악을 행하여 여호와께서 이스라엘 자손 앞에서 쫓아내신 이방 사람의 가증한 일을 따라서"(2) 행했다 합니다.

죄는 크게 두 부류로 나눌 수 있는데(롬 1:18), 첫째는 하나님께 대한 죄로 이것을 "경건치 아니함"이라고 말합니다. 둘째는 사람에 대한 죄인데 이것을 "불의"라고 합니다. 본문은 먼저 므낫세의 경건치 아니함에 대하여 고발하는데 3-7절에 열거한 목록을 요약하면,

① 부친 히스기야가 헐어버린 산당을 다시 세우고

② 바알과 아세라 목상을 위하여 성전에다 단을 쌓고(3)

③ 하늘의 일월성신을 숭배하고

④ "여호와께서 내가 내 이름을 두리라 하신 여호와의 전에 우상의 단들을 쌓고(4)

⑤ 아들을 불 가운데로 지나게 하고(6)

⑥ 사술을 행하며 신접한 자와 박수를 신임하고(6)

⑦ "또 자기가 만든 아로새긴 아세라 목상을 성전에 세웠더라"(7) 합니다.

이상에서 보는 바대로 므낫세가 범한 죄의 목록들은 경건치 아니함의 백과사전과도 같습니다. 이 점에서 치명적인 죄악은 하나님의 거룩하신 이름을 두리라 하신 하나님의 성전 안에까지 우상을 세운 죄입니다. 본문에는 성전에다가 우상의 단을 쌓았다는 말이 3절, 4절, 5절, 7절 등에 반복적으로 나타납니다.

하나님의 성전이 어떤 곳이며 무엇에 대한 모형인가? 4절에서는 "여호와께서 전에 이르시기를 내가 내 이름을 예루살렘에 두리라 하신 여호와의 성전에 (우상)제단들을 쌓았다" 말씀하고, 7절에서는 "옛적에 여호와께서 이 성전에 대하여 다윗과 그의 아들 솔로몬에게 이르시기를 내가 이스라엘의 모든 지파 중에서 택한 이 성전과 예루살렘에 내 이름을 영원히 둘지라"(7) 하신 성전인 것입니다.

이상 두 절 속에는 "이름"이라는 말이 다 들어있고 여호와의 이름은 무엇에도 비할 수 없는 "거룩한 이름, 큰 이름"(겔 36:21-23)인데, 그 이름을 두신 성전에까지 아세라 목상을 세우고 우상의 단들을 쌓았다면 그 이상 거룩하신 이름, 큰 이름을 더럽힐 것이 무엇이 더 남았단 말인가? 그리고 성전은 임마누엘 하실 그리스도의 모형인데 말입니다.

첫째 단원은 "이 백성이 듣지 아니하였고 므낫세의 꾐을 받고 악을 행한 것이 여호와께서 이스라엘 자손 앞에서 멸하신 여러 민족보다 더 심하였더라"(9)고 끝맺고 있습니다. 이것이 "므낫세의 경건치 아니함"입니다.

둘째 단원(10-15) 하나님의 선고

"여호와께서 그의 종 모든 선지자들을 통하여 말씀하여 이르시되 유다 왕 므낫세가 이 가증한 일과 악을 행함이 그 전에 있던 아모리 사람들의 행위보다 더욱 심하였고 또 그들의 우상으로 유다를 범죄하게 하였도다"(10-11) 하시면서, "내가 이제 예루살렘과 유다에 재앙을 내리리니 듣는 자마다 두 귀가 울리리라 내가 사마리아를 잰 줄과 아합의 집을 다림 보던 추를 예루살렘에 베풀고 또 사람이 그릇을 씻어 엎음같이 예루살렘을 씻어버릴지라"(12-13)고 선고하십니다.

여기 우리 모두 명심해야 할 말씀이 있는데, 그것은 "사마리아를 잰 줄과 아합의 집을 다림 보던 추"라는 말씀입니다. "잰 줄"이란 평면을 측량할 때 쓰는 줄자인데, 스가랴 2:1-2절에서는 "내가 또 눈을 들어본즉 한 사람이 측량줄을 그의 손에 잡았기로 네가 어디로 가느냐 물은즉 그가 내게 대답하되 예루살렘을 측량하여 그 너비와 길이를 보고자 하노라"고 말합니다.

그리고 "다림 보던 추"란 건물의 수직을 볼 때 사용하는 기구인데, 아모스 7:7절에서는 "또 내게 보이신 것이 이러하니라 다림줄을 가지고 쌓은 담 곁에 주께서 손에 다림줄을 잡고 서셨더니" 하는데, 무슨 뜻인가? "다림줄을 띄우고 쌓은 담"이 얼마나 기울었는가를 보시려는 것입니다. 넘어질 정도로 위험할 지경에 이르렀다면 헐 수밖에는 없다는 것입니다.

북쪽 이스라엘과 아합의 집이 그러했기 때문에 헐으셨다는 것입니다. 그런데 이제 사마리아를 잰 줄과 다림 보던 추를 예루살렘에 베풀겠다는 것은 심판을 의미합니다. 그렇다면 그 "측량줄과 다림 보던 추"를 우리 교회, 우리 가정 그리고 나 자신에게 베푸신다면 어떻게 될까를 생각하게 합니다.

이 점에서 유념해야 할 점은 인간의 죄를 "잰 줄과 다림 보던 추" 라는 표현과 "능히 모든 성도와 함께 지식에 넘치는 그리스도의 사랑을 알고 그 너비와 길이와 높이와 깊이가 어떠함을 깨달아 하나님의 모든 충만하신 것으로 너희에게 충만하게 하시기를 구하노라" (엡 3:18-19)한 측량할 수 없는 하나님의 사랑과 더욱 넘치는 그리스도의 은혜를 생각하게 합니다.

"사람이 그릇을 씻어 엎음같이 예루살렘을 씻어 버릴지라"(13) 하시는데, 이는 이 사랑을 배신한데 대한 분노인 것입니다. 이점에서 다시 한번 이처럼 "듣는 자마다 두 귀가 울리리라" 한 심판을 당할 수밖에 없게 한 죄가 무엇인가 하는 점입니다. 그것은 윤리가 아닌 신학적인 죄, 즉 메시아언약을 배신하고 우상을 섬겼기 때문이라는 점을 명심해야 합니다. 성경은 "의인은 없나니 하나도 없다"고 단정합니다. 그래서 "메시아언약", 복음이 필요하게 된 것입니다. 그런데 므낫세가 메시아언약 곧 복음을 부정하고 그 자리에 우상의 단을 쌓았다면 자신의 죄를 자기가 담당할 수밖에 없는 것입니다. 이것이 "하나님의 선고"입니다.

셋째 단원(16-18) 므낫세의 불의

"므낫세가 유다에게 범죄하게 하여 여호와께서 보시기에 악을 행한 것(경건치 아니함) 외에도 또 무죄한 자의 피를 심히 많이 흘려 예루살렘 이 끝에서 저 끝까지 가득하게 하였더라"(16) 합니다. 어찌하여 "무죄한 자의 피로 예루살렘에 가득하게" 하였는가? 므낫세의 우상숭배 정책을 반대하는 수많은 경건한 사람들을 처형했기 때문입니다.

이는 위에서 말한 대로 사람과의 관계 즉 "불의"인데, 유념해야 할 점은 "경건치 아니함과 불의"는 둘이 아니라 결국 하나라는 것입니다. 하나님과의 관계가 바르지 못할 때 불의를 범하게 되고 이웃과의 관계가 바르지 못하다는 것은 하나님께 대하여도 경건치 아니하기 때문인 것입니다.

제사장적인 관점으로 기록하고 있는 역대기에 의하면 므낫세가 하나님께 징벌을 당하여 앗수르의 군사들에 의해 쇠사슬에 결박당하여 끌려가게 되는데, "그가 환난을 당하여 그의 하나님 여호와께 간구하고 그의 조상들의 하나님 앞에 크게 겸손하여 기도하였으므로 하나님이 그의 기도를 받으시며 그의 간구를 들으시사 그가 예루살렘에 돌아와서 다시 왕위에 앉게 하시매 므낫세가 그제서야 여호와께서 하나님이신 줄을 알았더라"(대하 33:12-13)고 말씀합니다. 여기에는 상징성이 있는데, 므낫세의 범죄로 말미암아 유다가 징벌당하여 포로로 끌려가게 될 것이지만 하나님의 자비로 인해서 남은 자가 포로에서 돌아와 회복되게 될 것을 암시해 주고 있기 때문입니 다.

여기 우리 모두 명심해야 할 기사가 있는데, 열왕들이 죽은 후에 백성들로부터 어떠한 예우를 받았는가 하는 점입니다.

㉠ 아합의 딸과 결혼함으로 악한 왕이 된 여호람이 죽었을 때에, 성경은 "아끼는 자 없이 세상을 떠났으며 무리가 그를 다윗성에 장사하였으나 열왕의 묘실에는 두지 아니하였더라"(대하 21:20)고 말씀합니다.

㉡ 그런가 하면 선한 왕 히스기야가 세상을 떠났을 때는, "그를 다윗 자손의 묘실 중 높은 곳에 장사하여 그의 죽음에 그에게 경의를 표하였더라"(대하 32:33)고 말씀합니다.

㉢ 그렇다면 므낫세가 세상을 떠났을 때에는 어떻게 하였을까요? "그의 궁궐 동산 곧 웃사의 동산에 장사되고"(21:18), 즉 "다윗 자손의 묘실"에는 드리지 않았다는 것입니다. 므낫세의 아들 아몬도 마찬가지 였

습니다(26). 이를 대하는 형제의 느낌은 어떠합니까? 이것이 "므낫세의 불의"입니다.

넷째 단원(19-26) 반역으로 죽은 암몬

므낫세가 죽은 후에 그의 아들 아몬이 대신하여 왕(15대)이 되는데(18), "아몬이 그의 아버지 므낫세의 행함 같이 여호와 보시기에 악을 행하되 그의 아버지가 행한 모든 길로 행하여 그의 아버지가 섬기던 우상을 섬겨 그것들에게 경배했다"(20-21) 합니다.

"그의 조상들의 하나님 여호와를 버리고 그 길로 행하지 아니하더니"(22) 하는데, "그의 조상들의 하나님 여호와를 버렸다"는 말은 궁극적으로는 아브라함·이삭·야곱에게 세워주신 메시아언약을 버렸다는 뜻이 되는 것입니다. "그의 신복들이 그에게 반역하여 왕을 궁중에서 죽이매"(23), 여기 다윗의 왕위에도 "반역"이라는 중대한 사건이 벌어진 것입니다.

북쪽 이스라엘은 거의가 반역으로 말미암아 왕들이 죽임을 당하고 그때마다 왕조가 바뀝니다. 그러나 유다는 달라야만 하는데, 반역으로 죽은 왕이 세 번 있었습니다.

㉠ 첫 번은 배은망덕한 요아스(6년을 성전에 숨어있던, 12:20)이고,

㉡ 두 번째는 요아스의 아들로 왕이 된 "아마샤"(14:19)입니다.

㉢ 그리고 세 번째가 므낫세의 아들 암몬인데, 다윗의 집에서는 반역이 있어서는 안 되는 것입니다. 왜냐하면 하나님께서 다윗에게, "네 집과 네 나라가 내 앞에서 영원히 보전되고 네 왕위가 영원히 견고하리라"(삼하 7:16) 하신 메시아언약이 있기 때문입니다. 이를 이루시기 위하여 그 "씨"를 어떻게 보전해 나오셨는가를 살펴본 바입니다.

그런데 반역으로 죽임을 당하는 것을 허용하셨다는 것은 하나님께서 아합의 집을 다림 보던 추로 예루살렘을 측량하셨을 때 만회할 수 없도록 위험한 지경에 이르렀음을 말해주고 있는 것입니다.

그러나 여기 북 왕국과 분명 다른 점이 있는데, 첫째는 북쪽 이스라엘은 반역한 자들이 왕위를 찬탈하게 되나 남쪽 유다에 대하여는 하나님께서 이것만은 허용치 않으셨다는 점이 북쪽 이스라엘과는 다른 점입니다. 둘째는 22세에 왕위에 올라 불과 2년 만에 그러니까 24살에 반역으로 죽은 악한 왕 아몬에게서 "요시야"라는 경건한 후사를 주셨다는 점이 다른 것입니다. 이는 다윗의 위를 보존하시고 폐하지 않으셨다는 증거인 것입니다.

이 점에서 "그 국민이 아몬 왕을 반역한 사람들을 다 죽이고 그의 아들 요시야를 대신하게 하여 왕을 삼았더라"(24) 한 말씀도 유념해야 합니다. 어찌하여 악한 왕을 제거한 자들이 죽어야만 했는가? 이는 다윗이 말한바 "내가 손을 들어 여호와의 기름 부음을 받은 내 주를 치는 것은 여호와께서 금하시는 것이니"(삼상 24:6)에서 답을 구할 수 있습니다.

진노 중에서도 언약을 기억하사 왕위를 보전하여주시고, 그 "다윗의 왕위를 그리스도에게까지 이루어주신"(눅 1:32), 신실하신 하나님을 찬양하십시다. 아멘.

22장

율법이 할 수 있는 것과 없는 것

22장은 왕위에 오른 요시야가 "여호와 보시기에 정직히 행하여 그의 조상 다윗의 모든 길로 행하고 좌우로 치우치지 아니하였더라"(2) 한 요시야의 행적입니다. 요시야 왕은 할아버지 므낫세와 아버지 아몬 때에 훼손된 성전을 수리하다 "율법 책"을 발견하게 됩니다. 그러므로 22장의 중심점은 "율법 책"이라 할 수 있는데, 그렇다면 발견한 율법 책은 요시야에게 무엇을 가져다주었는가 하고 묻게 됩니다. 희망(希望)입니까? 절망(絶望)입니까?

우리는 열왕기 상하를 통하여 구약의 역사를 상고하고 있는 중, 이제 마지막 부분에 이르게 되었습니다. 그런데 마지막 부분에 이르러 율법 책을 발견하게 하심으로 "율법"을 부각시키고 독자들로 하여금 "율법 책"을 만나도록 인도하시는 의도가 무엇인가 하는 점입니다.

"율법서"를 발견하게 하심으로 제기되는 물음은 구약시대 내내 율법이 할 수 있는 일은 무엇이었고, 할 수 없는 것은 무엇인가를 깨닫기를 원하고 있는 것입니다. 그래서 22장의 주제를 "율법이 할 수 있는 것과 없는 것"이라고 정한 것입니다. 이는 본 강해가 "구속사"라는 관점으로 보고 있기 때문에 가능한 것입니다. 이를 세 단원으로 나누어 상고합니다.

첫째 단원(1-7) 성전을 수리함
둘째 단원(8-13) 율법 책을 발견함
셋째 단원(14-20) 저주와 재앙을 내리리라

첫째 단원(1-7) 성전을 수리함

"요시야가 왕위에 오를 때에 나이가 팔 세라 예루살렘에서 삼십일 년간 다스리니라 그의 어머니의 이름은 여디다요 보스갓 아다야의 딸이더라 요시야가 여호와 보시기에 정직히 행하여 그의 조상 다윗의 모든 길로 행하고 좌우로 치우치지 아니하였더라"(2) 합니다. 열왕 중에 "그의 조상 다윗의 모든 길로 행했다"는 평을 들은 왕은 히스기야(18:3)와 요시야뿐입니다.

요시야는 팔 세라는 어린 나이에 왕위에 올랐는데 누구의 감화로 이처럼 정직히 행하는 왕이 되었을까를 생각하게 합니다. 첫째로 요시야는 "그러나 노아는 여호와께 은혜를 입었더라"(창 6:8) 한 하나님께 특별한 은혜 입은 사람이었습니다. 이점이 그가 태어나기 약 300년 전에 "다윗의 집에 요시야라 이름하는 아들을 낳으리니 그가 네 위에 분향하는 산당 제사장을 네 위에서 제물로 바칠 것이라"(왕상 13:2) 한 예언의 성취자로 태어났다는 점이 이를 말해줍니다.

또한 암흑기였던 아합 왕 때 하나님께서 엘이야에게 "그러나 내가 이스라엘 가운데에 칠천 명을 남기리니 다 바알에게 무릎을 꿇지 아니하고 다 바알에게 입 맞추지 아니한 자니라"(왕상 19:18) 하신 대로 어느 시대나 "남겨두신" 자들은 있기 마련인데 그들의 감화를 받았을 것입니다.

요시야가 26세가 되었을 때 우선적으로 "성전에 부서진 것을 수리하게"(5) 했는데, 이는 조부 므낫세와 부친 아몬이 더럽히고 어지럽혀 놓았기 때문입니다. 이 장면은 주님께서 "노끈으로 채찍을 만드사 양이나 소를 다 성전에서 내쫓으시고 돈 바꾸는 사람들의 돈을 쏟으시며 상을 엎으시고 비둘기파는 사람들에게 이르시되 이것을 여기서 가져가라 내 아버지의 집으로 장사하는 집을 만들지 말라 하시니 제자들이 성경 말씀에 주의 전을 사모하는 열심이 나를 삼키리라 한 것을 기억하더라"(요 2:15-17) 한 장면을 연상하게 하는데, 요시야 왕에게도 주의 전을 사모하는 열심히 있었던 것입니다.

둘째 단원(8-13) 율법 책을 발견함

성전 수리를 감독하던 대제사장 힐기야가 "내가 여호와의 성전에서 율법 책을 발견하였노라"(8) 하는 것이 아닌가? "율법 책을 발견했다"는 것은 그동안 잃어버리고 있었다는 것이 됩니다. 하나님께서는 "그가 왕위에 오르거든 이 율법서의 등사본을 레위 사람 제사장 앞에서 책에 기록하여 평생에 자기 옆에 두고 읽어 그의 하나님 여호와 경외하기를 배우며 이 율법의 모든 말과 이 규례를 지켜 행할 것이라"(신 17:18-19)고 명하셨는데 이 율법 책을 잃어버린 시대란 어떤 시대인가?

하나님께서는 엘리야에게 "너는 여기서 떠나 동쪽으로 가서 요단 앞 그릿 시냇가에 숨으라"(왕상 17:3) 하셨습니다. "선지자(말씀)가 숨고 율법 책을 잃어버린"시대가 암흑시대인 것입니다. 복음을 잃어버린 중세가 그러했고 또한 이 시대가 그러한 것입니다. 그렇다면 그동안 왕들은 무엇에 근거하여 백성들을 다스렸던 말인가?

서기관 사반이 왕에게 돌아가서 보고하여 이르되 "제사장 힐기야가 내게 책을 주더이다" 하고 발견한 율법 책을 왕의 앞에서 읽었다 합니다. 발견한 율법 책이란 모세오경의 전부였거나 아니면 일부였을 것입니다. 이는 본래 모세가 기록하여 하나님의 언약궤 곁에 두어 증거가 되게 하라(신 31:24-26)고 명한 것입니다. 그런데 등한히 여기고 배척하다가 망각하여 결국 잃어버렸던 것입니다. 그런데 성전을 수리하다가 이를 발견했다니 얼마나 큰 축복인가?

그런데 왠 일입니까? 왕이 기뻐한 것이 아니라 "왕이 율법 책의 말을 듣자 곧 그의 옷을 찢으니라"(11) 합니다. 19절에서는 "옷을 찢고 통곡하였다"고 말씀합니다. 율법 책을 발견하기 전에는 옷을 찢거나 통곡하지 않았습니다. 왜 옷을 찢고 통곡했는가? 율법을 통하여 열조의 죄를 깨달았기 때문입니다. 율법 책을 발견했다는 것은 곧 죄를 발견하게 되었다는 것과 같은 뜻의 다른 표현인 것입니다.

그렇다면 왕 앞에서 율법 책을 낭독하고 있는 사반은 어찌하여 통곡했다는 말이 없는가? 통곡하지 않은 것은 율법 책을 읽으면서도 그리고 안다고 하면서도 죄를 깨닫지를 못했기 때문이라고 말할 수 밖에 없는 것입니다. 여기에 요시야의 다른 점이 있는 것입니다. 과연 그는 "여호와 보시기에 정직히 행하여 조상 다윗의 모든 길로 행한" 왕이었던 것입니다.

요시야가 듣게 된 율법의 말씀은 신명기 28-29장으로 여겨지는데, "여러 나라 사람들도 묻기를 여호와께서 어찌하여 이 땅에 이같이 행하셨느냐 이같이 크고 맹렬하게 노하심은 무슨 뜻이냐 하면 그 때에 사람들이 대답하기를 그 무리가 자기 조상의 하나님 여호와께서 그들의 조상을 애굽에서 인도하여 내실 때에 더불어 세우신 언약을 버리고 가서 자기들이 알지도 못하고 여호와께서 그들에게 주시지도 아니한 다른 신들을 따라가서 그들을 섬기고 절한 까닭이라 이러므로 여호와께서 이 땅에 진노하사 이 책에 기록된 모든 저주대로 재앙을 내리시고 여호와께서 또 진노와 격분과 크게 통한하심으로 그들을 이 땅에서 뽑아내사 다른 나라에 내던지심이 오늘과 같다 하리라"(신 29:24-28)는 부분을 듣게 되었을 것입니다.

그리하여 요시야 왕은 제사장과 대신들에게 "너희는 가서 나와 백성과 온 유다를 위하여 이 발견한 책의 말씀에 대하여 여호와께 물으라 우리 조상들이 이 책의 말씀을 듣지 아니하며 이 책에 우리를 위하여 기록된 모든 것을 행하지 아니하였으므로 여호와께서 우리에게 내리신 진노가 크도다"(13) 합니다.

셋째 단원(14-20) 재앙과 저주를 내리리라

"이에 제사장 힐기야와 또 아히감과 악볼과 사반과 아사야가 여선지 훌다에게로 나아가니 그는 할하스의 손자 디과의 아들로서 예복을 주관하는 살룸의 아내라"(14) 합니다. 여기서 의외의 말씀을 대하게 되는데, 대제사장이 "예복을 주관하는 살룸의 아내 여선지 훌다"에게 묻고 있다는 것입니다.

사무엘 당시도 하나님은 대제사장 엘리가 아닌 어린 사무엘에게 말씀하셨습니다. 욥기에서는 엘리후라는 젊은이가 “내가 말하기를 나이가 많은 자가 말할 것이요 연륜이 많은 자가 지혜를 가르칠 것이라 하였노라 그러나 사람의 속에는 영이 있고 전능자의 숨결이 사람에게 깨달음을 주시나니 어른이라고 지혜롭거나 노인이라고 정의 를 깨닫는 것이 아니니라”(욥 32:7-9) 한 말을 생각하게 합니다.

요시야가 여선지에게 물으러 보낸 것은 혹시 그에게서 희망이나 해답을 기대했기 때문이 아니겠습니까? 그런데 훌다의 대답이 무엇인가? “여호와의 말씀이 내가 이곳과 그 주민에게 재앙을 내리되 곧 유다 왕이 읽은 책의 모든 말대로 하리니”(16) 합니다.

여호수아는 고별설교에서 “보라 나는 오늘 온 세상이 가는 길로 가려니와 너희의 하나님 여호와께서 너희에게 대하여 말씀하신 모든 선한 말씀이 하나도 틀리지 아니하고 다 너희에게 응하여 그중에 하나도 어김이 없음을 너희 모든 사람은 마음과 뜻으로 아는 바라”고 하나님께서 약속하신 대로 성취하여 주셨다는 점을 상기시키면서, “너희의 하나님 여호와께서 너희에게 말씀하신 모든 선한 말씀이 너희에게 임한 것 같이 여호와께서 모든 불길한 말씀도 너희에게 임하게 하사 너희의 하나님 여호와께서 너희에게 주신 이 아름다운 땅에서 너희를 멸절하기까지 하실 것이라”(수 23:14-15)고 경고했는데, 이것이 훌다가 말한 “곧 유다 왕이 읽은 책의 모든 말대로 하리니”(16)의 뜻입니다.

왜냐하면 “이는 이 백성이 나를 버리고 다른 신에게 분향하며 그들의 손의 모든 행위로 나를 격노하게 하였음이라 그러므로 내가 이곳을 향하여 내린 진노가 꺼지지 아니하리라 하라”(17) 하셨느니라 합니다.

그리고 부언하기를 유다 왕에게는 너희가 이렇게 말하라, “요시야가 율법 책의 말씀을 듣고 마음이 부드러워져서 여호와 앞 곧 내 앞에서 겸비하여 옷을 찢고 통곡하였으므로 나도 네 말을 들었노라"(19) 하십니다. "그러므로 보라 내가 너로 너의 조상들에게 돌아가서 평안히 묘실로 들어가게 하리니 내가 이곳에 내리는 모든 재앙을 네 눈이 보지 못하리라 하셨느니라"(20), 즉 요시야 당대에는 심판하시지 않겠다는 말씀입니다.

그러니까 보류하실지언정 여호와의 거룩하심으로 말씀하신 율법은 폐할 수 없다는 것입니다. 그렇다면 해결책은 없는 것입니까? 율법으로는 불가능합니다. 그러므로 "보류"하신다는 주제를 구속사적으로 보면 구약시대란 이처럼 보류하신 시대였던 것입니다. 이점을 신약성경은 "하나님께서 길이 참으시는 중에 전에 지은 죄(구약시대 죄)를 간과하신" 시대였다고 말씀합니다. 언제까지 참으시면서 간과(看過)하셨는가? "곧 이 때에 자기의 의로우심을 나타내사"(롬 3:25-26), 즉 자기 아들에게 구약시대의 죄와 신약시대의 모든 죄를 위하여 십자가에 내어주실 때까지라고 말씀합니다.

그리스도에게로 인도해주는 초등교사

22장을 마치기 전에 부언해야 할 말씀이 있습니다. 그것은 요시야와 같은 사람이 신약성경에도 있었다는 점인데 그 사람은 바울입니다. 율법을 발견하기 전에는 흠이 없는 자라고 자부하던 바울이었습니다. 그러나 "전에 율법을 깨닫지 못했을 때에는 내가 살았더니 계명이 이르매 죄는 살아나고 나는 죽었도다"(롬 7:9), 즉 율법 책을 발견하기 전에는 산 줄 알았는데, 율법을 통하여 죄를 발견하고는 "오호라 나는 곤고한 사람이로다 이 사망의 몸에서 누가 나를 건져

내랴" 하고 "옷을 찢으며 통곡"하기에 이르렀던 것입니다.

우리는 잃어버렸던 율법 책을 발견해야 합니다. 발견한 율법 책을 통하여 죄를 발견하고 죄로 말미암아 자신에게 임할 진노와 저주를 깨닫고 옷을 찢고 통곡하는 회개운동이 일어나야만 하는 것입니다. 요시야 왕은 "율법 책의 말을 듣자 곧 그 옷을 찢고 통곡"(11,19)하였습니다. 어찌하여 환성을 지르지 않고 옷을 찢고 통곡했습니까? 왕이 옷을 찢는다는 것은 극도의 슬픔과 절망을 나타내는 것입니다. 그것은 기쁜 소식이 아니라 무섭고 두려운 정죄와 심판과 저주의 말씀으로 가득하였기 때문입니다. 요시야는 차라리 이 율법 책을 발견하지 않았던 편이 좋았을 것이라고 생각했을 것입니다. 율법 책은 요시야 왕에게 희망이 아니라 절망을 가져다주었습니다.

이것이 율법이 할 수 있는 일입니다. 그렇다면 율법이 할 수 없는 일이 무엇입니까? 조상 대대로 흘러 내려온 눈덩이 같은 죄를 해결해주지를 못합니다. 진노와 저주로부터 구원하는 일을 율법은 할 수 없었던 것입니다. 그러나 성경은 말씀하기를 율법이 할 수 없는 "그것을 하나님은 하시나니"(롬 8:3) 합니다. 어떠한 방도로 행해주시는가? 이점을 다음 장에서 발견하게 될 것입니다.

23장

언약책에 기록된 대로 지킨 유월절

23장의 내용은 "요시야(1-30), 여호아하스(31-33), 엘이야김"(34-37)의 행적인데 중심점은 요시야의 대대적인 개혁운동에 있고, 핵심은 "언약 책에 기록된 대로, 유월절을 지키라"(21) 한 "유월절"에 있습니다. 22장에서 요시야가 "율법 책을 발견하자 옷을 찢고 통곡했다" 한 문제에 대한 해답이 "유월절"인 것입니다.

여기 두 "책"이 있는데 22장에서는 "율법 책"이 등장하고, 23장에는 "언약 책"(2,21)이 등장하는데, "율법 책과 언약 책"은 같은 책입니까? 다른 책입니까? 같은 책이라면 어찌하여 다르게 부르고 있을까요? 여기에 성경의 예민함이 있는데, 율법 책과 언약 책은 같은 책이면서도 그 의미는 전혀 다른 것입니다.

왜냐하면 22장에서는 "진노"와 결부해서 "율법 책"(律法冊)이라 했고, 23장에서는 "유월절" 즉 은혜와 결부하여 "언약 책"(言約冊)이라고 부르고 있기 때문입니다. 그러므로 23장의 주제가 "언약 책에 기록된 대로 지킨 유월절"이 될 수 있습니다. 오직 여기에 소망이 있고 해답이 있는 것입니다. 이를 네 단원으로 나누어 상고합니다.

첫째 단원(1-20) 누룩을 제거함
둘째 단원(21-23) 예루살렘에서 지킨 유월절
셋째 단원(24-30) 죄를 없이하지 못함
넷째 단원(31-37) 구제불능의 인간

첫째 단원(1-20) 누룩을 제거함

요시야 왕이 유다와 예루살렘의 모든 장로를 자기에게로 모으고 "이에 왕이 여호와의 성전에 올라가매 유다 모든 사람과 예루살렘 주민과 제사장들과 선지자들과 모든 백성이 노소를 막론하고 다 왕과 함께 한지라 왕이 여호와의 성전 안에서 발견한 언약(言約) 책의 모든 말씀을 읽어 무리의 귀에 들리게"(1-2) 했다고 합니다.

그리고 "왕이 단 위에 서서 여호와 앞에서 언약을 세우되 마음을 다하고 뜻을 다하여 여호와께 순종하고 그의 계명과 법도와 율례를 지켜 이 책에 기록된 이 언약의 말씀을 이루게 하리라 하매 백성이 다 그 언약을 따르기로 하니라"(3) 합니다. 이 순서를 유념해야 하는데, 먼저 왕이 "율법 책의 말"을 들었습니다(22:11), 그런 후에 백성들의 귀에 들려주었습니다. 그리고 "기록된 언약의 말씀"대로 준행하기로 언약을 세웠다, 즉 결단했다고 합니다.

"언약을 세웠다" 하는데 이를 언약 갱신이라 합니다. 모세도 죽기 전에 언약을 갱신했고(신 29:12-13), 여호수아도 죽기 전에 단행했고(수 24:23-25), 요시야도 언약을 갱신하고 있으며(3), 포로에서 귀환한 후에 에스라도 언약을 갱신하고(스 10:3), 느헤미야도 갱신(느 9:38)하였던 것입니다. 하나님의 교회는 계속적으로 언약 갱신, 즉 개혁이 이루어져야 하는 것입니다. 그렇지 않으면 고인 물과 같아서 썩게 되기 때문입니다.

이런 맥락에서 23장은 "언약 책에 기록된 대로 유월절을 지키라"(21)는 말씀을 중심으로 해석되어야 합니다. 그렇다면 첫째 단원의 중심주제는 분명해지는데, 유월절을 지키기에 앞서서 언약 책에 기록된 대로 누룩을 찾아서 제거하는 작업을 하고 있는 것(출 12:15)이 첫째 단원의 내용인 것입니다.

요시야 왕은 "대제사장 힐기야와 모든 부제사장들과 문을 지킨 자들에게 명령하여 바알과 아세라와 하늘의 일월성신을 위하여 만든 모든 그릇들을 여호와의 성전에서 내다가 예루살렘 바깥 기드론 밭에서 불사르고 그것들의 재를 벧엘로 가져가게 하는"(4) 대대적인 정화운동을 단행합니다.

그러므로 첫째 단원 안에는 "헐어버리다"(7,8,12,15), 불사르다"(4,6,11,15,16,20), 폐하다"(5), 깨뜨리다(14), 찍다(14), 우상의 단을 더럽게 하다"(8,10,13)라는 개혁을 의미하는 말들의 연속입니다. "또 예루살렘 앞 멸망의 산 오른쪽에 세운 산당들을 왕이 더럽게 하였으니 이는 옛적에 이스라엘 왕 솔로몬이 시돈 사람의 가증한 아스다롯과 모압 사람의 가증한 그모스와 암몬 자손의 가증한 밀곰을 위하여 세웠던 것이며(참고, 왕상 11:5-8), 왕이 또 석상들을 깨뜨리며 아세라 목상들을 찍고 사람의 해골로그 곳에 채웠더라"(13-14) 합니다. 이는 요시야의 개혁이 얼마나 대대적이었으며 철저했는가를 말해주고 있습니다.

여기서 주목하게 되는 것은 16절 말씀인데, 300여년 전 여로보암이 벧엘에 금송아지 우상을 세우고 분향할 때 하나님께서 하나님의 사람을 보내셔서 "다윗의 집에 요시야라 이름하는 아들을 낳으리니 그가 네 위에 분향하는 산당 제사장을 네 위에서 제물로 바칠 것이요 또 사람의 뼈를 네 위에 사르리라 하셨느니라"(왕상 13:2)고 예언적인 책망을 하게 하셨습니다.

그런데 "그 전한 여호와의 말씀대로 되었더라"(16하)고 성경은 말씀합니다. 이를 통하여 드러내기를 원하시는 것은 요시야 이야기가 아니라 한번 발하신 하나님의 말씀은 그대로 이루어지고야 만다는 말씀의 엄위(嚴威)입니다. 그곳에 한 비석이 있었는데 요시야 왕이 묻습니다. "내게 보이는 저것은 무슨 비석이냐?" 그 성읍 사람이 대답하기를 "왕께서 벧엘의 제단에 대하여 행하신 이 일을 전하러 유다에서 왔던 하나님의 사람의 묘실이니이다 하니, 그대로 두고 그 뼈를 옮기지 말라"(17-18) 합니다.

"전에 이스라엘 여러 왕이 사마리아 각 성읍에 지어서 여호와를 격노하게 한 산당을 요시야가 다 제거하되 벧엘에서 행한 모든 일대로 행하고 또 거기 있는 산당의 제사장들을 다 제단 위에서 죽이고 사람의 해골을 제단 위에서 불사르고 예루살렘으로 돌아왔더라"(19-20) 합니다. 요시야 왕은 유다 지역만이 아니라 북쪽 사마리아 지역까지 가득했던 누룩을 샅샅이 찾아서 제거하고 예루살렘으로 돌아온 것입니다. 이제 유월절을 지킬 준비가 된 것입니다.

둘째 단원(21-23) 예루살렘에서 지킨 유월절

"왕이 뭇 백성에게 명령하여 이르되 이 언약 책에 기록된 대로 너희의 하나님 여호와를 위하여 유월절을 지키라 하매"(21), 서론에서 언급한 대로, 22장에서는 "여호와의 전에서 율법 책을 발견하였노라"(22:8)고 말씀한 것을, 23장에서는 "여호와의 전 안에서 발견한 언약 책"(2)이라고 고쳐 부르고 있는 것입니다. 이것은 무심한 것이 아니라 아주 의도적으로 그렇게 표현하고 있는 것입니다. 왜냐하면 22장에서는 "발견한 율법 책"을 통하여 "죄를 발견하고", 23장에서는 "발견한 언약 책"을 통하여 유월절의 어린 양 곧 "그리스도를 발견"하여야 하기 때문입니다. 말라기 3:1절에서는 그리스도를 "너희의 사모하는바 언약의 사자가 임할 것이요" 라고 말씀하고, 주님은 "이 성경이 곧 내게 대하여 증언하는 것이라"(요 5:39)고 말씀하시기 때문입니다.

율법 책과 언약 책

"율법 책"하면 정죄하는 법전이 되어 불가피하게 "심판"과 결부됩니다. 그리고 율법 책에 기록된 대로 하면 무죄판결을 받을 수 있는 사람은 아무도 없습니다. 그리하여 진노와 저주 하에 있게 됩니다. 그래서 "옷을 찢고 통곡"하게 만듭니다. 그것을 22장에서 본 바입니다. 그러나 "언약 책"하면 "은혜"와 결부됩니다. 하나님께서는 범죄한 인간 즉 죄인을 법대로 다루신 것이 아니라 "언약"을 세워주심으로 "언약 책"이 되었고, 이 언약을 믿음으로 구원을 얻게 해주신 것입니다.

하나님께서 최초에 세우신 "법"은 "네가 먹는 날에는 반드시 죽으리라"하신 창세기 2장17절입니다. 그런데 인류의 시조는 이를 범하고 말았던 것입니다. 배은망덕한 그들에게 하나님께서는 "내가 여자의 후손으로 네 머리를 상하게 할 것이라"(창 3:15) 하신 원복음을 주셨습니다. 그리고 "여자의 후손"을 아브라함과 다윗의 자손으로 보내주시겠다고 "메시아언약"을 세워주신 것이 구약성경의 대주제입니다. 그리고 하나님께서는 언약하신 대로 "아브라함과 다윗의 자손 예수 그리스도의 계보라"(마 1:1) 하고 약속을 지켜주셨던 것입니다. 이것이 "율법 책을 언약 책"이라 부르는 의미입니다.

역대하의 병행 구절을 보면 "요시야가 그 모인 모든 이를 위하여 백성들에게 자기의 소유 양 떼 중에서 어린 양과 어린 염소 삼만 마리와 수소 삼천 마리를 내어 유월절 제물로 주매", 방백들도 양 이천 육백 마리와 수소 삼백 마리를, 레위 우두머리들도 양 오천 마리와 수소 오백 마리를 유월절 제물로 주었더라(대하 35:7-9)고 말씀합니다. 이 수를 합하면 사만천사백 마리나 됩니다. 왜 이렇게 많이 드렸는가? 유월절을 기억하며 하나님께 감사드리고 이를 나눠 먹음으로 상호 간에 교제를 나누기 위해서입니다.

"유월절 양을 잡으니 제사장들은 그들의 손에서 피를 받아 뿌리고 또 레위 사람들은 잡은 짐승의 가죽을 벗기고"(대하 35:11), 사만천사백 마리의 짐승이 다 죽임을 당한 것입니다. 다 피를 흘린 것입니다. 유월절 양을 잡으면서 구약의 성도들은 무엇을 생각했을 것인가? 제물들이 흘린 피가 강수처럼 흐르고 있는 것을 보면서 신약의 성도들은 누구를 생각해야 합니까? "유월절 양 곧 그리스도께서 희생이 되셨나니라"(고전 5:7) 한 예수 그리스도입니다.

“사사가 이스라엘을 다스리던 시대부터 이스라엘 여러 왕의 시대와 유다 여러 왕의 시대에 이렇게 유월절을 지킨 일이 없었더니 요시야 왕 열여덟째 해에 예루살렘에서 여호와 앞에 이 유월절을 지켰더라”(22-23) 합니다.

형제는 마지막 유월절이 언제인지 아십니까? 주님은 말씀합니다. “내가 고난을 받기 전에 너희와 함께 이 유월절 먹기를 원하고 원하였노라”(눅22:15). 주님께서 잡히시던 날 밤이 마지막 유월절이요, 1500년 동안이나 그림자로 지켜 내려오던 유월절이 실체(實體)로 개혁되는 첫 번 성찬이었던 것입니다.

여기에 22장에서 제기된 문제에 대한 해답이 있는 것입니다. “율법(책)이 육신으로 말미암아 연약하여 할 수 없는 그것을 하나님은 하시나니 곧 죄로 말미암아 자기 아들을 죄 있는 육신의 모양으로 보내어 육신에 죄를 정하사”(롬 8:3), 그렇습니다. “죄를 정하사”를 붙여서 말하면 “죄정”, 즉 정죄(定罪)가 됩니다. 우리의 죄를 자기 아들에게 대신 정죄하시므로(유월절 어린 양) 우리의 죄 문제를 해결해 주신 것입니다. 이것이 율법이 할 수 없었던 것을 하나님이 행해주신 방도입니다.

주님께서는 간음 현장에서 끌려온 여인에게 “나도 너를 정죄하지 아니하노니”라고 말씀하셨습니다. 이렇게 말씀할 수 있었던 것은 주님께서 대신 정죄를 받으려 오셨기 때문에 가능한 것이었습니다.

“요시야 왕 열여덟째 해에 예루살렘에서 여호와 앞에 이 유월절을 지켰더라”(23) 하는데, “예루살렘”에서 지켰다는 데 의미가 있습니다. “언약 책”에 기록하기를 “유월절 제사를 네 하나님 여호와께서 네게 주신 각 성에서 드리지 말고 오직 네 하나님 여호와께서 자기의 이름을 두시려고 택하신 곳에서”(신 16:5-6) 드리라고 말씀하고 있기 때문입니다. 왜냐하면 바로 그곳이 그리스도께서 세상 죄를 지고 가는 하나님의 어린 양으로 대속제물이 되어주실 곳이기 때문입니다. "오직 택하신 곳", 그렇습니다. 구원은 오직 갈보리 십자가 외에는 다른 구원의 근거는 없는 것입니다.

형제여, 율법 책을 통해서 죄를 발견하고 언약 책을 통해서 복음을 발견했습니까? 죽임을 당하는 유월절 양을 통해서 예수 그리스도를 만나셨습니까? 안드레는 외쳤습니다. "우리가 메시아를 만났다"(요 1:41). 사마리아 여인도 외쳤습니다. "와 보라 이는 그리스도가 아니냐"(요 4:29). 형제도 그 그리스도를 만난 것입니다. 이제 "우리가 그리스도를 만났다"고 외쳐야 할 사람은 형제인 것입니다.

셋째 단원(24-30) 죄를 없이하지 못함

"요시야와 같이 마음을 다하며 뜻을 다하며 힘을 다하여 모세의 모든 율법을 따라 여호와께로 돌이킨 왕은 요시야 전에도 없었고 후에도 그와 같은 자가 없었더라"(25) 합니다. 그런데 다음 절은 "그러나"하고 시작됩니다. "그러나 여호와께서 유다를 향하여 내리신 그 크게 타오르는 진노를 돌이키지 아니하셨으니 이는 므낫세가 여호와를 격노하게 한 그 모든 격노 때문이라"(26) 하십니다.

"우리는 유월절을 대대적으로 지킴으로 문제가 다 해결이 된 줄로 여겼습니다. 그런데 어찌하여 "그러나" 입니까? 이 말씀을 대할 때 요시야 왕의 대대적인 개혁도 언약 책에 기록된 대로 지킨 대대적인 유월절로도 하나님의 진노를 돌이키게 할 수는 없었다는 식으로 본다면 너무나 근시안적으로 보는 것이 되고 수박 겉핥기식이 되는 것입니다.

신약성경은 "율법은 장차 올 좋은 일의 그림자일 뿐이요 참 형상이 아니므로 해마다 늘 드리는 같은 제사로는 나아오는 자들을 언제나 온전하게 할 수 없느니라, 이는 황소와 염소의 피가 능히 죄를 없이 하지 못하기"(히 10:1,4) 때문이라 말씀합니다. 그러므로 하나님께서는 "제사와 예물을 원하지 아니하시고 오직 나를 위하여 한 몸을 예비하셨도다"(히 10:5) 합니다.

천 마리, 만 마리 양이 아닙니다. "한 몸", 한 사람을 예비해 놓으셨는데, 그분이 바로 하나님의 독생자 예수 그리스도인 것입니다. 그리스도의 대속이 아니고는 죄를 해결할 길도 없고 구원도 없으며 하나님의 진노를 돌이키게 할 수 없다는 말씀입니다. 그러므로 오직 실체로 오실 예수 그리스도의 대속의 죽으심만이 하나님의 진노와 율법의 저주에서 자유하게 할 수 있음을 깨닫기를 원하고 있는 것입니다.

옛 언약과 새 언약

이 점에서 중요하게 대두되는 것이 본문이 놓여 있는 역사적인 좌표입니다. 하나님께서 "진노를 돌이키지 아니하셨다"(26)는 말은 구약시대의 종말이 이르렀다는 뜻인데 이는 옛 언약의 시대는 종언을 고해야 한다는 말입니다. 그래야만 "새 언약"의 시대가 올 것이기 때문입니다. 그런 의미에서 예루살렘은 멸망 당할 수밖에 없고 성전은 불에 타야만 하는 것입니다. 왜냐하면 율법의 불가능성을 보여주기 위해서요, 자력구원의 불가능성을 드러내기 위해서요, 임마누엘 하실 참 성전으로 인도하기 위해서입니다.

이점이 "여호와께서 이르시되 내가 이스라엘을 물리친 것 같이 유다도 내 앞에서 물리치며 내가 택한 이 성 예루살렘과 내 이름을 거기에 두리라 한 이 성전을 버리리라 하셨더라"(27) 한 말씀에 분명히 나타납니다. 육적 이스라엘은 영적 이스라엘로, 예루살렘은 새 예루살렘으로, 성전은 실체이신 그리스도로 개혁이 되어야 한다는 말씀입니다. 이것이 23장이 놓여 있는 역사적인 좌표입니다.

좀 의아해하실 것입니다만 구약의 역사는 실패로 끝나는 것이 필연적인 결론입니다. 만일 승리로 끝난다면 새 언약이나 복음은 필요 없는 것이 되고 맙니다. 이점에 대하여 사도 바울은 "내가 하나님의 은혜를 폐하지 아니하노니 만일 의롭게 되는 것이 율법으로 말미암으면 그리스도께서 헛되이 죽으셨느니라"(갈 2:21)고 말씀합니다. 다시 말하면 율법적인 저주와 하나님의 진노에서 구원 얻는 일이 옛 언약인 율법, 즉 인간의 행위로 가능하다면 새 언약은 필요 없게 되는 것이며 그리스도께서도 헛되이 죽으신 것이 된다는 말입니다.

율법의 해설서라 할 수 있는 히브리서는 "새 언약이라 말씀하셨으매 첫 것은 낡아지게 하신 것이니 낡아지고 쇠하는 것은 없어져 가는 것이니라"(히 8:13)고 말씀합니다. 그렇습니다. 얼마 후면 화려한 솔로몬의 성전도 없어질 것이요, 법궤도 없어질 것입니다. 이는 참 성전 되시는 그리스도에게로 우리를 인도하는 초등교사일 뿐입니다. "이런 것은 먹고 마시는 것과 여러 가지 씻는 것과 함께 육체의 예법일 뿐이며 개혁할 때까지 맡겨둔 것이니라"(히 9:10) 합니다.

"요시야 당시에 애굽의 왕 바로느고가 앗수르 왕을 치고자 하여 유브라데 강으로 올라가므로 요시야 왕이 맞서 나갔더니 애굽 왕이 요시야를 므깃도에서 만났을 때에 죽인지라"(29) 합니다. 요시야는 나서지 말아야 할 전쟁, 즉 애굽과 앗수르의 전쟁에 끼어들었다가 39세라는 아까운 나이에 죽고 말았습니다.

애굽 왕 느고가 "요시야에게 사신을 보내어 이르되 유다 왕이여 내가 그대와 무슨 관계가 있느냐 내가 오늘 그대를 치려는 것이 아니요 나와 더불어 싸우는 족속을 치려는 것이라 하나님이 나에게 명령하사 속히 하라 하셨은즉 하나님이 나와 함께 계시니 그대는 하나님을 거스르지 말라 그대를 멸하실까 하노라" 하였으나, "하나님의 입에서 나온 느고의 말을 듣지 아니하고 므깃도 골짜기"(대하 35:21-22)에서 죽었던 것입니다.

역사서를 상고하면서 목도하게 되는 것은 시작은 좋았던 왕도 마지막이 나쁘게 끝난다는 것입니다. 그토록 선한 왕 요시야도 예외는 아니었습니다. 이것은 무엇을 말해주고 있는가? 의인은 없나니 하나도 없다는 자력구원의 불가능성입니다. 이점을 사도 바울은 "사람은 다 거짓되되 오직 하나님은 참되시다 할지어다"(롬 3:4)라고 선언합니다.

넷째 단원(31-37) 다 거짓된 인간

"여호아하스가 왕이 될 때에 나이가 이십삼 세라 예루살렘에서 석 달간 다스리니라"(31), 넷째 단원은 요시야 왕의 아들 "여호아하스와 엘리야김"의 행적인데, 먼저 "여호아하스"입니다. "여호아하스가 그의 조상들의 모든 행위대로 여호와 보시기에 악을 행하였더니"(32) 합니다.

여호아하스(17대)는 아버지 요시야의 경건한 행위를 보고 자랐으련만 "여호와 보시기에 악을 행하다가" 석달 만에 애굽으로 잡혀가서 죽고 맙니다(31-34).

다음은 "엘리야김"(18대)인데, "바로 느고가 요시야의 (다른) 아들 엘리아김을 그의 아버지 요시야를 대신하여 왕으로 삼고 그의 이름을 고쳐 여호야김이라"(34) 했다는 것입니다. 그런데 여호야김도 "그의 조상들이 행한 모든 일을 따라서 여호와 보시기에 악을 행하였더라"(37)고 23장은 끝나고 있습니다. 이는 인간의 행위로는 그의 앞에 의롭다 함을 얻을 자가 없다는 자력구원의 불가능성입니다.

그러므로 23장을 마치기 전에 다시 한번 강조해 두어야 할 점이 있는데, 그것은 "언약 책"에 기록된 하나님의 "언약"입니다. 행함으로 구원의 가망이 없는 자들에게 믿음으로 구원 얻는 방도를 계시해 주셨는데, 이것이 언약입니다. 하나님과의 관계는 언약의 관계요 "믿음"이란 언약을 믿는 것을 의미하기 때문입니다. 그러므로 "언약"을 세워주심이 없다면 믿음도 구원도 없는 것입니다.

그러면 성경이 말씀하는 "언약"의 핵심이 무엇인가? 여자의 후손을 아브라함과 다윗의 자손으로 보내주셔서 인류를 구원하여 주시겠다는 "메시아언약"입니다. 이것이 무가치한 자들에게 베푸신 하나님의 호의 즉 은혜입니다.

그러니까 죄가 들어오자 즉시 "은혜"로 시작하여 "은혜"로 완성하는 것이 성경의 구조입니다. 그런데 그 사이에 "율법이 들어온(가입) 것은"(롬 5:20) 하고 율법이 끼어있는 것입니다. 왜냐하면 율법이 없으면 죄를 모르게 되고 "죄"를 모르면 "은혜"를 모르기 때문입니다. 그런데 인간은 어떻게 보답했는가?

> 그러나 그들이 입으로 그에게 아첨하며
> 자기 혀로 그에게 거짓을 말하였으니
> 이는 하나님께 향하는 그들의 마음이 정함이 없으며
> 그의 언약(言約)에 성실하지 아니하였음이로다
> 오직 하나님은 긍휼하시므로 죄악을 덮어 주시어

멸망시키지 아니하시고
그의 진노를 여러 번 돌이키시며
그의 모든 분을 다 쏟아 내지 아니하셨으니
그들은 육체이며 가고 다시 돌아오지 못하는 바람임을 기억하셨음이라
그들이 광야에서 그에게 반항하며
사막에서 그를 슬프시게 함이 몇 번인가
그들이 돌이켜 하나님을 거듭거듭 시험하며
이스라엘의 거룩하신 이를 노엽게 하였도다
그들이 그의 권능의 손을 기억하지 아니하며 대적에게서
그들을 구원하신 날도 기억하지 아니하였도다 (시 78:36-42)

이것이 "거짓된 인간"입니다. 그러면 "어떤 자들이 믿지 아니하였으면 어찌하리요 그 믿지 아니함이 하나님의 미쁘심을 폐하겠느냐?" 이런 뜻입니다. 선민이요, 언약 백성들인 유대인들이 언약하신 대로 보내주신 그리스도를 믿지 않고 배척하여 십자가에 못을 박았는데, 그렇게 한다고 하나님의 구원계획을 폐할 수 있단 말이냐고 묻고 있습니다. 대답은 "그럴 수 없느니라 사람은 다 거짓되되 오직 하나님은 참되시다 할지어다"(롬 3:3-4) 합니다. 신실하신 하나님을 찬양하십시다.

24장

사로잡혀 간 자와 남은 자

24장에는 "여호야김(18대), 여호야긴(19대), 시드기야(20대)", 세 왕이 등장하는데 시드기야는 유다 마지막 왕입니다. "여호와하스(17대), 여호야김, 시드기야"는 유다 왕국의 마지막 선한 왕인 요시야의 아들들이고 여호야긴은 여호야김의 아들로 요시야의 손자입니다. 그런데 네 명이 한결같이 "여호와 보시기에 악을 행했다"(23:32,37, 24:9,19)고 성경은 기록하고 있습니다. 참으로 전적 타락한 인간은 "만물보다 거짓되고 심히 부패한 것은 마음이라 누가 능히 이를 알리요마는 나 여호와는 심장을 살피며 폐부를 시험하신다"(렘 17:9-10)는 말씀을 실감하게 합니다.

그래서 역대하에서는 "그의 백성이 하나님의 사신들을 비웃고 그의 말씀을 멸시하며 그의 선지자를 욕하여 여호와의 진노를 그의 백성에게 미치게 하여 회복할 수 없게 하였다"(대하 36:16)라고 말씀합니다.

예루살렘의 멸망을 목전에 두고 생각해야 할 두 가지 점이 있는데, 첫째는 이때 하나님의 마음은 어떠하셨는가 하는 점이고, 둘째는

"사로잡혀가는 자와 남은 자" 중 누가 행복한 자인가 하는 점입니다. 이를 두 단원으로 나누어 상고합니다.

첫째 단원(1-7) 바벨론의 1차 침공
둘째 단원(8-20) 바벨론의 2차 침공

첫째 단원(1-7) 바벨론의 1차 침공

"여호야김 시대에 바벨론의 왕 느부갓네살이 올라오매"(1), 바벨론 왕 느부갓네살은 3차에 걸쳐 예루살렘을 침공해 왔습니다. 제1차는 여호야김 왕 때인데 표면적인 원인은 바벨론을 배반했기(1) 때문입니다. 당시 유다는 어리석은 비둘기같이, 애굽과 바벨론이라는 두 강국 사이에 끼어서 두리번거리다가 멸망 당한 것입니다. 제1차 침공 때에 다니엘과 세 친구들이 포로로(단 1:1-4) 사로잡혀갔습니다.

이 점에서 분명해야 할 점은 예루살렘이 이처럼 대적에게 침략을 당하게 되는 것은 하나님께서 힘이 모자라서가 아니라는 점입니다. 오히려 본문은 "이 일이 유다에 임함은 곧 여호와의 말씀대로 그들을 자기 앞에서 물리치고자 하심이니"(3) 합니다. 왜냐하면 "이는 므낫세의 지은 모든 죄 때문이라" 하십니다. 그리고 본문에는 "선지자들을 통하여 하신 말씀과 같이(2), 여호와의 말씀과 같이 되었더라"(13)고 하는데, 이는 하나님께서 선지자들로 여러 번 경고하셨으나 그대로 되고 말았다는 것입니다.

같은 맥락에서 하나님의 아들 예수 그리스도께서 십자가에 못 박히신 것은 힘이 모자라서가 아니라 "그가 하나님께서 정하신 뜻과 미리 아신 대로 내준 바 되었다"(행 2:23)고 말씀합니다. 그리고 주님이 고난 당하실 것을 선지자들로 미리 말씀하신 바였던 것입니다.

다른 점은 솔로몬의 성전이 헐린 것은 그들의 죄 때문이었으나 참 성전으로 오신 그리스도께서 고난 당하신 것은 우리의 죄 때문이라는 점이 다를 뿐입니다. "이 예수를 하나님의 그의 피로써 믿음으로 말미암는 화목제물로 세우셨으니", 세우신 이는 하나님이셨습니다. 여호야김은 바벨론에 의해서 폐위되었는데, 예레미야서에서는 "그가 끌려 예루살렘 문밖에 던져지고 나귀같이 매장함을 당하리라"(렘 22:19)고 예언되어 있고, 역대하에서는 "바벨론 왕 느부갓네살이 올라와서 그를 치고 그를 쇠사슬로 결박하여 바벨론으로 잡아갔다"(대하 36:6)고 기록된 것으로 보아 그의 종말은 비참했던 것으로 여겨집니다.

이 점에서 명심해야 할 점이 있는데 예루살렘이 멸망할 무렵에 하나님께서는 성경을 기록하여 후대에 전하게 하신 문서 선지자들을 집중적으로 투입하셨다는 점입니다. 그러면 이들 선지자들은 무엇이라 기록하고 있는가? 크게는 두 가지인데, "멸망 당하게 되리라는 심판의 경고와 돌아오게 해주신다는 회복에 대한 소망"입니다. 그러면 형제는 선지서의 중심주제가 "멸망과 회복" 중 어디에 있다고 생각하십니까?

문서 선지자는 모두 16명인데 예루살렘의 멸망을 막은 선지자는 한 사람도 없었습니다. 이는 그들이 무능해서가 아니라 전적 타락한 자력구원의 불가능성을 드러내고 있는 것입니다. 이런 맥락에서 선지서의 중심주제는 멸망이 아니라 "돌아오게 하리라"는 회복에 있는 것입니다.

어떤 방도로 회복시켜주시는가? 이사야 선지자는 "이는 한 아기가 우리에게 났고 한 아들을 우리에게 주신 바 되었다"(사 9:6)고 말씀하고, 미가 선지자는 “베들레헴 에브라다야 너는 유다 족속 중에 작을지라도 이스라엘을 다스릴 자가 네게서 내게로 나올 것이라”(미 5:1), 즉 그 아기가 베들레헴에서 나시리라 합니다. 예레미야 선지자는 “보라 날이 이르리니 내가 이스라엘 집과 유다 집에 새 언약을 맺으리라”(렘 31:31), 즉 새 언약을 통해서 돌아오게 하리라 예언하고, 에스겔 선지자는 “내 종 다윗이 그들의 왕이 되리니 그들 모두에게 한 목자가 있을 것이라”(겔 37:24) 합니다. 다윗은 약 500년 전에 죽었는데 그가 “왕이 되고 목자가 되리라”는 말씀은 메시아 예언이 분명한 것입니다.

그래서 신약성경에서는 “이 복음은 하나님이 선지자들을 통하여 그의 아들에 관하여 성경에 미리 약속하신 것이라”(롬 1:2)고 말씀하는 것입니다. 이 점에서 도전적인 말씀을 드려야 하겠습니다. 그것은 예루살렘이 멸망당하지 않는다면 어떻게 되는가 하는 점입니다.

㉠ 첫째는 자력구원의 불가능성이 드러나지 못하게 됩니다. 왜냐하면 율법의 행위로 심판당하지 않은 것이 되기 때문입니다.

㉡ 둘째는 “돌아오게 하리라는 회복”이 필요없게 되는 것입니다. 그들은 율법의 행위로 옳다 인정함을 받아 포로로 끌려가지 않았기 때문입니다.

㉢ 결론적으로는 “선지서를 통해서 미리 약속하시려는 복음이 증거되지 못한다”는 점입니다. 성경은 문제에 대한 해답입니다. 문제는 언제나 인간이 저지르고, 해답은 하나님께서 마련해주시는데 자기 아들의 대속을 통해서 행해주시는 것입니다. 예루살렘이 멸망 당하게 되는 것은 “문제”요, 돌아오게 하리라 하심이 “해답”이라는 말씀입니다.

둘째 단원(8-20) 바벨론의 2차 침공

"여호야긴이 왕이 될 때에 나이가 십팔 세라 예루살렘에서 석 달간 다스리니라, 여호야긴이 그의 아버지의 모든 행위를 따라서 여호와께서 보시기에 악을 행하였더라"(8-9) 합니다.

"그 때에 바벨론의 왕 느부갓네살의 신복들이 예루살렘에 올라와서 그 성을 에워싸니라"(10). 이것이 제2차 침공인데, "그가 여호야긴을 바벨론으로 사로잡아가고 왕의 어머니와 왕의 아내들과 내시들과 나라에 권세있는 자도 예루살렘에서 바벨론으로 사로잡아가고"(15), 여호야긴은 불과 3개월 만에 폐위되어 바벨론으로 끌려가는 포로가 된 것입니다.

그리고 "그가 여호와의 성전의 모든 보물과 왕궁 보물을 집어내고 또 이스라엘의 왕 솔로몬이 만든 것 곧 여호와의 성전의 금 그릇을 다 파괴하였으니 여호와의 말씀과 같이 되었더라"(13) 합니다.

"그가 또 예루살렘의 모든 백성과 모든 지도자와 모든 용사 만 명과 모든 장인과 대장장이를 사로잡아가매 비천한 자 외에는 그 땅에 남은 자가 없었더라"(14) 하는데, 이때 사로잡혀간 자들 중에 에스겔 선지자도 끼어있었습니다. 그러니까 에스겔은 사로잡혀가는 백성들을 위하여 세움 받은 선지자인 것입니다.

"바벨론 왕이 또 여호야긴의 숙부 맛다니야를 대신하여 왕으로 삼고 그의 이름을 고쳐 시드기야라 하였더라"(17) 합니다. 시드기야는 요시야의 아들로 여호야긴의 삼촌입니다. 그런데 "그가 여호야김의 모든 행위를 따라 여호와 보시기에 악을 행한지라 여호와께서 예루살렘과 유다를 진노하심이 그들을 그 앞에서 쫓아내실 때까지 이르렀더라"(19-20), 즉 종말에 이르렀다는 말입니다.

성소를 떠나시는 하나님

24장을 마치기 전에 두 가지 점을 생각해보아야 하겠습니다. 첫째는 거룩한 이름을 두셨던 성전이 불에 타고 자기 백성들은 바벨론으로 사로잡혀가는 날에 하나님은 어떻게 하고 계셨는가 하는 점입니다. 이점을 에스겔 선지자의 증언을 통해서 깨달을 수 있습니다.

"그런즉 너는 말하기를 주 여호와의 말씀에 내가 비록 그들을 멀리 이방인 가운데로 쫓아내어 여러 나라에 흩었으나 그들이 도달한 나라들에서 내가 잠깐 그들에게 성소가 되리라 하셨다"(겔 11:16)고 전해주라 하십니다. 형제는 "그들이 도달한 나라들에서 내가 잠깐 그들에게 성소가 되리라"는 뜻이 무엇을 의미하는지 아시겠습니까? 포로가 되어 가는 자기 백성들을 따라가시겠다는 말씀인 것입니다. "잠깐"이라 하십니다. 왜냐하면 70년이 차면 데리고 돌아오실 것이기 때문입니다.

이 말씀을 듣는 형제의 마음은 어떠합니까? 하나님께서는 에스겔 선지자에게 하나님의 영광이 예루살렘을 떠나가는 광경을 환상을 통하여 보여주십니다. 지성소 법궤 위 두 그룹 사이에 머물던 "여호와의 영광이 그룹에서 올라와 성전 문지방에 이르고"(겔 10:4), "동문에 머물고"(10:19), "동쪽 산에 머무르고"(11:23), 그런 후에 "주의 영이 나를 들어 하나님의 영의 환상 중에 데리고 갈대아에 있는 사로잡힌 자 중에 이르시더니"(11:24) 합니다.

"동문에, 동쪽 산"에 "머물고, 머물고"하고 마치 떨어지지 않는 발걸음을 떼어놓듯 표현되어 있습니다. 그렇습니다. 이 환상을 통하여 말씀하고자 하는 바는 "오직 시온이 이르기를 여호와께서 나를 버리시며 주께서 나를 잊으셨다 하였거니와 여인이 어찌 그 젖 먹는 자식을 잊겠으며 자기 태에서 난 아들을 긍휼히 여기지 않겠느냐 그들은 혹시 잊을지라도 나는 너를 잊지 아니할 것이라"(사 49:14) 하시는 하나님 아버지의 사랑의 마음입니다.

이를 알았다면 우리가 환난 당하였을 때에도 자신의 고난만을 바라볼 것이 아니라 나로 말미암아 근심하시는 하나님, 나로 말미암아 하나님의 거룩하신 이름을 더럽히게 된 이것을 마음 아파해야 하는 것입니다.

이런 마음을 가지고 다니엘서는 해석되어야 하는데, 불가마·사자굴에서 구원받은 사드락·메삭·아벳느고·다니엘만 볼 것이 아니라, 그들을 따라가셔서 지켜주신 하나님을 볼 수 있어야 하는 것입니다.

둘째는 본문에 보면 "사로잡아 갔다"는 말이 14, 15, 16절에 연속으로 나옵니다. 그리고 "사로잡아가매 빈천한 자 외에는 그 땅에 남은 자가 없었더라"(14)고, "사로잡혀간 자와 남은 자"를 말씀합니다. 형제는 누가 보다 더 행복한 사람이라고 여겨지십니까? 남은 자들은 생각하기를 "너희는 여호와에게서 멀리 떠나라 이 땅은 우리에게 주어 기업이 되게 하신 것이라"(겔 11:15), 즉 사로잡혀가는 자들은 하나님께 벌을 받아서 그렇고, 남은 자신들은 복을 받은 자인 양 여겼다는 것입니다.

그런데 하나님께서는 예레미야 선지자에게 "좋은 무화과와 나빠서 먹을 수 없는 무화과" 두 광주리를 보여주시면서, "내가 이곳에서 옮겨 갈대아인의 땅에 이르게 한 유다 포로를 이 좋은 무화과같이 잘 돌볼 것이라"(렘 24:5) 하십니다.

여기에 징계의 목적이 있는 것입니다. 하나님은 사랑하시는 자를 징계하시는 것입니다. 징계가 없으면 사생자요 참 아들이 아니라고까지 말씀합니다. 하나님은 징계를 통하여 좋은 무화과가 되게 하시어 그들을 통하여 구속의 역사를 이어가시려는 것입니다.

환난의 날에도 주님은 형제와 함께 하십니다. 아니 벌써부터 형제 안에 거하십니다. 이제부터 영원까지! 아멘.

25장

돌아오게 하리라

25장은 열왕기의 마지막 장이요, 예루살렘이 종말을 고하는 장이기도 합니다. 예루살렘은 함락당하고, 성전은 불에 타고, 성벽은 헐리고, 왕 시드기야는 두 눈을 빼고 쇠사슬에 결박이 되어 바벨론으로 끌려가는 내용입니다. 참으로 비통하고 절망적인 상황입니다. 그러나 하나님께서 계획하시고 이루어 나오시는 하나님의 나라 건설, 즉 구원계획은 중단된 것도 실패로 끝난 것도 절대로 아니라는 점입니다.

솔로몬의 성전이 파괴되는 점을 구속사라는 지평으로 보면 참 성전 되시는 예수 그리스도께서 고난 당하실 것과 대칭을 이루고 있다는 점을 인식해야 합니다. 주님께서 십자가에 달리심으로 패배하거나 구원계획이 무산되었습니까? 솔로몬의 성전은 그들의 죄로 말미암아 헐리었으나 예수 그리스도께서는 "이 성전을 헐라 내가 사흘 동안에 일으키리라"(요 2:19), 우리 죄로 말미암아 헐리었고 패배가 아닌 승리를 하셨던 것입니다.

이런 맥락에서 25장을 구속사라는 "선"(線)으로 보게 되면 결코 절망 장이 아닙니다. 하나님께서는 예레미야 선지자를 통해서 "여호와께서 이와 같이 말씀하시니라 바벨론에서 칠십 년이 차면 내가 너희를 돌보고 나의 선한 말을 너희에게 성취하여 너희를 이곳으로 돌아오게 하리라 여호와의 말씀이니라 너희를 향한 나의 생각을 내가 아나니 평안이요 재앙이 아니니라 너희에게 미래와 희망을 주는 것이니라"(렘 29:10-11) 하신 "희망"을 보게 되는 것입니다.

그리고 본문과 병행을 이루는 역대하는 이렇게 끝맺고 있습니다. "바사의 고레스 왕 원년에 여호와께서 예레미야의 입으로 하신 말씀을 이루시려고 여호와께서 바사의 고레스 왕의 마음을 감동시키시매 그가 온 나라에 공포도 하고 조서도 내려 이르되, 너희 중에 그의 백성 된 자는 다 올라갈지어다 너희 하나님 여호와께서 함께 하시기를 원하노라"(대하 36:22-23). 이처럼 하나님 중심으로 볼 때 25장의 주제가 "돌아오게 하리라"가 될 수 있는 것입니다. 이를 세 단원으로 나누어 상고합니다.

첫째 단원(1-7) 범죄한 인간의 실상
둘째 단원(8-26) 파괴당한 하나님의 성전
셋째 단원(27-30) 왕위를 보존하심

첫째 단원(1-7) 범죄한 인간의 실상

"시드기야 제 구년 열째달 십일에 바벨론의 왕 느부갓네살이 그의 모든 군대를 거느리고 예루살렘을 치러 올라와서 그 성에 대하여 진을 치고 주위에 토성을 쌓으매"(1), 이것이 바벨론의 제3차 침공인데 예루살렘은 시드기야(20대) 9년에 일어나 성을 포위한지 1년 반 만에 함락되었습니다. 표면적인 동기는 "시드기야가 바벨론 왕을 배반하니라"(24:20하)에서 찾을 수 있는데, 바벨론을 배반했다는 말은 하나님을 의지했다는 말이 아닙니다. 도리어 하나님이 주신 매를 거부하고 애굽을 의뢰하는 친 애굽 정책을 썼다가 처참하게 멸망 당하고 만 것입니다.

성벽이 함락되자 성을 지키던 군사와 왕이 밤 중에 도망하다가 "갈대아 군대가 그 왕을 뒤쫓아 가서 여리고 평지에서 그를 따라잡으매 왕의 모든 군대가 그를 떠나 흩어진지라"(4-5) 합니다.

바벨론 왕은 "시드기야의 아들들을 그의 눈앞에서 죽이고 시드기야의 두 눈을 빼고 놋 사슬로 그를 결박하여 바벨론으로 끌고 갔더라"(7), 성령께서 시드기야의 비참한 모습을 우리에게 보여주시는 의도가 무엇이겠습니까? 이 비참한 모습은 "블레셋 사람들이 그를 잡아 그의 눈을 빼고 끌고 가사로 내려가 놋 줄로 매고 그에게 옥에서 맷돌을 돌리게 하였더라" (삿16:21) 한 타락한 삼손의 모습이기도 합니다.

이를 통하여 깨닫게 하시고 보기를 원하시는 모습은 범죄 함으로 에덴에서 추방당한 아담의 후예들의 모습, "또 죽기를 무서워하므로 한평생 매여 종 노릇하는 모든 자들을 놓아주려 하심이니"(히 2:15) 한 나 자신의 모습을 보기 원하시는 것입니다.

이것이 범죄한 인간의 비참한 실상인데, 두 눈을 뺐으니 볼 수 없습니다. 쇠사슬에 묶였으니 자유가 없습니다. 그리고 끌려갔더라, 이것은 노예입니다. 시드기야는 왕의 신분과 지위에서 포로와 노예의 신분으로 추락한 것입니다. 인류의 시조 아담도 만물을 다스리라 하신 왕적인 지위에서 사탄의 노예로 타락하고 말았던 것입니다.

성령께서는 시드기야의 모습에서 우리 자신의 모습을 보기 원하십니다. 그리하여 궁극적으로는 "주의 성령이 내게 임하셨으니 이는 가난한 자에게 복음을 전하게 하시려고 내게 기름을 부으시고 나를 보내사 포로된 자에게 자유를, 눈 먼 자에게 다시 보게 함을 전파하며 눌린 자를 자유롭게 하고 주의 은혜의 해를 전파하게 하려 하심이라"(눅 4:18-19) 하신 그리스도에게로 인도하시려는 것입니다.

둘째 단원(8-26) 파괴당한 하나님의 성전

바벨론 왕의 신복 시위대장 느부사라단이 "여호와의 성전과 왕궁을 불사르고 예루살렘의 모든 집을 귀인의 집까지 불살랐으며"(9) 합니다. 예루살렘이 파괴당하는 모습이 8-21절에 기록되어 있는데, "불살랐으며(9), 헐었으며(10), 사로잡아가고(11), 깨뜨려 가져가고(13), 다 가져갔으며(14), 잡아가지고(20), 다 쳐 죽였더라, 이와 같이 유다가 사로잡혀 본토에서 떠났더라"(21) 하고, 철두철미한 멸망임을 보여줍니다. 시편 기자는 당시 상황을 이렇게 표현하고 있습니다.

그들은 마치 도끼를 들어 삼림을 베는 사람 같으니이다
이제 그들이 도끼와 철퇴로 성소의 모든 조각품을 쳐서 부수고
주의 성소를 불사르며 주의 이름이 계신 곳을 더럽혀 땅에 엎었나이다
그들이 마음속으로 이르기를 우리가 그들을 진멸하자 하고
이 땅에 있는 하나님의 모든 회당을 불살랐나이다
우리의 표적은 보이지 아니하며 선지자도 더 이상 없으며
이런 일이 얼마나 오랠는지 우리 중에 아는 자도 없나이다(시 78:5-9)

어찌하여 하나님의 도성과 백성들과 주의 성전이 이처럼 수난을

당하여야 했습니까? "죄" 때문이라고 말합니다. 그러면 이토록 멸망당하게 된 치명적인 죄가 무엇인지 인식하고 있습니까? 메시아언약을 우상으로 바꿔치기를 했기 때문입니다. 신구약을 막론하고 멸망당하게 되는 근본적인 원인은 복음을 배척하기 때문이라는 점을 인식해야 합니다.

이런 맥락에서 예루살렘의 멸망과 성전이 불에 타는 사건을 통해서도 하나님께서는 우리를 그리스도와 복음으로 인도해주고 계신다는 점을 놓쳐서는 안 됩니다. 기회 있을 때마다 언급했습니다만 "성막 · 성전"은 "내가 그들 중에 거할 성소를 나를 위하여 지으라"(출 25:8)하신 말씀이 육신의 장막을 입고 오실 "임마누엘"의 모형이요, 불에 타고 파괴당하는 것은 "이 성전을 헐라 내가 사흘 동안에 일으키리라"(요 2:19) 하신 고난에 대한 예표였던 것입니다.

그러나 분명한 것은 솔로몬의 성전은 자신들의 죄 까닭에 헐리었으나 주님의 몸은 우리의 죄 까닭에 헐리셨다는 점입니다. 이점이 예레미야 애가를 통해서도 선명히 나타나고 있습니다.

> 여호와의 분노의 매로 말미암아 고난 당한 자는 나로다(애 3:1).

그렇다면 애가 3장에 26번이나 등장하는 "나"는 누구를 가리키는가? 선지서의 중심주제는 "이 구원에 대하여는 너희에게 임할 은혜를 예언하던 선지자들이 연구하고 부지런히 살펴서 자기 속에 계신그리스도의 영이 그 받으실 고난과 후에 받으실 영광을 미리 증언" (벧전 1:10-11) 했다는 "그리스도의 받으실 고난과 영광"입니다.

예레미야 선지자는 자신과 시온을 동일화시켜서 말하고 있는데, 궁극적으로는 성전의 수난을 통해서 참 성전이신 그리스도의 수난을 바라보았던 것입니다 "자기 속에 계신 그리스도의 영"을 통해서 말입니다.

"내가 부르짖어 도움을 구하나 내 기도를 물리치시며"(애 3:8) 하고, "엘리 엘리 라마 사박다니"하시는 주님의 음성도 들려오고, "나는 내 모든 백성에게 조롱거리 곧 종일토록 그들의 노래거리가 되었도다"(14) 하고, 고개를 흔들며 조롱하는 무리들의 모습도 선명합니다. 성전이 그리스도의 모형이 분명하다면 성전의 수난을 통하여 참 성전 되시는 그리스도의 수난을 바라본다는 것은 그리스도인이라면 너무나 당연한 것입니다.

셋째 단원(27-30) 왕위를 보존하심

"유다의 왕 여호야긴이 사로잡혀간지 삼십칠 년 곧 바벨론의 왕 에윌므로닥이 즉위한 원년 십이월 그달 이십칠일에 유다의 왕 여호야긴을 옥에서 내놓아 그 머리를 들게 하고"(27), "옥에서 내놓아 그 머리를 들게 하고"라는 묘사는 상징성이 있는 표현입니다. "다윗이 그의 아들 압살롬을 피할 때 지은 시"라는 부제가 있는 시편 3편에 이 표현이 나옵니다.

> 여호와여 나의 대적이 어찌 그리 많은지요
> 일어나 나를 치는 자가 많으니이다
> 많은 사람이 나를 대적하여 말하기를
> 그는 하나님께 구원을 받지 못한다 하나이다 (셀라)
> 여호와여 주는 나의 방패시요 나의 영광이시요
> 나의 머리를 드시는 자이시니이다

다윗은 하나님께서 자신의 왕위를 회복시켜주실 것을 "나의 머리를 드시는 자이시니이다"라고 표현했던 것입니다. 그리고 다윗은 "구원(승리)은 여호와께 있사오니 주의 복을 주의 백성에게 내리소서"(시 3:1-3,8)로 마치고 있습니다.

본문은 그냥 여호야긴이라 하지 않고 "유다 왕 여호야긴"이라고 말씀합니다. 사사로운 여호야긴이 아닙니다. "유다 왕"이라고 말씀합니다. 그가 비록 비천한 처지에 있다고 하여도 그는 그 위를 그리스도에게 계승하여야 할 "유다 왕"이란 말씀입니다. 마태복음 1장의 족보를 보십시오. "바벨론으로 사로잡혀 갈 때에 요시야는 여고냐(여호야긴 대상 3:16)와 그의 형제를 낳으니라"(마 1:11)고, 여고냐 즉 여호야긴을 통해서 다윗의 왕위가 끊어짐이 없이 계승되어 그리스도에게로 이어졌음을 말씀해주고 있습니다. 그리하여 "하나님께서 그 조상 다윗의 왕위를 그에게 주시리니 영원히 야곱의 집을 왕으로 다스리실 것이며 그 나라가 무궁하리라"(눅 1:32-33)고 하나님의 구원을 성취시키셨던 것입니다.

그런 유다 왕 여호야긴의 "머리를 들게" 하였다는 것은 회복을 상징하는데, 여기에 소망이 있는 것입니다. 하나님께서는 유다 왕의 머리를 들게 하셔서 "힘찬 음성으로 외쳐 이르되 무너졌도다 무너졌도다 큰 성 바벨론이여 귀신의 처소와 각종 더러운 영이 모이는 곳과 각종 더럽고 가증한 새들이 모이는 곳이 되었도다"(계 18:2), 즉 사탄의 머리를 상하게 하시고 세상을 심판하실 계획을 추진해 나가고 계신다는 점을 놓치지 마시기 바랍니다.

돌아오게 하리라

예레미야 선지자를 가리켜 눈물의 선지자라고 말합니다. 그는 예루살렘의 멸망과 성전이 화염에 휩싸인 것을 목격한 선지자이기 때문입니다. 그러나 하나님께서는 예레미야 선지자를 통하여 소망을 말씀하십니다.

"여호와께서 이와 같이 말씀하시니라 바벨론에서 칠십 년이 차면 내가 너희를 돌보고 나의 선한 말을 너희에게 성취하여 너희를 이 곳으로 돌아오게 하리라"(렘 29:10). 포로로 끌려간 다니엘도 예레미야서를 통하여 "예루살렘의 황무함이 칠십 년 만에 마치리라"(단 9:2)는 연수를 깨달았노라고 말씀합니다.

반역한 자기 백성을 바벨론으로 추방하시면서도 너희를 이곳으로, "돌아오게 하리라"고 말씀하시는 분이 우리가 믿는 하나님이십니다. 돌아오게 하리라는 말씀이 얼마나 반복적으로 강조되어 있는가를 유의해 보십시오. 예레미야 29:10절에 이어 14절에서도 "돌아오게 하되, 돌아오게 하리라"고 거듭 말씀하십니다.

29장에서 뿐만이 아니라 28:4절에서도 "돌아오게 하리니" 하시고, 30:3절에서도 "돌아오게 할 것이라" 말씀하고, 31:23절에서도 "내가 그 사로잡힌 자를 돌아오게 할 때에"하십니다. 그 외에도 32:44, 33:7, 26에서도 "그 포로 된 자를 돌아오게 하고 그를 긍휼히 여기리라"고 거듭거듭 말씀하고 있습니다.

이는 마치 탕자와 같은 자식을 단련하기 위해서 먼 나라로 쫓아 보내시면서 그들이 멀어져 보이지 않게 될 때까지 손을 흔들면서 내가 "돌아오게 하리라 돌아오게 하리라"는 아버지와 같으신 분이 우리가 믿는 하나님이신 것입니다.

> 여호와께서 시온의 포로를 돌려 보내실 때에
> 우리는 꿈꾸는 것 같았도다
> 그 때에 우리 입에는 웃음이 가득하고
> 우리 혀에는 찬양이 찼었도다
> 때에 뭇나라 가운데서 말하기를 여호와께서
> 그들을 위하여 큰 일을 행하셨다 하였도다

여호와께서 우리를 위하여 큰 일을 행하셨으니
우리는 기쁘도다 (시편 126:1-3)

그들은 70년이라는 징역형을 선고받고 바벨론이라는 감옥으로 끌려갔던 것입니다. "복역(服役)의 때"(사 40:2)가 끝나자 그들을 돌아오게 하시는데, 그들과 함께 떠나셨던 하나님의 영광도 함께 돌아오심을 바라본다는 것은 감격스러운 일이 아닐 수 없습니다.

"이스라엘 하나님의 영광이 동쪽에서부터 오는데, 그 모양이 내가 본 환상 곧 전에 성읍을 멸하러 올 때에 보던 환상 같고, 여호와의 영광이 동문을 통하여 성전으로 들어가고, 여호와의 영광이 성전에 가득하더라"(겔 43:2-5) 합니다. 할렐루야!

그러면 죄를 범한 그들을 어떤 방도로 돌아오게 하신다고 말씀하시는가? "여호와의 말씀이니라 보라 날이 이르리니 내가 이스라엘 집과 유다 집에 새 언약을 맺으리라"(렘 31:31), "새 언약"을 통해서 돌아오게 하겠다고 하십니다. 그러므로 우리는 한 걸음 더 나아가야 하는 것입니다.

주님은 "내 아버지께서 이제까지 일하시니 나도 일한다"(요 5:17)고 말씀하셨는데, 아버지 하나님의 일하심은 바벨론 포로를 돌아오게 하시는 일이 아니라 궁극적인 돌아옴이란 사탄의 포로가 돌아오게 하시는 일을 추진하고 계신다는 점을 망각하지 말아야 합니다. 그리고 주님은 "주의 성령이 내게 임하셨으니 이는 가난한 자에게 복음을 전하게 하시려고 내게 기름을 부으시고 나를 보내사 포로 된 자에게 자유를 눈 먼 자에게 다시 보게 함을 전파하며 눌린 자를 자유롭게"(눅 4:18-19) 하는 일을 위하여 새 언약의 중보자로 대속제물이 되어주신 것입니다.

이것이 궁극적인 돌아옴이요, 이것이 시편 기자가 "여호와께서 우리를 위하여 큰 일을 행하셨으니 우리는 기쁘도다" 한 "큰 일"인 것입니다. 이보다 더 큰 일이 달리 무엇이 있겠습니까? 마리아도 큰 일 행하심을 찬양합니다.

> 보라 이제 후로는 만세에 나를 복이 있다 일컬으리로다
> 능하신 이가 큰 일을 내게 행하셨으니 그 이름이 거룩하시며
> 긍휼하심이 두려워하는 자에게 대대에 이르리로다 (눅 1:48-49).
> -아멘, 아멘-